Philipp Gonon
Georg Kerschensteiner: Begriff der Arbeitsschule

W0061416

Die 'Werkinterpretationen pädagogischer Klassiker' richten sich vor allem an Pädagogikstudierende. Durch eine Kombination von Quellentext und texterschließender Interpretation führen sie in klassische pädagogische Originaltexte ein und geben Einstiegs- und Verständnishilfen für eine eigenständige Erschließung von Quellentexten an die Hand.

Die Werkinterpretationen widmen sich je nach Eigenart des Quellentextes dem Inhalt und der Absicht des Textes, den Erklärungen leitender Begriffe, der Erörterung des historischen und geistesgeschichtlichen Kontextes, der Herausarbeitung der das Werk leitenden Ideen, gegebenenfalls der Wirkungsgeschichte und der gegenwärtigen lebensweltlichen Bedeutung des Werkes.

Herausgegeben von Dieter-Jürgen Löwisch

Philipp Gonon

Georg Kerschensteiner: Begriff der Arbeitsschule

Wissenschaftliche Buchgesellschaft

Einbandgestaltung: Neil McBeath, Stuttgart.

Die Deutsche Bibliothek – CIP-Einheitsaufnahme
Ein Titeldatensatz für diese Publikation ist bei
Der Deutschen Bibliothek erhältlich.

© 2002 by Wissenschaftliche Buchgesellschaft, Darmstadt
Gedruckt auf säurefreiem und alterungsbeständigem Papier
Printed in Germany

Besuchen Sie uns im Internet: www.wbg-darmstadt.de

ISBN 3-534-15195-X

Inhalt

Georg Kerschensteiner: Begriff der Arbeitsschule

Interpretation

Georg Kerschensteiner: Begriff der Arbeitsschule*

* In diesem Buch wird die 8. Auflage von ›Begriff der Arbeitsschule‹ als Ausgabe letzter Hand Kerschensteiners (1930) nach der Neuausgabe von 1964 abgedruckt. Der Abdruck weist keinerlei Textveränderung zur 8. Auflage auf.

I. Der Staatszweck und die Aufgaben der öffentlichen Schule

Die öffentliche Schule ist mit dem Ende des 18. Jahrhunderts und im Laufe des 19. Jahrhunderts in Deutschland ein Instrument der Staatsverwaltung für bestimmte staatliche Zwecke geworden. Das mittelalterliche Deutschland kannte kein öffentliches Bildungswesen des Staates. Die Fürsorge um die geistige Entwicklung überließ der Staat anderen Gemeinschaften. Nun aber führte er den Schulzwang ein, wenigstens für die Volksschule, und gab damit für deren staatliche Zweckbestimmung einen gesetzmäßigen Ausdruck.

Solange wir nun für diese Zweckbestimmung der Schulen lediglich den Zweck und die Aufgaben des jeweils gegebenen Staates ins Auge fassen, solange wird sie der wissenschaftlichen Pädagogik keine befriedigende Lösung bieten. Theoretische wie praktische Vernunft können unter gewissen Umständen hier Einspruch erheben. Sobald wir aber den jeweils gegebenen Staat als ein Entwicklungsprodukt betrachten, als einen sich immer zweckmäßiger organisierenden Menschenverband, der durch die Tätigkeit seiner Mitglieder mehr und mehr der freien Gestaltung der sittlichen Persönlichkeit die Wege ebnen soll, der also selbst in der Richtung des von der Ethik gezeichneten Kultur- und Rechtsstaates wandert, ergibt sich mit der wissenschaftlichen Fundierung des Staatszweckes auch die wissenschaftliche Fundierung des Zweckes der Volks- wie der höheren allgemeinen Schulen von selbst.

Ein Staatswesen, das in seinen Zielen und Einrichtungen den sittlichen Gedanken verkörpert, ist ein höchstes äußeres, sittliches Gut. Denn es ist, wie schon Hobbes, Locke, Spinoza betont haben, die Voraussetzung dafür, daß der einzelne zum höchsten inneren sittlichen Gut, zur rechten Gesinnung der sittlich freien Persönlichkeit gelangen kann. Ja der einzelne findet geradezu in dem Dienste der zeitlichen Verwirklichung dieses Staatsideals nicht bloß eine schöne und würdige Betätigung, sondern auch eine wertvolle Gelegenheit zu seiner eigenen sittlichen Vollendung. Dieser Auffassung steht nicht im Wege, daß heute vorhandene Staaten noch weit entfernt sein mögen von diesem Ideal, daß sie sogar ein Hindernis sein können für die Entwicklung der inneren sittlichen Freiheit, daß ein bestimmter Staat dem von seiner Macht betroffenen Individuum eher als ein höchstes Übel denn als ein höchstes Gut erscheinen kann. In seinem nachgelassenen Werke, „Weltgeschichtliche Betrachtungen", hat sich sogar ein so ausgezeichneter Mann wie Jakob Burckhardt zu der Behauptung verstiegen: „Das absolut Böse ist der Staat." Die Frage ist, ob er es sein muß, und die Antwort ist, daß wir immer wieder die Menschen neue, nach ihrer Überzeugung bessere Staatsformen auf den Trümmern der alten oder abseits von ihnen errichten sehen, in der Zuversicht, dem Staatsideal näherzukommen, das uns die reine Vernunft als Hort der sittlichen Freiheit und der inneren und äußeren Wohlfahrt des einzelnen vor die Augen rückt. Wie viele Irrtümer und teilweise rückläufige Bewegungen sich dabei auch einstellen mögen, im großen und ganzen sehen wir tatsächlich viele Staatsorganisationen im Laufe der Geschichte mehr und mehr auf dem Wege zum Kultur- und Rechtsstaat wandern. Daß er dabei trotzdem immer ein Machtstaat bleiben wird und bleiben muß, braucht derjenige, der die Menschen auch nur oberflächlich kennt, nicht erst zu versichern.

Es liegt nun die Frage nahe, ob es nicht auch andere höchste äußere sittliche Güter gibt. Diese Frage will ich hier nicht eingehend erörtern. Soweit ich die Untersuchungen der wissenschaftlichen Ethik überblicken kann, scheint bei aller Unsicherheit vieler sonstiger Ergebnisse das eine festgelegt zu sein, daß das höchste und vollkommenste äußere sittliche Gut eine Organisation der Gesellschaft ist, die jedem einzelnen alles das zu gewähren vermag, was für ihn vermöge seiner einheitlichen Natur ein sittliches Gut ist. Angesichts der Anfechtungen die meine Forderungen durch gewisse Vertreter der sogenannten wissenschaftlichen Pädagogik immer wieder erfahren, erscheint es mir zweckmäßig zu versuchen, die von mir schon wiederholt unternommene Beweisführung für diesen Satz im Anschluß an den Ideengang Christoph Sigwarts aus seinem im Jahre 1907 erschienenen Büchlein „Vorfragen der Ethik" (J. C. B. Mohr, Tübingen) in kurzen Zügen klarzulegen.

Das Leben des Menschen rollt sich ab in einer Verfolgung von Zwecken. Es gibt auch wohl noch beim Erwachsenen Stunden einer Betätigung, die frei ist von allen selbstgesetzten Zwecken; aber sie füllen nur Pausen in dem rastlosen Triebwerk unserer teleologisch gerichteten geistigen Natur. Jeder Zweck, den wir uns setzen, hat die Tendenz, nach seiner Verwirklichung zu drängen. Dabei ordnen sich alle Zwecke in unserem Bewußtsein nach ihrem Werte für uns. Je höher der Wert eines Zweckes in unserem Bewußtsein steht, mit desto größerer Energie trachten wir nach seiner Verwirklichung. Die größere Kraftentfaltung wird der Zweck in uns auslösen, den als höchsten Zweck anzuerkennen wir innerlich genötigt sind. Die innere Nötigung aus bloßer Vernunft ist freilich nicht immer stark genug, jeden Zwang zu überwinden, den unsere rein persönlichen Neigungen auf die Richtung unserer Tätigkeit ausüben.

Unter diesen Neigungen ist die stärkste, sich selbst zu leben, seinen eigenen Trieben nachzugehen, eine Neigung, die als vornehmste auftritt in dem Streben nach Vollendung der eigenen Persönlichkeit. Es gibt Menschen, welche darin so weit gehen, diesen Zweck, dieses für sie höchste Gut, so zu bestimmen, daß es von äußeren Bedingungen vollständig unabhängig wird. Sie nehmen dann in den Bereich dieses höchsten Gutes nur das auf, was von der Tätigkeit des einzelnen allein und direkt abhängt. Sie suchen den letzten Zweck in einer bleibenden Geistesverfassung, welcher der Wechsel der äußeren Bedingungen gleichgültig ist. Die stoische Moral verfolgt diese Richtung. Daß es einzelnen Menschen gelingt, diesen Weg einzuschlagen, beweist für die Richtigkeit ihrer Anschauung nichts. Denn es gelingt ihnen nur, weil alle anderen Menschen durch ihre Gesellschafts- oder Staatseinrichtungen ihnen jenen Schutz gewähren, den sie brauchen, und jene Mittel darbieten, die zu ihrer Vervollkommnung notwendig oder doch vorteilhaft sind. Würden alle Menschen ebenso handeln, so wäre dieses Streben alsbald ad absurdum geführt.

Der Mensch kann eben nicht für sich allein und aus sich allein leben. Sein geistiges wie sein wirtschaftliches Leben wird ein für allemal von allen Seiten, und zwar durch den Verkehr mit seinesgleichen günstig oder ungünstig, glücklich oder unglücklich beeinflußt. Sobald alle Menschen den höchsten Zweck ausschließlich in einem Gut suchen, das abgelöst ist von allen äußeren Bedingungen, von aller gemeinsamen Arbeit, von allem irgendwie gestalteten Verkehr, hört auch die Möglichkeit auf, daß sie diesen Zweck jemals erreichen können.

Auch rein psychologisch ist die Beschränkung auf sich selbst in dem Suchen nach dem a l l g e m e i n e n höchsten Zweck unmöglich. Denn jeder energisch gedachte Zweck, dessen Berechtigung aus der allgemeinen Natur der Menschen abgeleitet wird und der darum allgemeine oder gar unbedingte Gültigkeit haben soll, enthält, ob wir wollen oder nicht, die Forderung, daß er auch allgemein, ja unbedingt berechtigt ist, daß er auch allgemein oder unbedingt gewollt werden muß. Ein a l l g e m e i n e r dauernder Wille, daß jeder a u s s i c h a l l e i n u n d f ü r s i c h a l l e i n l e b e, ist undenkbar, weil die Erfahrung dessen Zweckmäßigkeit sehr rasch widerlegen würde. Der allgemeine Wille kann nur auf eine O r d n u n g d e s g e m e i n s a m e n L e b e n s gerichtet sein, auf ein Gut, das nur in einem Gesamtzustand einer in ihren Zwecken allseitig gerichteten Gemeinschaft von Menschen verwirklicht werden kann.

Wie diese Ordnung des Gesamtzustandes einer Gemeinschaft von Menschen beschaffen ist, das hängt ganz und gar von dem Kulturstande der Gemeinschaft ab. Unter der hypothetischen Voraussetzung v o l l k o m m e - n e r Menschen kann man sich eine Ordnung denken, die ausschließlich auf das gesellschaftliche Gewissen gegründet ist. Dieses Gewissen wäre, Vollkommenheit des Menschen vorausgesetzt, das a b s o l u t e Gewissen. In ihm wären alle denkbaren Werte und Zwecke in ein vollendetes unbestreitbares System der Ober- und Unterordnung gebracht. In diesem System bestünde zugleich die Ordnung der Gemeinschaft. Es wäre das Reich Gottes auf Erden. In Wirklichkeit wird sie stets eine geschriebene Rechtsordnung sein, hinter der die souveräne Strafgewalt der im Staate organisierten Gemeinschaft steht.

Wenn aber dieses gemeinschaftliche Gut ein höchster Zweck sein soll, dann müssen in dem höchsten Zweck alle niedrigeren Zwecke notwendig enthalten sein. Diese niedrigeren Zwecke bestimmt unsere sinnlich-geistige Natur. Von dieser unserer Natur sind die Gebiete festgelegt, auf denen wir unsere Befriedigung suchen und finden können.

Diese Gebiete sind: die Sorge um das physische Wohlsein, die dazu notwendige Beherrschung und Benützung der Naturkräfte, die Vereinigung der Geschlechter, die leibliche und geistige Fürsorge um die Nachkommenschaft, die Befriedigung der geselligen Triebe, die Betätigung des Wissensdranges, die Betätigung unserer ästhetischen und künstlerischen Natur, das Bedürfnis nach religiöser Erhebung, die freie Gestaltung des sittlichen Wollens usw. Alle diese Triebe und Bedürfnisse liegen in der menschlichen Natur und führen in ihrer Befriedigung zu Erlebnissen, die wir als Erlebnisse von allgemein oder unbedingt geltenden Werten fühlen. Aus diesen Werten heraus entspringt eine Reihe von allgemein berechtigten Zwecken und Zwecksystemen, wie sie in Wirtschaft, Handel, Jugenderziehung, Familienleben, Wissenschaft, Kunst, Religionsgemeinschaft verfolgt werden. Alle diese Zwecke müssen im höchsten Zweck, in dem höchsten Gut enthalten sein. Die Rechtsordnung der Gemeinschaft muß die Möglichkeit der Erfüllung dieser Zwecksysteme in sich schließen.

Zugleich folgt aus der Forderung, daß das höchste Gut ein allgemein anerkannter Zweck sein muß, von selbst, daß in der Arbeit für den allgemeinen Zweck jeder auch seine Befriedigung finden muß und jeder den allgemeinen Grundsätzen Folge leisten muß, von denen er erwartet, daß durch sie der allgemeine Zweck erreicht wird. Die Organisation des gesellschaftlichen Zustandes, der so als höchster Zweck aufgestellt wird, muß natürlich auch die Mittel zur Befriedigung der individuell verschiedenen Bedürfnisse enthalten, sie muß jedem die Möglichkeit bieten, in der Weise seine Befriedigung zu finden, die seiner Natur, wenigstens seiner ethisch entwickelten Natur, angemessen ist. Jeder individualisierte Zweck ist soweit berechtigt, soweit er als Teil des allgemeinen Zweckes gewollt werden kann. Denn die Befriedigung, welche für alle in gleicher Weise erreichbar ist, liegt schließlich in der Gewißheit, für einen über das individuelle Bewußtsein und seine Schranken hinausliegenden Zweck – für einen Menschheits- und Weltzweck – selbst zu wirken, um den eigenen Wert als Träger einer höheren Idee, als Vollstrecker eines göttlichen Willens zu empfinden. In diesem Punkt begegnen sich Ethik und Metaphysik.

So kommen wir von selbst auf eine durch ein autonomes Rechtssystem organisierte Gemeinschaft, die eben im Rechts- und Kulturstaat verkörpert ist. Sobald das Rechtssystem den eben erörterten Bedingungen genügt, ist er das höchste äußere sittliche Gut, und die übrigen Gemeinwesen, wie Familie, Berufsgemeinschaft, Religionsgemeinschaft usw. müssen notwendig mit ihren Rechtsordnungen in ihm enthalten sein, soweit sie sittliche Gemeinwesen sind. Denn sonst wären ja wertvolle Zwecke des einzelnen, zu deren Erreichung er sich immer erst in Unterverbänden vergesellschaftet, nicht im Gesamtzweck enthalten.

Gewiß haben wir es hier mit einem idealen Staatsgebilde zu tun, aber mit keinem utopischen, sondern mit einem aus unserer psychischen Natur abgeleiteten wissenschaftlichen Ideale, dessen Erreichung allerdings infolge der Mängel der menschlichen Natur unmöglich ist, dem wir uns aber nähern können, sofern es uns gelingt, eine staatsbürgerliche Erziehung zu organisieren, die nach einem solchen Ziele gerichtet ist. In dieser Unternehmung mag uns das Bewußtsein stärken, daß tatsächlich im Laufe der menschlichen Kultur die Staatsorganisation sich in der Richtung einer Rechts- und Kulturgesellschaft entwickelt hat, wenn auch nicht geradlinig und auch nicht bei allen Staatswesen, sondern unter mancherlei Rückschlägen, denen ein reines Machtgebilde wie der Staat immer notwendig ausgesetzt sein wird.

Der Widerspruch, der sich gegen meine Forderungen vom Endzweck der Erziehung immer wieder erhebt, rührt also von einem Mißverständnis her, das trotz meiner wiederholten eingehenden Darlegungen des Staatsbegriffs und des Begriffes der staatsbürgerlichen Erziehung nie die Erziehung zur Verwirklichung der ethischen Idee des höchsten äußeren Gutes im wohlverstandenen Dienste des gegebenen Staates versteht, sondern immer nur die Erziehung zum blinden Dienst eines dauernd festgelegten Staatsorganismus. Sobald die ehrliche Absicht vorhanden ist, diesen Grundunterschied zu begreifen, wird auch das Mißverständnis verschwinden.

Auch ein anderes Mißverständnis löst sich alsdann, das diejenigen beherrscht, welche das Ziel aller Erziehung in der Bildung der autonomen Persönlichkeit sehen, oder, wie Hugo Gaudig sich ausdrückt, in der Selbstbestimmung zur „Idealität des eigenen Ichs". Wer als Erziehungszweck Selbstbestimmung aufstellt, muß das Ziel dieser Selbstbestimmung eindeutig festlegen. Zu allen Zeiten gab es Pädagogen, denen sittliche Selbstbestimmung der Endzweck der Erziehung war. Sie lehrten, daß die beste Erziehung diejenige ist, welche den Erzieher selbst immer überflüssiger macht, daß also die heteronome Erziehung in dem Maße zurückzutreten hat, als der Zögling in seinem seelisch-geistigen Wesen sittliche Fortschritte macht. Mit dem reinen Formalismus der Selbstbestimmung aber ist ein greifbares Ziel noch nicht gegeben.

Gaudig sucht das greifbare Ziel in der „Idealität des eigenen Ichs". Auch damit ist ein Inhalt noch nicht gegeben. In der Zeitschrift für „Pädagogische Psychologie" sucht er diesen Inhalt zu bestimmen (Jahrgang 1912, Heft 1 und 10). Was er aber dort schildert, ist einfach der „vollkommene Mensch", nicht die „spezifische" und immer „unvollkommen bleibende" eigen- und einzigartige sittliche Persönlichkeit. Sobald man jedoch die Erziehung zur Persönlichkeit, die als „ldealität des Ichs" ganz richtig bezeichnet ist, als Ziel aufstellt, muß man sich klar sein, daß dieses „ideale Ich", als allseitig vollkommener Mensch gefaßt, kein a l l g e m e i - n e s Ziel sein kann. Es gibt so viele ideale Ichs als es Menschen gibt. Die Idealisierung beginnt mit dem Lebendigwerden unbedingt geltender Werte im jeweiligen Individuum und schreitet fort bis zur vollendeten Ordnung der Werte in ihm. Welche Werte in ihm lebendig sind und in welche subjektive Ordnung sie gebracht werden können, das hängt im wesentlichen von seiner Veranlagung ab. Hat die Selbsterkenntnis den einzelnen zur Bejahung der in i h m m ö g l i c h e n subjektiven Wertorganisation unter einem herrschenden unbedingt geltenden Wert geführt, so wird er notwendig in der Vollendung dieser individuellen Wertorganisation seine wahre Erlösung suchen, das heißt seine individuelle sittliche Persönlichkeit wird ihm ein höchstes inneres Gut.

Man kann diese Güter, die so in den sittlichen Persönlichkeiten auftauchen, nach den Werten, deren Träger sie sind, in eine aufsteigende Reihe ordnen und demjenigen Gut den höchsten Rang zuweisen, das als konkrete Persönlichkeit in der Hingabe an den allgemeinen Zweck im höchsten Gute des sittlichen Gemeinwesens ihre eigene Vollendung und damit ihre Lebensaufgabe sucht und findet. Auch ihre Zwecke sind im a l l g e m e i n e n Zweck, den wir oben als höchsten Zweck erkannt haben, enthalten, und gerade die Möglichkeit der Selbstbestimmung zur sogenannten „Idealität des eigenen Ichs", soweit diese Idealität des einzelnen neben der aller anderen bestehen kann, ist eines der wesentlichsten Merkmale des äußeren höchsten Gutes. Aus dieser Überlegung wird zugleich klar, daß es keinen Sinn hat, die Pädagogik in Individual- und Sozialpädagogik zu scheiden. Die wohlverstandenen Zwecke des einzelnen sind in dem allgemeinen Zweck der Gemeinschaft, sofern diese Gemeinschaft als das höchste Gut bezeichnet werden kann, enthalten. Es gibt kein sittliches Gemeinwesen, ohne daß die Mehrzahl seiner Bürger sittliche Persönlichkeiten sind. Es entwickelt sich aber auch keine größere Zahl von sittlichen Persönlichkeiten, wenn nicht die Verfassung des Gemeinwesens und damit ihr allgemeiner Zweck auf einer sittlichen Grundlage steht.

Ich gehe demnach von der Voraussetzung aus, daß das sittliche Gemeinwesen ebenso das höchste äußere sittliche Gut des Menschen ist, wie die individuelle Persönlichkeit als eigenartig organisierter Träger von unbedingt geltenden Werten das höchste, ja das absolute innere sittliche Gut ist. Ich mache die zweite Voraussetzung, daß der gegebene Staat um so eher in der Richtung zum idealen sittlichen Gemeinwesen sich bewegt, je mehr durch die öffentliche Erziehung die Erkenntnis sich verbreitet, daß das höchste innere sittliche Gut und das höchste äußere in wechselseitiger Bedingtheit stehen, und je mehr infolge dieser Erkenntnis alle Erziehungsmaßnahmen vom Gesichtspunkt des ethischen Staatsbegriffes aus getroffen werden. Unter diesen beiden Voraussetzungen darf der gegebene Staat auch Zweck und Aufgabe der öffentlichen Schulen aus seinem Zweck und seinen Aufgaben heraus bestimmen.

Der Zweck aber des gegebenen Staates ist ein zweifacher: zunächst ein egoistischer, nämlich die Fürsorge um den inneren und äußeren Schutz und um die leibliche und geistige Wohlfahrt seiner Staatsangehörigen; dann aber ein altruistischer, die allmähliche Herbeiführung des Reiches der Humanität in der menschlichen Gesellschaft durch seine eigene Entwicklung zu einem sittlichen Gemeinwesen und die Betätigung seiner Kräfte in der Gemeinschaft der Kultur- und Rechtsstaaten. Von dem Bewußtsein, daß die Kulturstaaten (in ihrem eigensten Interesse) auch dieser zweiten Aufgabe dienen sollen, sind die Sieger im Weltkriege trotz aller gegenteiligen Beteuerungen und Versicherungen nicht erfüllt gewesen. Ihre „Friedensbestimmungen" haben der allmählichen Herbeiführung des Reiches der Humanität in der menschlichen Gesellschaft die größten Hindernisse bereitet. Möge die kommende Weltgeschichte nicht den furchtbaren Beweis liefern, daß kein großer Staat ungestraft dieser zweiten Forderung entgegen handelt!

Anders steht natürlich die Frage, ob jeder, auch der schwache und machtlose Staat, im Interesse der Humanität allezeit für unterdrückte Staaten eintreten muß. Hierbei habe ich mich in meiner Schrift „Staatsbürgerliche Erziehung der deutschen Jugend" näher geäußert. Jedenfalls mahnen historisch gewordene Beispiele zur Vorsicht. Aber etwas anderes ist es, die Normen und Gesetze der Humanität absichtlich zu verletzen, und etwas anderes zu ihrer Verletzung mit Rücksicht auf die Existenz des eigenen Staatsvolkes zu schweigen. Hier ist einer der Punkte, in welchen die Individualitätsmoral nicht schlechtweg auf die Staatsmoral übertragen werden kann.

Wenn ich nun sage: Zweck der öffentlichen Volksschule (wozu natürlich auch die Fortbildungs- oder Berufsschule gehört) ist, die nachwachsende Generation so erziehen zu helfen, daß sie dieser doppelten Aufgabe, sei es durch Gewöhnung allein, sei es durch Gewöhnung und Einsicht nach Maßgabe der vorhandenen Begabung, dient, so ist damit nichts weniger als ein utilitaristisches Ziel aufgestellt, wie die Thüringer Herbartfreunde behaupten, sondern in letzter Linie ein im höchsten Maße ethisches.

Indem ich dann den Menschen, der dem gegebenen Staat nur im steten Hinblick auf diese doppelte Aufgabe dient, einen brauchbaren Staatsbürger nenne, bezeichne ich in aller Kürze als Zweck der öffentlichen Schule des Staates und damit als Zweck der Erziehung überhaupt, brauchbare Staatsbürger zu erziehen. Aus diesem Zweck ergeben sich die Aufgaben der Schule, aus den Aufgaben folgen gewisse sachliche Richtlinien oder Normen für die Organisation der Schule überhaupt und demgemäß auch für die Organisation der Schule, die wir mit dem Begriff „Arbeitsschule" bezeichnen. Weitere Normen aber und die Methoden, die einzelnen Aufgaben ganz oder teilweise durch eine Schule zu lösen, hängen von den äußeren und inneren Verhältnissen ab, unter welchen die leibliche und geistige Entwicklung des Zöglings vor sich geht. Aus der Gesamtheit dieser Zwecke, Aufgaben, Wege und Methoden folgt jener Begriff der Schule des modernen Staates, den ich mit dem Wort „Arbeitsschule" bezeichne. In der Verfolgung der Aufgaben und Organisationen, die aus dem von mir geforderten höchsten Zweck der öffentlichen Pflichtschule (Elementar- und Berufsschule) sich ergeben, wird sich zugleich zeigen, daß aus diesem höchsten Zweck auch alle übrigen berechtigten Absichten und Zwecke der Erziehung abgeleitet werden können, daß er also zugleich auch der ganze Zweck der öffentlichen Erziehung ist.

Vor allem ist klar, daß niemand ein in unserem Sinne brauchbarer Bürger eines Staates sein kann, der nicht eine Funktion in diesem Organismus erfüllt, der also nicht irgendeine Arbeit leistet, die direkt oder indirekt den Zwecken des Staatsverbandes zugute kommt. Wer die Segnungen der Staatsordnung im Besitze geistiger und körperlicher Gesundheit genießt ohne an irgendeiner Stelle dieses allerdings sehr komplizierten Zweckverbandes zur Leistung der gemeinsamen Arbeit an einem noch so kleinen Stücke nach Maßgabe seiner Kräfte teilzunehmen, ist nicht nur kein brauchbarer Staatsbürger, sondern handelt von vornherein unsittlich. Wer ererbten Reichtum bloß dazu verwendet, sein eigenes Leben für sich zu genießen, kann den Titel eines brauchbaren Staatsbürgers nicht beanspruchen, weil er außer dem für alle verbindlichen zwangsweise erhobenen Steuerbetrag der gemeinsamen Arbeit, die ihm die Behaglichkeit seines Daseins erlaubt, keine Gegenleistung entgegenbringt. Dagegen kann selbst die Arbeit eines Straßenkehrers sittlichen Wert annehmen, wenn sie vollzogen wird im Bewußtsein der Notwendigkeit dieser Arbeit für die Gesamtheit.

Die erste Forderung für den einzelnen im Staate ist also, daß er befähigt und gewillt ist, irgendeine Funktion im Staate auszuüben oder, wie wir es nennen können in irgendeinem Berufe tätig zu sein und so direkt oder indirekt den Staatszweck zu fördern. Daraus folgt die primitivste Aufgabe der öffentlichen Schule. Die öffentliche Schule hat zunächst die

Aufgabe, dem einzelnen Zögling zu helfen, eine Arbeit im Gesamtorganismus oder, wie wir sagen, einen Beruf zu ergreifen und ihn so gut als möglich zu erfüllen. Das ist noch keine sittliche Aufgabe, aber es ist die Grundbedingung, damit die öffentliche Schule überhaupt sittliche Aufgaben ins Auge fassen kann.

Die zweite Aufgabe, die an die Schule herantritt, ist nun, den einzelnen zu gewöhnen, diesen Beruf als ein Amt zu betrachten, das nicht bloß im Interesse der eigenen Lebenshaltung und der sittlichen Selbstbehauptung auszuüben ist, sondern auch im Interesse des geordneten Staatsverbandes, der dem einzelnen die Möglichkeit gibt, unter dem Segen der Rechtsordnung und Kulturgemeinschaft seiner Arbeit und damit seinem Lebensunterhalt nachzugehen. Je nach der Art des Berufes wird es leicht, schwierig oder unmöglich sein, aus ihm zugleich einen unmittelbaren Dienst im Interesse der Gesamtheit zu machen. Es gibt eine Reihe von Berufen, in denen diese Auffassung dem Beruf zugleich die höchste Weihe gibt. Es gibt eine Menge anderer Berufe, die nicht mit einer unmittelbaren Arbeit für das Gemeinwohl verbunden werden können. Immer aber wird es möglich sein, frühzeitig das Bewußtsein in der heranwachsenden Generation zu entwickeln daß jede Berufsarbeit vom Ausübenden als eine im Dienste der Gesamtheit notwendige aufgefaßt werden kann und daß die Übernahme jeder entlohnten Arbeit, wie einförmig und bescheiden sie auch sein mag, eine Verpflichtung zur besten Leistung nach sich zieht.

Die dritte und höchste Erziehungsaufgabe der öffentlichen Schule, die natürlich entsprechende moralische und intellektuelle Begabung des Zöglings voraussetzt, ist sodann, im Zögling Neigung und Kraft zu entwickeln, daß er neben und durch die Berufsarbeit und nicht zuletzt durch die Arbeit an der Vervollkommnung seines spezifischen Persönlichkeitswertes sein Teil beiträgt, die Entwicklung des gegebenen Staates, dem er angehört, in der Richtung zum Ideal eines sittlichen Gemeinwesens zu fördern. Erst in diesem Zusammenhang kann der subjektive Persönlichkeitswert zum objektiven Werte werden und damit Anspruch auf einen Erziehungswert machen. Denn das Ideal des sittlichen Gemeinwesens ist erst gegeben im harmonischen Bunde sittlich freier Persönlichkeiten, die sich in ihren mannigfaltigen Verschiedenheiten gegenseitig ergänzen und tragen.

Damit sind drei klare und bestimmt gezeichnete Aufgaben jeder öffentlichen Schule und damit auch der Pflichtschule zugewiesen, und sie umfassen zugleich den ganzen Zweck der Erziehung. Ich bezeichne sie kurz als

1. die Aufgabe der Berufsbildung oder doch deren Vorbereitung,
2. die Aufgabe der Versittlichung der Berufsbildung,
3. die Aufgabe der Versittlichung des Gemeinwesens, innerhalb dessen der Beruf auszuüben ist.

Da die Versittlichung des Gemeinwesens gar nicht denkbar ist ohne die Versittlichung derjenigen, die das Gemeinwesen bilden, so ist in diesen drei Aufgaben von selbst die sittliche Erziehung des einzelnen mit eingeschlossen.

Dabei fasse ich den Begriff der Versittlichung in dem formalen allgemeinsten Sinne, der sich mit dem Begriffe Sittlichkeit verbinden läßt, als der widerspruchsfreien Einheit des durch die allgemeinen Kulturgüter der Gemeinschaft entwickelten Seelenlebens eines Individuums.

Die drei Aufgaben sind zugleich untrennbar miteinander verbunden. Man kann keine ohne die beiden andern lösen. Man kann der Schule nicht die Aufgabe der Mitarbeit an der Versittlichung des Gemeinwesens zuweisen, ohne daß man den Schüler zu einer sittlichen Berufsauffassung erzieht, und man kann dem Schüler keine sittliche Auffassung vom Berufe geben, ohne ihn selbst so gründlich als möglich für diesen Beruf vorzubereiten.

Aber die Schule kann auch umgekehrt niemanden in der rechten Weise auf seinen Beruf vorbereiten, ohne daß sie sich selbst als ein Mittel des allgemeinen Zweckes fühlt, nämlich den gegebenen Staat seinem idealen Zustand als Rechts- und Kulturstaat zuzuführen. Sobald sich die Schule als Mittel eines anderen Zweckes fühlt, sobald sie etwa rein wissenschaftliche, rein künstlerische, rein religiöse, rein wirtschaftliche, kaufmännische, technische Zwecke ins Auge faßt, also einzelne Zwecke, die nicht jedem ihrer Schüler höchster Zweck sein können, leidet darunter immer auch die Berufsbildung selbst. Die Schule wird bestenfalls eine technische Schule, eine Schule, welche die Technik um der Technik willen treibt, eine Schule für wissenschaftliches, künstlerisches, wirtschaftliches, religiöses Virtuosentum, und zwar für ein immer mehr und immer mannigfaltiger sich spezialisierendes Virtuosentum. Unsere Universitäten entwickeln sich zusehends in dieser für die Gesamtkultur so unheimlichen Richtung, die schließlich dahin ausmündet, in der Mehrzahl ihrer Schüler beschränkte Spezialisten zu erziehen, die selbst von ihrem Beruf nur mehr eine Seite, ja nur mehr ein Stück einer Seite kennen und beherrschen lernen, an Stelle ihres ganzen doppelten Berufes. Es vollzieht sich in solchen Schulen der gleiche Prozeß, wie er sich bereits in der Industrie zum ungeheuren Schaden unserer Gesamtkultur vollzogen hat, der Prozeß der ins Endlose gehenden Arbeitsteilung.

Ist dieser Prozeß der atomisierenden Arbeitsteilung der Kulturentwicklung immanent, dann haben wir es mit einer neuen Seite der „Tragödie der Kultur" zu tun, von der Georg Simmel in seinem Essay zwei andere Seiten so eindrucksvoll geschildert hat. Nun haben sich gewiß mit fortschreitender Kultur der vernünftigen Menschheit die Berufe spezialisiert, genau ebenso wie mit fortschreitender Entwicklung der unvernünftigen andern Organismen die Zellen in ihren Funktionen sich spezialisiert haben. Aber jede einzelne Zelle ist in bezug auf den Gesamtzellenstaat, dem sie angehört, mag dieser auch noch so hoch entwickelt sein, nach meiner Kenntnis immer noch unvergleichlich reicher mit Berufsfunktionen für das Ganze bedacht als unzählige der geistigen und manuellen Arbeiter im Menschenstaat. Sollte die Vernunft des Menschen in Rücksicht auf die Entwicklung des menschlichen Vernunftstaates ohnmächtiger sein als die Instinkte der Zellen in Rücksicht auf die Entwicklung des organischen Zellenstaates?

II. Die Berufsbildung als erste Aufgabe

Die erste und vordringlichste Aufgabe der öffentlichen Schule (Volks-, Fortbildungs- und höheren Schule) ist also die Berufsbildung oder doch die Vorbereitung auf den Beruf. Das scheint zunächst mit der gegenwärtigen Auffassung der allgemeinen Schulen in vollständigem Widerspruch zu stehen. Allein kein Geringerer als Pestalozzi selbst war durch und durch von dieser Anschauung erfüllt, obwohl ihm als letztes Ziel gleich mir die allgemeine Menschenbildung vor Augen schwebte. Nie wird Pestalozzi müde, diese erste und vorwiegende Aufgabe zu betonen. Dem „Bücherleben" der Schule stellt er das „Berufsleben" gerne gegenüber. „Wenn ein Bauernknabe nur mit dem Vater täglich ins Feld geht, an seinem gewöhnlichen Tun, soweit er kann, teilnimmt, und bei Haus und Hof, in Arbeit und Spiel, das, was seine Kameraden gewöhnlich tun, auch mitmacht, so genießt er dadurch geradezu die Bildung, die er nötig hat, um bei Haus und Hof, in Holz und Feld sich als der gebildetste, der verständigste, der brauchbarste und fleißigste Bauernknabe hervorzutun." (Seyffarthausgabe IX, 236.) „Man kommt immer früh genug zum Vielwissen, wenn man lernt recht wissen, und recht wissen lernt man nie, wenn man nicht in der Nähe, bei den Seinigen und bei dem Tun anfängt." (Seyffarthausgabe IV, 90.) „Reiner Wahrheitssinn bildet sich in engen Kreisen, und reine Menschenweisheit ruht auf dem festen Grund der Kenntnis seiner nähesten Verhältnisse und der ausgebildeten Behandlungsfähigkeit seiner nähesten Angelegenheiten." (Seyffarthausgabe III, 314.) Ja, er löst sich als Kind seiner Zeit nicht einmal von dem Gedanken los, daß der Beruf seines Zöglings in dem Stande aufgehe, in dem er geboren ist. Große Teile seines Schwanengesanges, in welchem er die Erfahrungen und pädagogischen Anschauungen seines Lebens zusammenfaßt, sind von dieser Auffassung der ersten Aufgabe der Volksschule erfüllt. Bei den sehr viel einfacheren Verhältnissen seiner Zeit lag auch kein Gedanke näher als der, die innere Organisation der Volksschule den Zwecken des Standes anzupassen, aus dem die Zöglinge genommen waren und in den sie naturgemäß wieder hineinwuchsen.

Diese Verhältnisse haben sich in den verflossenen hundert Jahren geändert. Nicht nur, daß die Stände als fixierte Schichten der Staatsorganisation verschwunden sind, auch die Arbeitsverhältnisse, wie sie namentlich die Industrie gebracht hat, lassen eine rein berufliche Gestaltung der elementaren Volksschule, welche die Zwecke der Menschenbildung im Auge haben muß, im allgemeinen als unmöglich erscheinen. Nichtsdestoweniger bleibt auch heute der elementaren Volksschule die Aufgabe der Vorbereitung auf den zukünftigen Beruf des Zöglings zugewiesen. Die ungeheure Mehrzahl aller Menschen im Staate steht im Dienste der rein manuellen Berufe, und dies wird für alle Zeiten Geltung haben. Denn jedes menschliche Gemeinwesen hat ungleich mehr körperliche als geistige Arbeiter nötig. Auch die Neigungen und Begabungen der Menschen liegen zunächst durchaus nicht auf den Arbeitsgebieten rein geistiger Tätigkeit, sondern der manuellen Arbeit. Aus ihr hat sich ja im Laufe der Kultur die geistige Arbeit überhaupt erst entwickelt. Das Handwerk ist nicht nur die Grundlage aller echten Kunst, sondern auch die Grundlage aller echten Wissenschaft. Eine öffentliche Schule, die auf geistige wie manuelle Berufe vorzubereiten hat, ist daher schlecht organisiert, wenn sie keine Einrichtung hat, die praktischen Neigungen und Fähigkeiten des Zöglings zu entwickeln. Sie ist um so schlechter organisiert, als ja auch in der ganzen Entwicklung des Kindes die körperliche und manuelle der geistigen vorangeht, als insbesondere in der Zeit vom 3. bis 14. Lebensjahre die Instinkte und Triebe für manuelle Betätigung durchaus vorherrschen. Für Schulen, die nur für rein geistige Berufe vorbereiten sollen, wie dies bei einer alten Gruppe der höheren Schulen der Fall ist, für Menschen, die, nachdem ihre Instinkte für manuelle Tätigkeit im wesentlichen erloschen sind, wenn sie ihre Schuldigkeit für die Entwicklung des normalen Gebrauchs der Glieder und der Sinnesorgane getan haben, fast ausschließlich unter der Macht der intellektuellen Triebe stehen, für solche erachte ich Erziehungseinrichtungen zur manuellen Betätigung (von rein körperlichen Übungen im Interesse einer gesunden Lebensführung abgesehen) in keiner Weise notwendig. Da es Menschen dieser Art gibt und auch Berufe, denen sie sich von selbst zubewegen, so kann ich mir daher auch wohlorganisierte „Arbeitsschulen" denken, die keinerlei manuelle Betätigung in irgendwelchen besonderen Werkstätten oder auch nur abseits von besonderen Werkstätten mit irgendwelchem Unterrichtsbetrieb verbunden kennen.

Für alle anderen Zöglinge aber sind Schulen, die solcher Einrichtungen entbehren, schlecht organisierte Schulen. Insbesondere muß jede Volksschule aus den angestellten Erwägungen heraus irgendwelche praktische Arbeitsplätze, Werkstätten, Gärten, Schulküchen, Nähstuben, Laboratorien haben, um auf ihnen systematisch die Neigungen für manuelle Tätigkeit zu entwickeln, den Zögling zu gewöhnen, immer sorgfältiger, ehrlicher, gewissenhafter, durchdachter die manuellen Arbeitsprozesse auszuführen. Nur so wird eine der Hauptgrundlagen seiner späteren und durch die Fortbildungsschule direkt aufzugreifenden Berufsbildung geschaffen, nämlich die frühzeitige Gewöhnung an wohlüberlegte, mustergültige, solide, ehrliche, mit einem Worte, sachliche manuelle Arbeit. Anders ausgedrückt (um mich eines der bekannten Schlagwörter zu bedienen): In der wohlorganisierten öffentlichen Volksschule muß der Arbeitsunterricht auch als ein in sich geschlossenes Unterrichtsfach auftreten. Dieser Arbeitsunterricht als Fach ist nicht eine „Entweihung" der Volksschule, sondern ihr größter Segen. In Bayern ist seit mehr als hundert Jahren in einer großen Zahl von Mädchenklassen der Arbeitsunterricht als Fach eingeführt, in München seit fast fünfzig Jahren in nicht weniger als durchschnittlich drei Stunden in der Woche, und keinem Menschen ist es bis heute nur im Traum eingefallen, diesen Unterricht, der ruhig für sich seine eigenen geschlossenen Bahnen läuft, als eine Entweihung der Mädchenschule zu betrachten und aus dem Lehrplan der Mädchenvolksschule zu streichen. Nun wird man vielleicht einwenden: Stricken, Nähen, Leibwäsche herstellen und sie ausbessern ist der Beruf fast aller Mädchen. Aber nicht alle Knaben ergreifen den gleichen manuellen Beruf. Das ist richtig. Aber daraus zu schließen, daß man deswegen überhaupt keinen systematischen Arbeitsunterricht in den inneren Organismus der Schule eingliedern darf, ein solcher Schluß steht ungefähr auf der gleichen Höhe wie der, daß, weil nicht alle Menschen die gleiche Nahrung vertragen, man ihnen am besten gar keine Nahrung gibt.

Noch vor hundert Jahren, da der Geist Pestalozzis in den deutschen Schulverwaltungen lebendig war, war es selbstverständlich, nicht bloß für alle Mädchen, sondern auch für alle Knaben Arbeitsschulen und Arbeitsunterricht zu fordern. Und wenn auch die Verfügungen in den napoleonischen Wirren und in der nachher das Haupt erhebenden Reaktionszeit nicht ausgeführt wurden, so zeigen sie doch zunächst eine in dieser Hinsicht die Gegenwart überragende Einsicht und redlichsten Willen. Der Allerhöchste Erlaß des Kurpfalzbayrischen Generalschulendirektoriums von 1803 an die Lokalschulkommissionen Bayerns ist ein schönes Beispiel hierfür. „Gewisse technische Fertigkeiten sind jedem Menschen mehr oder minder notwendig. Darum ist es notwendig, daß überall Arbeitsschulen für Knaben und Mädchen angelegt und mit Lehrschulen in Verbindung gebracht werden. Von diesen Schulen sollen auch jene nicht freigesprochen werden, von denen es vorauszusehen ist, daß sie einstens nicht notwendig haben zu arbeiten, um sich zu ernähren; denn abgesehen vom Wechsel des Glücks, wodurch viele geerbten Reichtum verlieren, so ist es immer gut, daß jeder lerne, den Vorzug zu schätzen, sich selbst den notwendigen Unterhalt erwerben zu können und jenen gehörig zu achten, der durch Arbeitsamkeit und Kunstfleiß sich einen Wohlstand zu verschaffen versteht." Dabei waren in jenen Zeiten noch Familienwohnsitz und Arbeitsstätte des Vaters eng verbunden, und die Jugend wuchs nicht auf, wie heute fast ausnahmslos in unseren großen Städten, ohne die häusliche Schule der Arbeit, ja ohne auch nur den kümmerlichsten Einblick in die manuelle Arbeit des Vaters zu gewinnen und vom Zauber ihres Segens erfaßt zu werden.

Wesentlich tiefer noch gräbt um die gleiche Zeit der Leiter des Frankfurter „Philantropins", Jakob Molitor, ganz in Pestalozzischen Gedankengängen sich bewegend. Man glaubt, in John Dewey's „School and Society" von 1901 zu lesen, wenn man in seiner Abhandlung „Über die bürgerliche Erziehung" die Sätze findet: „Es ist der größte Fehler unserer heutigen Erziehung, daß sie die Kinder mit allem bekannt macht, was in der Ferne liegt, und in demjenigen ganz unwissend läßt, was sich in ihrer Nähe befindet. Deshalb ist zwischen dem Leben und unserer Schule jetzt so eine ungeheure Kluft. Die Schule ist eine eigene fremde Welt, in der das Kind ganz andere Dinge hört, als es im Leben sieht ... Die lebendige Kraft der alten Erziehung beruhte darauf, daß sie mit den Umgebungen anfing ... Unter dem Gewühle von reger Tätigkeit, mitten unter den Geräten und Werkzeugen der Arbeit ... wächst das Kind des Landmannes und des Handwerkers empor. Es siehet und höret von Jugend auf, und was es siehet und höret, wirkt lebendig und kräftig auf seinen Sinn. Der Acker, die Werkstätte wird ihm der Mittelpunkt seiner Welt und seines Daseins, der Punkt, um den sich alle Gedanken drehen, an den sich alle Begriffe anknüpfen, von dem sie ausgehen und wohin sie alle zuletzt wieder zurückkehren ... Sie (die Schule) sollte, so wie es in dem Gange des Lebens immer geschieht, überall mit der Praxis beginnen und aus ihr die Theorie entwickeln ... Man darf nie aus dem Auge verlieren: die Kinder von Jugend auf mit ihrem künftigen Stande und dessen Verhältnissen und Beschäftigungen bekannt zu machen, und solchergestalt deren Gegenstand jederzeit zum lebendigen Mittelpunkt aller Betrachtungen zu machen." Muthesius, der in einem Artikel „Fortbildungsschule und Volksschule" in den Pädagogischen Blättern neuerdings auf Molitor hingewiesen hat, glaubt sicher, daß Molitors Schrift Goethe bei der Abfassung der pädagogischen Provinz in Wilhelm Meisters Wanderjahren fruchtbare Anregungen gegeben hat, nachdem Bettina Brentano ihn mit Molitors Schriften bekannt gemacht habe. Das ist um so wahrscheinlicher, als Goethes Anschauungen über Erziehung zu allen Zeiten in der gleichen Richtung sich bewegt hatten, wie ich an anderer Stelle zeigen konnte.

Der Zweck der vorbereitenden Erziehung für den manuellen Beruf liegt indes nicht in der Einführung in die Arbeitsprozesse, Werkzeuge, Maschinen und Materialien eines bestimmten Berufes, ebensowenig wie der Zweck der vorbereitenden Erziehung für einen geistigen Beruf in der Übermittlung von Kenntnissen für den zukünftigen Beruf besteht. Hier wie dort liegt der Zweck der vorbereitenden Erziehung in der Gestaltung der Organe, die für die Ausbildung des Berufes notwendig sind, in der Gewöhnung an ehrliche Arbeitsmethoden, an immer größere Sorgfalt, Gründlichkeit und Umsicht und in der Erweckung der rechten Arbeitsfreude. Wer in irgendeiner systematischen Beschäftigung (mit Holzarbeit z. B.) diese Qualitäten erworben hat, der besitzt sie und wendet sie bei jeder manuellen Arbeit an, die der spätere Beruf bringt, genau ebenso wie derjenige, der im Latein oder in der Mathematik seine logische Denkfähigkeit, seine Gewissenhaftigkeit und Wahrheitsliebe entwickelt hat, sie besitzt und anwendet, wenn er auch später nicht Philologe, Mathematiker oder Naturwissenschaftler wird, sondern Jurist, Historiker oder Philosoph. Ja die Übertragung dieser in einer manuellen Arbeitserziehung erwachsenen Qualitäten auf manuelle Arbeiten anderer Gebiete ist sehr viel gesicherter als die Übertragung erworbener Qualitäten auf geistigen Arbeitsgebieten, wo nicht selten Vorurteile, Parteimeinungen, religiöse Bindungen usw. verhindern, die auf einem Gebiete sich auswirkende Kraft der Wahrheitsliebe und des logischen Denkens in gleicher Rücksichtslosigkeit auf anderen Gebieten schaffen zu lassen.

Aus der ersten Aufgabe der öffentlichen Schule, der Aufgabe der Vorbereitung für die Berufsbildung, ergibt sich also mit Notwendigkeit für die Organisation der Volksschule die Forderung des fachlichen, systematisch sich entwickelnden Arbeitsunterrichts, und diese Notwendigkeit wird verstärkt durch den Umstand, daß auch die geistige Entwicklung der Massen mangels frühzeitiger hervorragender intellektueller Begabung unweigerlich auf den Boden der Erziehung durch manuelle Arbeit gestellt werden muß. Nun verlangen aber auch die manuellen Berufe, vor allem die gelernten Berufe, schon wegen der Verflochtenheit ihrer Interessen mit den Interessen des Staates auch die Beherrschung der primitiven Kulturwerkzeuge des Lesens, Schreibens, Rechnens, Zeichnens, die wir etwa mit dem, wenn auch nicht ganz zutreffenden Ausdruck „geistige Fertigkeiten" zusammenfassen können. Sie verlangen den Besitz von körperlicher Gesundheit und gewisse Einblicke in die Gesetze der Natur und der eigenen hygienischen Lebensführung, zu welchem Zwecke Leibesgymnastik und Naturkunde zu wesentlichen Bestandteilen des Volksschullehrplans gemacht werden müssen. Das sind Forderungen, auf die hier nicht weiter einzugehen ist. Dagegen ist zu betonen:

Je inniger die Entwicklung der geistigen Fertigkeiten mit

der Entwicklung der manuellen Fertigkeiten im Fachunter-
richt verbunden werden kann, desto glücklicher ist die Organisation der Volksschule, desto ungezwungener und sicherer
entwickeln sich auch die geistigen Fähigkeiten.

Wüßte man von allen Kindern rechtzeitig, welchem Berufe sie sich nach
Neigung und Begabung zuwenden, wären nicht so viele Kinder in der Be-
rufswahl vom Zufall oder vom Herkommen abhängig, würden nicht bei
einer so großen Anzahl von Kindern infolge der Arbeitsverhältnisse ihrer
Eltern oder aus anderen Gründen bestimmte Arbeitsinteressen sich überhaupt erst spät oder nie entwickeln, so wäre die beste Organisation der
Volksschule die, welche die Kinder nach Gruppen ihres zukünftigen Berufes zusammenfassen und, ohne diese Schule zur Berufsschule zu
machen, ihren aus der ersten Aufgabe entspringenden Teil der Schularbeit als Vorbereitung für den kommenden Beruf organisieren würde.
Würden sich vollends die in dieser Schule zusammengefaßten gelernten
Berufe der Schüler mit denjenigen Berufen decken, denen auch ihre Eltern nachgehen, so ließe sich in dieser Schule auch jenes Organisations-
ideal verwirklichen, nach welchem die Schule nicht ein Fremdkörper im
Leben des Kindes sein soll, nicht etwas von der täglichen Arbeit im häuslichen Kreise Isoliertes, sondern ein diese häusliche, tägliche Arbeit des
Zöglings aufgreifendes, sie veredelndes, geistig aufhellendes Bildungs-
organ des Staates. Dann könnte der Lehrer, wie Pestalozzi im Schweizer-
blatt meint, „sein Nebenwerk in des Vaters Arbeit so hineinflechten, wie
ein Weber seine Blumen in ein ganzes Stück Zeug hineinwebt". Aber
keine dieser Bedingungen ist im allgemeinen gegeben, höchstens noch in
rein ländlichen oder in wirtschaftlich primitiven Verhältnissen. In den meisten Fällen, jedenfalls in den Schulen der großen Städte, muß die Volksschule auf diese Konzentration verzichten. Dagegen kann die Fortbildungsschule diesem Ideal der Organisation in hohem Grade nachkom-
men, wie das Beispiel Münchens zeigt.

Aber auch wenn die Volksschule, so wie sie gegenwärtig möglich ist, in
den meisten Fällen ihre Arbeit nicht mit der praktisch gerichteten Tätigkeit des Hauses und der Familie verweben kann, von der Forderung, die
praktischen Interessen, die so ganz und gar das Seelenleben des Volks-
schülers, des noch werdenden Menschen, ausmachen, soweit als möglich
zum Mittelpunkt der Unterrichtstätigkeit zu machen, kann sie nicht be-
freit werden. Ihre vornehmste Aufgabe bleibt alsdann, zu sehen und zu
sorgen nicht bloß, wie sie diese praktischen Interessen zum Nutzen des
späteren Berufslebens vertiefen und ausbauen kann, sondern vor allem,
wie sie die mit aller praktischen Arbeit verbundene rein geistige Aktivität
entwickeln und so den Übergang von bloß praktischen Interessen zu
theoretischen Interessen für alle jene vermitteln kann, deren Veran-

lagung diese Entwicklung ermöglicht. „Es ist ein Gemeinplatz", sagt John Dewey in seinem Buche „Interest and Effort" (Houghton Mifflin Company, Boston 1913, S.83), „daß das Grundprinzip der Naturwissenschaften mit der Relation von Ursache und Wirkung auf das engste verbunden ist. Aber das Interesse an dieser Beziehung setzt zunächst auf rein praktischem Gebiet ein. Irgendeine Wirkung wird beabsichtigt, und alle Aufmerksamkeit richtet sich auf die Bedingungen, welche diese Wirkung erzeugen. Zunächst herrscht das Interesse an der Erfüllung des beabsichtigten Zweckes vor. Aber in dem Maße, als dieses Interesse verflochten wird mit wohldurchdachten Bemühungen, den Zweck trotz aller entgegenstehenden Schwierigkeiten und Hindernisse zu erreichen, wird das Interesse am praktischen Zwecke oder an der praktischen Wirkung notwendigerweise übertragen auf das Interesse an den Mitteln (eben den Ursachen), die die Wirkung zustande bringen. Wo handwerkliche Arbeit, wo Gartenarbeit, wo Kochprozesse usw. mit Verständnis (das heißt mit beständiger Überlegung von Ursache und Wirkung) durchgeführt werden, ist es eine verhältnismäßig einfache Sache, das zunächst rein praktisch gerichtete Interesse umzuwandeln in ein Interesse für Versuche um bloßer Entdeckungen willen. Sobald jemand interessiert ist an einem Problem als einem Problem, an Untersuchungen und Studien um der Lösung des Problems willen, dann ist das Interesse bereits rein theoretisch geworden."

Unsere allgemeinen öffentlichen Schulen nehmen wenig oder gar keine Rücksicht in ihren Lehrplänen auf diesen Fundamentalsatz aller geistigen Entwicklung, die immer und überall von praktischen Interessen zu theoretischen vorwärts schreitet. Sie haben bis heute die Befriedigung der praktischen Interessen selbst da ausgeschlossen, wo die Masse der Schüler nur in seltenen Fällen überhaupt über praktische Interessen in ihrer geistigen Entwicklung hinausschreitet. Sie glaubt schon Großes getan zu haben, wenn sie bei der Einführung in ihrem vom sonstigen Leben des Schülers isolierten theoretischen Unterrichtsbetrieb an Vorstellungen aus dem praktischen Leben anknüpft. Das ist der größte Mangel, der unseren allgemeinen Schulen anhaftet.

III. Der pädagogische Begriff der Arbeit

Man hat nun geglaubt, den praktischen Interessen des Kindes in der Volksschule dadurch Rechnung tragen zu können, daß man irgendwelche Handbetätigungen mit dem allgemeinen Unterricht verband. Das Losungswort war: Arbeitsunterricht als „Prinzip", aber nicht als „Fach"; Arbeitsunterricht in den Bänken der Schulklasse, aber nicht in besonderen

Werkstätten oder gar durch werkkundige Arbeiter als Lehrer. Der entscheidende Akzent wurde, wie Theodor Litt in seinem trefflichen Büchlein (Die Philosophie der Gegenwart und ihr Einfluß auf das Bildungsideal, 2. Aufl., B. G. Teubner, Leipzig 1927, S. 44–52) hervorgehoben hat, auf „das sich ausdrückende Leben im schaffenden Tun" und nur auf dieses gelegt. Es entwickelte sich eine „Pädagogik des Wachsenlassens", die ganz übersah, daß der Geist nur wachsen kann aus der Selbstkritik seines eignen Tuns und aus der Selbstüberwindung, welche die Bündigkeit des Gegenstandes vom Erzeuger unbedingt fordert. Das bedeutet, daß Wachstum des Geistes nur dann zu erwarten ist, wenn sich der Zögling freiwillig der „Zucht des Gegenständlichen" unterwirft.

Was ist diese Zucht des Gegenständlichen? Ich habe in meiner Sorge über die bedenklichen Abwege, welche die Verwirklichung der Arbeitsschulidee einzuschlagen droht, auf diese Frage mit zwei Untersuchungen geantwortet. (Der pädagogische Begriff der Arbeit, Zeitschrift für Lehrerfortbildung Nr. 1, Jahrgang 1923, Schulwissenschaftl. Verlag A. Haase, Prag-Annahof, und: Die geistige Arbeit als Bildungsverfahren, Zeitschrift „Die Erziehung", 1926, Erster Jahrg., S. 417–427.) Ich will das Wesentliche dieser Untersuchung hier wiedergeben, und zwar mit einigen Erweiterungen, zu denen eine Arbeit über den psychologischen Begriff der Arbeit von Aloys Fischer mir Veranlassung gibt.

Das erste, was wir zu beachten haben, ist: Eine manuelle Betätigung mag mit noch so viel Interesse, Eifer, Anstrengung, Übung verbunden sein, Arbeit im pädagogischen Sinn kann sie erst werden, wenn sie Ausfluß einer geistigen Vorarbeit ist, die schon in dieser Vorarbeit zu einem ersten Abschluß kommt, im Fortgang der Ausführung aber immer von neuem aufgegriffen wird und zu neuen Denkprozessen Veranlassung gibt. Rein mechanische, isoliert vom übrigen geistigen Leben ablaufende Arbeit kann nicht Arbeit im pädagogischen Sinn sein. Auch jene spielerischen Beschäftigungen, die mit jedem Ergebnis zufrieden sind, weil sie als Spiel keine sachlichen Forderungen gestellt haben, dürfen nicht mit Arbeit im pädagogischen Sinne verwechselt werden. Soweit sie bloß kindliches Spiel sind, haben sie ihr volles Recht in der geistigen Entwicklung. Aber die Schule soll ja das Kind aus der Spielhaltung in die Arbeitshaltung hinüberführen. Dazu ist nötig, daß die Betätigung des Kindes aus einem vom Kinde selbst durchdachten Plane heraus erfolgt, welcher der Verwirklichung eines Zweckes dient und eine Sache erzeugt (objektiviert), die ein getreues Abbild des gefaßten Planes ist. So geht also jeder manuellen Arbeit, die pädagogischen Wert oder, noch bestimmter ausgedrückt, Bildungswert haben soll, zunächst ein ausgesprochner geistiger Akt voraus, den Hans Freyer in seiner Theorie des objektiven Geistes den ersten Objektivationsschritt nennt. Er mag auf der untersten Stufe der

Überführung des Spiels in Arbeit aus ganz wenigen Überlegungen bestehen; je mehr sich die Schule zur Arbeitsschule entwickelt, um so mehr
wird dieser erste Objektivationsschritt alle die Stufen des Denkprozesses
aufweisen, die ich in meinem Buche, „Theorie der Bildung" (B. G. Teubner, Leipzig, 2. Aufl., 1928) geschildert habe.

Jüngst hat Aloys Fischer in einer Abhandlung über die „Psychologie
der Arbeit" (vgl. die Zeitschrift Arbeitsschule, 39. Jahrgang, 1925, Heft 1, 2,
3, Verlag Quelle & Meyer, Leipzig) auf die gleiche grundsätzliche Forderung hingewiesen, in dem er der Stufe der Ausführung und weiterhin
der Stufe der Selbstkritik einer Arbeit die beiden Stufen des Pro-
blembewußtseins und der Gestaltung des Arbeitsplanes voraus-
gehen läßt. Wir werden nachher noch auf diese Abhandlung zu sprechen
kommen. Bei rein geistigen Arbeiten lassen sich die beiden Hauptstufen
des ersten und zweiten Objektivationsschrittes nicht so scharf trennen, da
der Prozeß des Schaffens häufig genug wieder den Plan des Schaffens
von neuem aufgreift, ihn umstößt oder ergänzt, wieder verwirft, aufs neue
gestaltet usw.

Um nun das Wesen der pädagogisch wirksamen Arbeit zu erfassen, wollen wir die Lösung einer moralischen, einer technischen und einer wissenschaftlichen Aufgabe genauer analysieren. Ich wähle zunächst eine Arbeit,
die einer sozialen Betätigung vorausgeht.

Es ist tief in der Nacht; Feuerlärm im Dorfe weckt mich. Es brennt.
Meine Neigung, Hilfe zu leisten, erwacht. Ich will aufstehen. Aber der Gedanke, daß draußen sehr naßkaltes Wetter ist und ich stark erkältet bin,
hält mich zurück. Der allen Menschen eingeborene Drang zur Selbsterhal-
tung wird lebendig. Jetzt kämpfen die beiden Neigungen in mir miteinander, meine Neigung, in der Not Hilfe zu leisten, meine Neigung zur Selbst-
erhaltung. Jede weckt für sich andere Vorstellungskreise und neue Neigungen. Die Vorstellungen jagen blitzschnell durcheinander. Das Gefühl des
Mitleids mit dem Nachbarn einerseits, die Gefühle der Sorge um meine
Gesundheit, mein Leben, meine Angehörigen andererseits strahlen durch
den ganzen Organismus, regen alle möglichen Vorstellungen an. Die erreg-
ten Vorstellungen sind ihrerseits wieder mit einer Fülle von Gefühlen und
Neigungen verbunden, welche bald die eine, bald die andere der beiden
ursprünglich entgegengesetzten Neigungen stärken oder schwächen.
Während der Feuerlärm weitertobt, strömt, wälzt sich, bewegt sich un-
ablässig eine Gedanken- und Gefühlsmasse durch mein Bewußtsein. Ich
selbst liege regungslos im Bett. Was sich bewegt, sind natürlich nicht die
Vorstellungen, sondern das Blut, die Blutgefäße, das Herz, deren Tätigkeit
durch die Erregung, die vom Gehirn abfließt, bald stärker, bald schwächer
angetrieben wird und nun die Ganglienzellen und Assoziationsbahnen
lebhafter „funktionieren" läßt. Schließlich siegt eine Neigung, kraft der

vom Bewußtsein festgehaltenen Vorstellung meiner Krankheit oder der nachbarlichen Not. Mit dem Sieg der Vorstellung ergibt sich die entsprechende motorische Konsequenz, ich springe aus dem Bett oder bleibe regungslos liegen, wie während des ganzen Wettstreites der Motive. Wir sehen deutlich einen Arbeitsvorgang. Zwei „Ich" sozusagen, das egozentrische und das heterozentrische, ringen miteinander. Das eine ist ein Hemmnis oder Hindernis für das andere und eines von beiden muß überwunden werden, wie bei jeder körperlichen Arbeit. Wie anstrengend, wie ermüdend derartige Ringkämpfe der beiden Ich sein können, weiß jeder, der schon einmal vor große Entscheidungen sich gestellt sah.

Ja es brauchen nicht einmal sittliche Konflikte zu sein, welche zu solcher Art geistiger Arbeit führen. Reine Nützlichkeitserwägungen, rein geschäftliche Entscheidungen können angestrengteste geistige Arbeit dieser Art mit sich bringen. Ist dann ein Motiv siegreich geworden, dann folgt vielfach die Handlung dem Entschlusse wie der Schatten dem Lichte nach, wenn nicht neue Überlegungen über die Mittel und deren rechten Gebrauch zur Ausführung des Entschlusses neuerdings zu geistiger Arbeit Veranlassung geben. Hat die geschilderte geistige Arbeit Bildungswert? Wir verschieben die Antwort auf diese vielleicht seltsam anmutende Frage bis auf weiteres.

Wir studieren einen zweiten Fall der geistigen Arbeit, die einer technischen Betätigung vorausgeht. Ein Lehrling soll aus einem Brett von 160 cm Länge, 20 cm Breite, 1 cm Dicke mit geringstem Holzabfall und geringstem Aufwand an Zeit und manueller Arbeit – also ökonomisch-wirtschaftlich – ein Starenhaus herstellen, dessen Dachfläche zur Bodenplatte im Verhältnis von 1 : 2 geneigt ist und etwa 5 cm über die Vorderseite des Hauses hinausragt. (Aufgaben dieser Art stellt das Gewerbe in Überfülle; ihre gewissenhafte Durchführung macht solche Arbeiten in hervorragendem Sinne zu pädagogischen, aus Gründen, die wir alsbald erkennen werden.)

Was der Lehrling zuerst auszuführen hat, ist ein Gedankenexperiment, das alle vier Stufen des logischen Denkprozesses deutlich aufweist: Die Auffindung und Umgrenzung der zu lösenden Schwierigkeiten, die aufsteigenden Vermutungen zu ihrer Lösung, die konsequente Verfolgung dieser Vermutungen auf ihren Wert für die Lösung und schließlich die Verifikation in der Ausführung der Arbeit.

Ich skizziere die notwendigen Überlegungen, wobei ich, um nicht allzu weitschweifig zu werden, eine Fülle von Zwischengedanken überspringe. Erste Gruppe von Überlegungen: Bestimmung der Bodenplattengröße. Die erste Überlegung führt zunächst auf die Alternative: Bodenfläche 20 × 20 und Prisma der Seitenwände daraufgestellt, oder Bodenfläche 19 × 19 oder 18 × 18 und Prisma um sie herumgestellt.

Indem sich der Lehrling eine Zeichnung dazu macht, kommt er sofort auf eine zweite Überlegung: Entweder die Seitenwände des prismatischen Hauses unter Beibehaltung der Brettbreite mit 45° Gehrung aneinandergefügt, oder ohne Gehrung aneinandergestoßen, aber dann notwendig mit Verschmälerung des Brettes auf 19 cm. Er hat somit unter folgenden vier Möglichkeiten (Figur 1 bis 4) zu wählen.

Ein Lehrling, der nicht nach weiteren Lösungen sucht, wird unter Beachtung der gegebenen Bedingungen Figur 2 wählen. Weiteres Nachdenken kann ihn aber zu einer fünften und sechsten Lösung führen, wie sie in Fig. 5 und Fig. 6 veranschaulicht sind. Er kann nämlich zwei der vier Wände auf, zwei andere um das quadratische Bodenbrett mit 20 cm Kantenlänge stellen. Sieht er diese Möglichkeit, so wird er eine derselben bei weitem den vier anderen Lösungen vorziehen. Denn er erkennt dann auch, daß er eine Unzahl nicht ganz angenehmer Sägearbeiten erspart und zugleich nicht den geringsten Abfall an Material hat.

Er fragt sich nur, welche der beiden Lösungen er wählen soll. Aber er findet leicht, daß er überhaupt nur Fig. 6 wählen kann, nämlich Vorder- und Rückwand um das Bodenbrett, die Seitenwände auf dasselbe, weil bei Fig. 5 das Dachbrett 22 cm breit sein müßte.

Zweite Gruppe von Überlegungen: Bestimmung der Dachflächengröße. Sie kann durch Zeichnung oder durch Rechnung ermittelt werden. Er wählt den Weg der Zeichnung und findet durch Abmessung der Hypotenuse aus dem rechtwinkeligen Dreieck mit den Katheten 22 und 11 (vgl. Fig. 9, Verhältnis 2 : 1) die Länge des Daches unmittelbar über dem Prisma mit 24,4. Da das Dach noch etwa 5 cm über die Vorderseite des Hauses hinaus ragen soll, bestimmt er die Dachlänge mit 30 cm. Somit beanspruchen Boden- und Dachplatte zusammen von der gegebenen Brettlänge 50 cm; es bleiben also noch 110 cm für die vier Seitenwände des Hauses.

Dritte Gruppe von Überlegungen: Verteilung des Brettrestes auf die vier Seitenwände. Zur Lösung dieser Aufgabe stellt er zunächst eine Werkskizze her, die eine Abwicklung der vier Wände darstellt (Fig. 7). Aus dieser Abwicklung ersieht er, daß, wenn die Kanten der Vorder- und Hinterfläche die Längen v und h haben, die Kantenlängen der Seitenflächen v-1, und h-1 sein müssen, weil diese ja auf dem 1 cm starken Bodenbrett stehen. Indem er sodann die vier Seitenflächen voneinander abtrennt und sie wie in Fig. 8 zusammenstellt, bemerkt er, daß Vorder- und Hinterwand zusammen nur um zwei Zentimeter länger sind als die beiden Seitenflächen zusammen. Er muß also die noch vorhandene Brettlänge von 110 cm in dem Ausmaß von 56 cm und 54 cm teilen.

Stellt er sich nun weiterhin einen genauen Aufriß einer Seitenansicht des Starenhauses her, wie in Fig. 9, so erkennt er, daß die Vorder- und

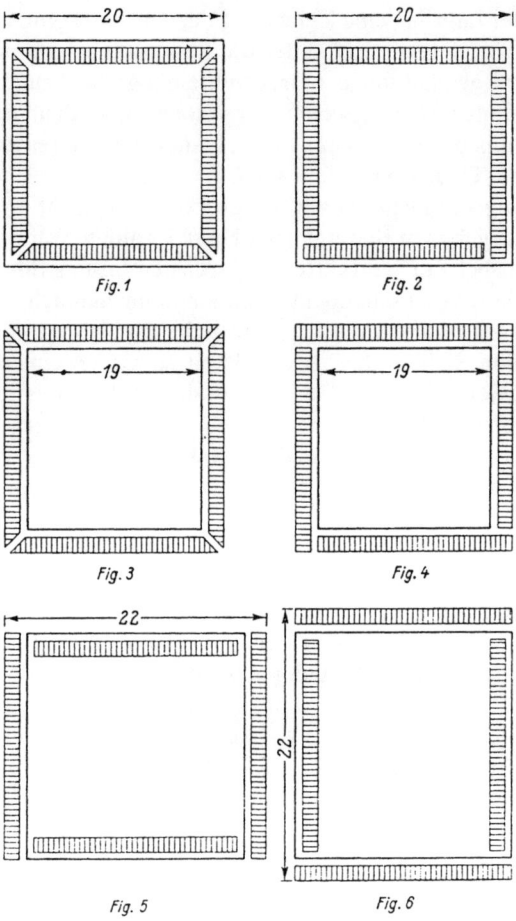

Rückwand auf der Innenseite sich wegen der Neigung der Dachfläche 1 : 2 in ihrer Kantenlänge um 10 cm unterscheiden müssen. Der Lehrling kann nun rein algebraisch weiterfahren und aus den beiden Gleichungen

$$v + h = 56$$
$$v = h + 10$$

h und v berechnen, oder er muß auf den Gedanken kommen, daß wenn er in der Vorstellung den Überschuß von 10 cm der Vorderwand von dem 56 cm langen Brettstück weggenommen denkt, sich beide Wände zu gleichen Teilen in den Rest von 46 cm teilen, das heißt daß die Rückwand 23 cm, die Vorderwand 33 cm auf der Innenseite mißt. Daraus folgt dann unmittelbar, daß die Kantenlängen 22 cm und 32 cm sind.

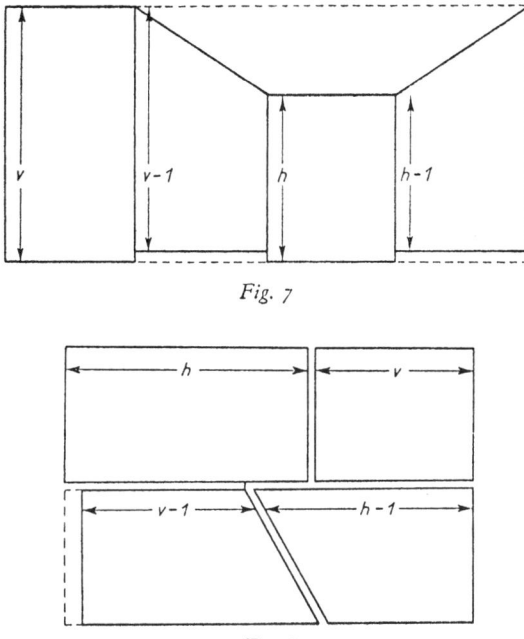

Fig. 7

Fig. 8

Vierte Gruppe von Überlegungen. Wenn er sich nun aber den
Aufriß der Seitenansicht genauer ansieht, so bemerkt er, daß er zwar zur
Gewinnung der beiden Seitenwände das Brett von Kantenlänge 22 cm zur
Kantenlänge 32 cm senkrecht zur Brettfläche durchschneiden darf,
nicht aber zur Gewinnung der Vorder- und Rückwand. Denn dann würde
die Dachfläche sehr schlecht aufliegen. Er müßte etwa die Rückfläche in a
abschrägen und das abgeschrägte Stück in b wieder aufsetzen. Das kann er
sich sparen, wenn er das Brett von 56 cm Länge für die Vorder- und Rückwand nicht senkrecht zur Brettfläche durchschneidet, sondern etwa mittels einer Schneidlade (oder freihändig nach einem Anriß am Brett) in
einer Neigung des Sägeblattes zur Brettfläche, die der Neigung der Dachfläche entspricht.
   Damit sind alle Schwierigkeiten umrissen und gelöst. Nicht der geringste Abfall ergibt sich und nur wenig Sägearbeit. Der Lehrling erlebt dabei
nicht nur den Wert einer genauen Werkzeichnung, sondern unter Umständen auch den Wert algebraischer Lösungsmethoden für Rechenaufgaben.
Zugleich ist der Arbeitsplan entworfen, der erste Objektivationsschritt
vollzogen. Die Ausführung kann beginnen. Man erkennt, welch eine
Summe von Denkarbeit mit der Herstellung so einfacher Gegenstände verbunden sein kann.

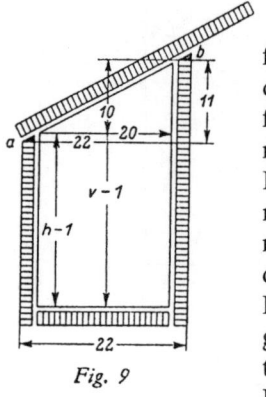

Fig. 9

Die praktische Arbeit, die dieser Überlegung folgt, ist in unserm Falle untergeordneter Natur für das Bildungsproblem. Ist die Überlegung so sorgfältig ausgeführt wie in unserm Falle, so führt sie nicht zum Wiederaufgreifen und zu wesentlicher Revision des Arbeitsplanes, was natürlich in anderen Fällen wohl eintreten kann. Hier handelt es sich nur mehr um sorgfältige Sägeschnitte (vor allem das kreisförmige Flugloch an der Vorderwand), das Einfügen von Anflugstäben und das Zusammenfügen der Teile durch achtsame Nagelung. Sägeschnitte reinlich ausführen, Brettchen von bestimmter Dicke durch Nagelung ohne Aussprengungen zu einem sauberen Kästchen zusammenfügen, Stäbchen mit Zapfen in die Vorderwand einlassen, fordert neben erworbener Fertigkeit und Sorgfalt natürlich da und dort noch kleinere Überlegungen verschiedener Art und Rücksichtnahme auf bestimmte Material- und Werkzeugeigenschaften.

Hat nun diese körperlich-geistige Arbeit Bildungswert? Daß sie geistige Arbeit ist, steht außer allem Zweifel. Aber ist sie auch Arbeit im tiefsten Sinne der Bildung? Trägt sie zur Gestaltung der Persönlichkeit etwas bei und nicht bloß zur Steigerung der Leistungsfähigkeit einiger psychischer Funktionen?

Wir verschieben die Antwort abermals und fassen ein drittes Beispiel ins Auge, die rein theoretische Arbeit einer Übersetzung. Ich wähle einen lateinischen Text, nämlich den Anfang der berühmten Ode des Horaz:

„Iustum et tenacem propositi virum
non civium ardor prava iubentium
non voltus instantis tyranni
mente quatit solida."

Der Schüler sucht regelmäßig zunächst Subjekt und Prädikat. Er bemerkt die beiden Nominative ardor (Brand, Begeisterung, Leidenschaft) und voltus (Miene) und das eine Verbum quatit (von quatio = ich erschüttere). Er setzt sie in Beziehung, zugleich mit der jedesmaligen Verneinung non: nicht Brand, nicht Begeisterung, nicht Miene erschüttert. Er frägt abermals regelmäßig weiter. Wen oder was erschüttert weder Brand noch Miene? Er findet dazu in der ersten Zeile den Akkusativ virum (vir = der Mann) und setzt ihn sofort mit den beiden anderen adjektivischen Akkusativen iustum et tenacem (justus = gerecht, tenax = festhaltend, zäh, beharrlich) in Beziehung. Demgemäß übersetzt er: Nicht Brand (Begeisterung, Leidenschaft) noch Miene erschüttern den gerechten und beharrlichen Mann. Er erkennt: die Bedeutung „Brand" wie „Begeisterung" kommt nicht in Frage und frägt daher weiter: Was für eine Leidenschaft und was für eine Miene erschüttern nicht? Denn er sieht nicht nur in der zweiten Zeile den Genitiv civium (civis = der Bürger) und in der dritten Zeile den Genitiv tyranni (= des Tyrannen), sondern auch das bisher Übersetzte selbst nötigt ihn zu dieser Frage. So kommt er zunächst zu dem Ergebnis: Nicht Leidenschaft der Bürger noch die Miene des Tyrannen erschüttern den gerechten und beharrlichen Mann. Das hat bereits einen guten Sinn. Ob die Leidenschaft der Bürger ihn nicht erschüttert, kann noch fraglich sein; aber es ist möglich. Bis hierher waren keine besonderen Schwierigkeiten zu überwinden. Die geistige Arbeit bestand im Anwenden von allgemeinen Regeln der Grammatik und dem Aufsuchen von Beziehungen. Aber nun beginnen sie. Was bedeuten die Begriffe: propositi, prava iubentium, instantis, mente solida? Der Genitiv propositi (= des Vorsatzes, Grundsatzes, Thema) kann eine nähere Bestimmung von vir oder von tenax sein, also ein Mann des Vorsatzes, ein Mann von Vorsätzen, oder ein Mann, festhaltend an Vorsätzen oder Grundsätzen. Jedenfalls kann also nur ein Mann gemeint sein, der an Grundsätzen festhält – ein grundsatztreuer. Der Genitiv iubentium, der als adjektivischer Genitiv als zum substantivischen Genitiv civium gehörig erkannt wird, hängt mit dem Verbum iubeo (= ich befehle, ordne an) zusammen. Sofort erhebt sich die Frage: Was wird befohlen? Der zugehörige Akkusativ wird in dem Wort prava (= verkehrt) bestimmt. Es handelt sich also um Bürger, die Verkehrtes anordnen, aus Leidenschaft. Ardor civium prava iubentium – die Leidenschaft der Bürger, die Verkehrtes befehlen.

Was aber will der Genitiv instantis besagen? Als Adjektiv im Genitiv wird es als zum Substantiv tyranni gegenwärtigen oder eines dringenden Tyrannen? Das kann nicht gemeint sein. Eines eindringenden Tyrannen? Eines eindringlichen Tyrannen? Der Tyrann ist nicht eindringlich, aber die Miene kann eindringlich sein. Inwiefern eindringlich? Es kommt der Gedanke an die bedrohliche Miene des Tyrannen. Diese ist gewiß eindringlich. Damit erhält die Übersetzung wieder im Zusammenhang mit allem anderen einen guten Sinn. Es bleibt noch die Stelle: mente solida. Beide Wörter sind von vornherein, obwohl durch quatit getrennt, als zusammengehörig erkannt, denn beide stehen im Ablativ, das Substantiv wie das Adjektiv, und beide stimmen im Geschlecht überein. Mens bedeutet Sinnesart, Denkart, Charakter, Seele, Verstand; solidus bedeutet solide, gediegen, fest, hart. Also dürfte es wohl heißen: fester Charakter. Aber warum Ablativ? Das Rätsel löst sich, wenn dem Schüler einfällt, daß es einen Ortsablativ gibt, einen Ablativ auf die Frage „wo". Dann heißt: „ardor non quatit virum, mente solida" soviel wie: „ardor non quatit virum in mente solida" = die Leidenschaft erschüttert den Mann nicht in seinem festen Charakter. Damit sind alle Begriffe eingefügt nicht bloß in ein zusammengehöriges Ganzes, sondern auch in einen wohlverständlichen und allgemein zu billigenden Sinn. Der Schüler übersetzt daher: Nicht die Leidenschaft der Bürger, die Verkehrtes anordnen, und nicht die drohende Miene des Tyrannen können den gerechten und grundsatztreuen Mann in seinem Charakter erschüttern.

Wiederum ist zweifellos, daß es sich hier um eine geistige Arbeit handelt. Was wir hier in wenigen Minuten entwickelt haben, mag die zehnfache Zeit des Nachdenkens bei einem Schüler beanspruchen. Eine Fülle von Regeln mußte aus der Erinnerung herangeholt werden, eine Menge von Beziehungen abgelehnt, an vielen Stellen das Sinnvolle gesucht werden. Der „bequeme Schüler" gibt sich leicht mit jeder Lösung zufrieden; Sinnwidriges stört ihn nicht; er quält sich nicht, bis das Ganze einen vollendet richtigen Gedanken gibt, der jeder Prüfung standhält. Ganz anders der arbeitsame Schüler. Es läßt ihm „keine Ruhe", bis alles sich zum Ganzen findet. Glaubt er seine Arbeit in der ihm möglichen Vollendung gelöst zu haben, so mag er wohl auch noch eine gute Übersetzung nachschlagen und findet bei Adolf Bacmeister die Übersetzung im Versmaß des Originales

> „Ein Mann des Rechtes und seinem Entschlusse treu –
> ihn schreckt die wahnsinnslüsterne Menge nicht,
> und nicht des Zwingherrn finster drohende Stirn den stetigen Mut."

Die Frage aber bleibt auch hier bestehen: Ist diese geistige Arbeit auch Arbeit im pädagogischen Sinne? Hat sie Bildungswert? Wenn sie einen solchen haben soll, dann muß sie das Wesen eines Menschen dem Wesen eines „gebildeten Menschen" näherbringen.

Worin besteht aber das Wesen des „gebildeten Menschen"? Wir können die erste Frage gar nicht beantworten, wenn wir nicht zugleich Antwort auf die zweite Frage zu geben imstande sind. Wie nützlich auch die drei Arbeiten, die wir betrachtet haben, erscheinen mögen, nicht bloß in Hinsicht auf den Zweck, der jedesmal zu erreichen war, sondern auch mit Rücksicht auf die Wirkung, welche sie in der Seele der Person hinterließen, die sie ausgeführt hat, – die Frage ist noch nicht entschieden, ob diese Wirkung eine Bildungswirkung war. Gewiß, die bis zum Entschluß durchgeführten Neigungskämpfe hinterlassen in der Seele ein „Engramm", eine Einschrift, eine Disposition, eine Spur; diese Spur wird in allen zukünftigen Fällen ähnlicher Art wieder wirksam sein. Die mit der technischen Arbeit wie mit der Übersetzungsarbeit verbundenen Überlegungen tun das gleiche. Jeder ernstlich durchgefochtene Willenskampf macht uns tüchtiger für das Bestehen anderer Kämpfe, jede sorgfältig überdachte Arbeitsleistung fähiger zu ähnlichen Arbeiten, jede logische Übung im Übersetzen trägt etwas bei, noch geschickter zu übersetzen.

Aber ist größere Tüchtigkeit, größere Leistungsfähigkeit, größere Sicherheit im logischen Denken schon das sichere Zeichen eines „gebildeten Menschen"? Läßt sich nicht jede Tüchtigkeit, Leistungsfähigkeit, Logik für Zwecke mißbrauchen, die nur ein ganz und gar „ungebildeter" Mensch sich setzen kann?

Sind wir uns klar darüber, daß größere Fertigkeiten irgendwelcher geistigen oder manuellen Art kein Kennzeichen eines Gebildeten sein müssen, daß jemand, der verschiedene Sprachen sprechen, der lesen und das Gelesene fehlerlos übersetzen kann, der schwierige technische Probleme zu lösen und im Notfalle rasche Entschlüsse zu fassen vermag, gleichwohl höchsten Kulturgütern gegenüber stumpf, ja roh sich verhalten kann, daß ihm Vaterland, Mitmenschen, Künste, Wissenschaften, Gott, Gewissenhaftigkeit, Wahrhaftigkeit, Treue usw. völlig gleichgültige höhere Werte sein können, so dürfen wir den erwähnten drei geistigen bzw. geistig-körperlichen Arbeiten noch nicht ohne weiteres den Preis von „Arbeiten im pädagogischen Sinne" zuerteilen.

Gewiß, die landläufige Anschauung nennt jede Arbeit bereits pädagogisch wertvoll, die irgendwelche Fertigkeiten fördert, oder, wie man auch zu sagen pflegt, die irgendwelche Funktionen der menschlichen Seele „formal" zu bilden vermag. Diese Beurteilung ist aber in ihrer Bedingungslosigkeit grundfalsch. Formale Bildung hat nur dann geltenden Bildungswert, wenn die durch diese formale Bildung erzeugten Fertigkeiten und Eigenschaften im Dienste geltender Werte stehen. Aber sie werden nur in diesem Dienst stehen, wenn sie auch in ihrem Dienste erworben wurden. Wir können eine große Menge Fertigkeiten und Eigenschaften erwerben lediglich im Dienste unseres niedrigsten Ichs. Man kann es im Stehlen zu einer fabelhaften Geschicklichkeit bringen, man kann lernen, um des eigenen Vorteils willen trotz Nässe und Kälte und Unwohlbefinden jede Unbehaglichkeit auf sich zu nehmen, jederzeit nachts aus dem Bette zu springen. Man kann sich angewöhnen, bis zum Betrug sparsam mit dem Arbeitsmaterial umzugehen, man kann staunenswerte fremdsprachliche Kenntnisse sich aneignen zwecks möglichster Übervorteilung fremder Völker zum eigenen Nutzen. Wissenschaft und Künste, Gott und Vaterland, Wahrhaftigkeit und Treue, das seelische Wohl des Nachbarn wie der ganzen Volksgemeinschaft, der innere Wert der eigenen Persönlichkeit, das vollendete Werk als vollendetes Werk, kurz alles, was man sonst mit „Kulturgut" oder „höherer Wert" bezeichnet, kann dabei völlig außer acht bleiben.

Ist aber nicht die positive Stellungnahme des Menschen zu den Kulturgütern, zu den geltenden Werten das Grundmerkmal jeder Bildung? Wer jemals über den Begriff „Bildung", das ist über den zusammenfassenden Begriff von Erziehung und Unterricht nachgedacht hat, wird diese Frage unbedingt bejahen müssen. Denn man kann den Begriff „Bildung" fassen wie man will, die nachfolgenden fünf Merkmale sind untrügliche Merkmale wirklicher Bildung.

a) Eine gewisse Weite und Mannigfaltigkeit des geistigen Horizontes in bezug auf die Werthaftigkeit, Wertbedeutung und Wertbeziehungen der Dinge, im Gegensatz zum Kirchturmpolitiker, Banausen, Ideologen.

b) Eine gewisse Lebendigkeit, Aufgeschlossenheit, Zugänglichkeit für die Erfassung neuer Werte (Ideen, Güter) und Wertverwirklichungen im Gegensatz zum Philister und „Spießer".

c) Ein Bedürfnis nach seelischem Wertwachstum und stetiger Betätigung dieses Bedürfnisses im Gestalten, sei es des inneren Wesens der eigenen Seele, sei es der äußeren Welt. Der Gebildete weiß sich nie fertig. Bildungsstreben ist das beste Kennzeichen der Bildung. In diesem Sinne steht der Gebildete im Gegensatz zum Eingebildeten, zum Bildungspatentbesitzer, zum Bildungssatten.

d) Eine bewegliche Verbundenheit der im Verhältnis von Mittel und Zweck, Ursache und Wirkung, Teil und Ganzes stehenden Wertbeziehungen der Dinge im Gegensatz zur rigorosen Starrheit und Pedanterie des Bürokraten, „Schulmeisters", „Gamaschenknopfes", Zeloten.

e) Eine wachsende seelische Zentralität infolge der Organisation der Wertschätzungen aus einem unbedingt geltenden Werte heraus, die sich im ganzen Denken, Fühlen und Handeln auswirkt im Gegensatz zu den Alles-Könnern, Alles-Wissern, zu den innerlich Zerrissenen, Überall-Geschäftigen, auf allen Gebieten Dilettierenden.

In diesem Sinne habe ich den Begriff des „Gebildeten" und der „Bildung" durch eine kurze Definition festzulegen versucht. (Vgl. „Theorie der Bildung", 2. Aufl., B. G. Teubner, Leipzig 1928, S. 17.) Ich will sie hier kurz in die Worte zusammenfassen: Bildung ist der durch die Kulturgüter geweckte, individuell organisierte Wertsinn.

Hierbei ist das größte Gewicht darauf zu legen, daß dieser Wertsinn durch die Kulturgüter erzeugt sein muß. Denn an den Kulturgütern und nur an ihnen, an den Wissenschaften, Künsten, Religionssystemen, Sitten, sittlichen Persönlichkeiten, Kulturvölkern usw. haften die unbedingt geltenden Werte. Indem wir uns in den Geist dieser Güter hineinarbeiten, erleben wir diese Werte und werden selbst zu Trägern solcher Werte, das heißt zu einem unbedingt geltenden Kulturgut. Das aber ist der letzte Sinn alles Unterrichtes, aller Erziehung, kurz der letzte Sinn aller Bildung.

Jetzt sind wir dem pädagogischen Begriff der Arbeit schon sehr viel näher gerückt. Nur jene Arbeit dürfen wir als pädagogisch wertvoll bezeichnen, die sich in den Dienst eines unbedingt geltenden Wertes stellt, der unsere Seele erfüllt. Unser ganzes Leben rollt ab in Verfolgung von Zwecken, die uns unsere Werthaltungen stellen. Wir nennen einen Menschen einen egozentrischen, der in der Hauptsache nur von subjektiv, das heißt bedingt geltenden Werten erfüllt ist, aus ihnen heraus seine Zwecke bestimmt und nach diesen Zwecken sein Handeln gestaltet. Daß ein solcher in Verfolgung seiner Zwecke eine Fülle von „Kultiviertheiten" seiner geistigen und körperlichen Funktionen erlangen kann, steht außer allem Zweifel. Aber zur „Bildung" in dem von uns festgelegten Sinne gelangt er auf diesem Wege nicht.

Wir nennen einen Menschen einen heterozentrischen, der in der Hauptsache ohne alle Rücksicht auf sich auch auf unbedingt geltende Werte eingestellt ist, und zwar einen altruistischen oder sozialen oder sachlichen Menschen, je nachdem der unbedingt geltende Wert, dem er dient, an einem einzelnen Mitmenschen bzw. einer Gemeinschaft haftet, der er selbst nicht angehört, oder aber an einer Gemeinschaft, deren Sozius er selbst ist, oder endlich an einer Sache, deren Erfassung oder Darstellung ihm ausschließlich um der Sache selbst willen am Herzen liegt.

Nennen wir jede Einstellung auf Werte, die unbedingte Geltung haben, kurz und deutsch „Sachlichkeit", so hat jede Arbeit pädagogischen Wert, in der der Arbeitende rein sachlich sich verhält. Wer aber sachlich eingestellt ist, für den gibt es nur ein Grundmotiv des Handelns, den Wert der Sache so gut als möglich zu verwirklichen. Der auf Übersetzung sachlich eingestellte Schüler denkt gar nicht mehr an sich und seine Vorteile bei der Lösung seiner Aufgabe. Er will den vollen und vollendeten Sinn der fraglichen Stelle so gut als möglich wiedergeben, bloß um des Sinnes willen. Der sachlich eingestellte Schreinerlehrling wird alles daransetzen, ohne irgendwelche Unterschleife nach Möglichkeit mit der größten Materialersparnis den verlangten Starenkasten mit den geforderten Eigenschaften herzustellen. Der auf Sachlichkeit eingestellte Mensch wird den Willensentschluß fassen, der nach reiflicher Überlegung ohne Rücksicht auf sein Behagen oder Unbehagen als der unbedingt geltende erscheint.

Letzten Endes ist alle Sachlichkeit auch Sittlichkeit. Denn was heißt Sittlichkeit anderes, als den unbedingt geltenden Wert immer über den bedingt geltenden Wert setzen, und was meint Sachlichkeit anderes, als einen Zweck ohne Rücksicht auf subjektive Neigungen, Begierden, Wünsche im Interesse eines unbedingt geltenden Wertes zur vollendeten Verwirklichung bringen? Sachlichkeit ist reiner Impersonalismus, Sachlichkeit ist Entpersönlichung.

Arbeit im pädagogischen Sinne hat also dafür zu sorgen, daß die Zielvorstellungen des Handelns eine sachliche Reaktion auslösen, eine Reaktion auf unbedingt geltende oder zeitlose Werte, einen Wahrheitswert,

Sittlichkeitswert, Schönheitswert, Erlösungswert, kurz einen Wert der seelischen Ordnung und Einheitlichkeit um der seelischen Ordnung und Einheitlichkeit willen. Und sie ist nur da vorhanden, wo die Arbeit eine solche Auslösung nach sich zieht.

Wie kommt nun aber das Individuum zu solcher sachlichen Einstellung? Alles eigene Tun ist ursprünglich triebmäßig, spontan, spielerisch. Allmählich, um das zweite Lebensjahr herum, stellt sich das Bewußtsein von der Wirkung des eigenen Tuns ein. Jetzt beginnt das Kind mehr und mehr Wirkung und Ursache in seinem Tun und damit Zweck und Mittel seines Tuns zu unterscheiden. Diese Unterscheidung von Zweck und Mittel, das ist der erste große Wendepunkt in der seelischen Entwicklung des Menschen. Aus dem Drange des Kindes zum reinen Spiel ohne Ziel und Zweck, wie es am klarsten in den sogenannten Illusionsspielen zwei- bis vierjähriger Kinder in die Erscheinung tritt (aber auch bei sehr vielen sensorischen und motorischen Spielen der ersten zwei Lebensjahre), wächst jetzt der Wille zum Regelspiel mit bestimmtem Ziel und Zweck oder der Wille zur Beschäftigung mit Setzung eines Zweckes und schließlich teils der Wille zum Sport, teils der Wille zur Arbeit mit allen ihren Anstrengungs- und Selbstüberwindungskennzeichen.

In allen diesen fünf Formen der menschlichen Tätigkeit werden Werte (oder Unwerte) erlebt, und zwar nicht bloß an der Tätigkeit selbst, sondern auch an den dinglichen oder personalen Gütern und Sachen, die in die Betätigung hinein verwoben sind. Welche unbedingt geltenden Werte dabei neben den vielen bedingt geltenden allmählich im Bewußtsein des heranwachsenden Kindes lebendig werden, das hängt neben dem Reichtum der Umgebung an dinglichen und personalen Gütern vor allem auch von der psychischen und der aus ihr entwickelbaren geistigen Struktur des Zöglings ab.

Von allen fünf Betätigungsformen, die zweifellos alle bedeutende Schulungswerte entfalten können, indem sie gewisse körperliche, psychische und geistige Funktionen üben, kommt allein der Arbeit echter Bildungswert zu bzw. kann ihr unter gewissen Voraussetzungen zukommen. Denn das Wesen der Arbeit besteht darin, daß sie allein nicht nur schlechtweg auf ein „Werk", sondern zugleich auch auf „Vollendung" des Werkes eingestellt ist. Jedenfalls darf das Bildungsverfahren keine andere Betätigung als eine solche mit dem Worte „Arbeit" bezeichnen, und nie hat es eine ernste Schule gegeben, die Unvollendetes, Fehlerhaftes, Ungenügendes als „Arbeit" gelten ließ.

Vollendung ist selbst, wie Rickert in seiner „Allgemeinen Grundlegung der Philosophie" mit Recht betont, ein höchster formaler Wert. Zur allmählichen Hinführung an das Erlebnis dieses Vollendungswertes sind gewisse Arbeiten besonders tauglich, andere durchaus ungeeignet. Sie liegen auf jenen Arbeitsgebieten, deren Werke der Selbstprüfung auf ihre tatsächliche Vollendung oder Bündigkeit durch den Schüler selbst unterzogen werden können, ja ihn mehr oder weniger sogar zwingen, die Selbstprüfung vorzunehmen. Von unsern drei Beispielen ist vor allem die technische Arbeit dieser Art, aber bis zu einem gewissen Grade auch die Übersetzungsarbeit. Auch die mathematischen, physikalischen, chemischen, zeichnerisch-konstruktiven Arbeiten gehören hierher, kurz alle Arbeiten, deren Werk durch Außenschau und Innenschau (vgl. S. 43) oder doch durch eine von beiden vom Schüler auf ihre Vollendung sich prüfen lassen.

Es ist nun von ausschlaggebender Bedeutung für ein erfolgreiches Bildungsverfahren, daß der Zögling da, wo er arbeiten soll (und nicht spielen), auch tatsächlich diesen Vollendungswert immer häufiger, immer tiefer und damit immer freudiger erlebt. Ist aus diesem Werterlebnis einmal der Trieb erwacht, nichts aus der Hand zu geben, was nicht allen Forderungen des Werkes entspricht, so ist unendlich viel für den Bildungsprozeß gewonnen. Mag dabei der Drang zur Vollendung auch aus egozentrischen Motiven mit herausquellen, die Nebenwirkung des Vollendungserlebnisses selbst, die nicht gewollt werden kann, stellt sich immer wieder ein, und es ist nur eine Frage der Veranlagung des Arbeitenden, ob und wie bald der Motivwandel sich in aller Reinheit vollzieht.

Ist dieser Motivwandel vollzogen, ist der Vollendungswert zum treibenden Motiv geworden, dann sieht sich der Zögling aus diesem Werterlebnis heraus innerlich genötigt, immer tiefer in die geistige Struktur jener Mittel einzudringen, die der Vollendung immer neuer und immer schwierigerer Werke dienen. Sind diese Mittel nun Kulturgüter, was ja in der Bildungsarbeit die Regel ist, so zwingt die Arbeit zugleich, in die geistige Struktur dieser Kulturgüter einzudringen. Denn nur so kann die volle Tauglichkeit des Mittels zur Durchführung des Werkes erfahren und ausgenutzt werden.

Aber indem er in die geistige Struktur dieser Kulturgüter eindringt und in dem Maße als er gemäß seiner Veranlagung eindringen kann, in dem gleichen Maße kann er die geistigen Werte erleben, denen diese Kulturgüter entsprungen sind. Ist das Erlebnis dieser geistigen Werte erst einmal Tatsache geworden, dann stellen sich von selbst auch die ihnen entsprechenden geistigen Akte ein, die theoretischen, ästhetischen, sittlich-sozialen, technischen, religiösen, politischen, denen die Vollendungstendenz ohnehin immanent ist. Die sachliche Einstellung beginnt. Das Gesetz von der Ungleichartigkeit der Zwecke, das einst Wundt entdeckt hat, hat seine Aufgabe im Bildungsverfahren erfüllt. Das geistige Sein verankert sich in den zeitlosen Werten.

Gewiß ist dieser Weg der Bildung nicht der Weg, den jeder Schüler von selbst betritt. Er hat mancherlei Voraussetzungen. Auch stehen der Vollendungstendenz eine Fülle von Tendenzen egozentrischer Art gegenüber, zu deren Überwindung bei weitem die Mehrzahl selbst der geistig begabten Schüler der sorgsamen Führung durch die Bildungsanstalt bedarf. Vor allem ist es unerläßlich, so früh wie möglich in jeder dazu tauglichen Arbeit das Vollendungsbedürfnis zu stärken, damit dieses die innere Nötigung herbeiführt, in die geistigen Güter einzudringen, an denen allein die geistigen Werte erlebt werden können.

Man hat auch im Bildungswesen vieles Arbeit genannt, was den Namen nicht verdient. Wollen wir die Arbeit kennzeichnen, die allein Bildungswirkung auslöst, so werden wir sagen: „Bildungswert hat jede Arbeit, die in ihren objektiven Gestaltungen der Vollendungstendenz gehorcht und damit in stetem Selbstprüfungsvollzug immer mehr zur sachlichen Einstellung zu führen imstande ist." Jede solche Arbeit ist Arbeit im pädagogischen Sinne.

Wir wollen zusammenfassen: Jede Betätigung, die bloß um ihrer selbst willen betrieben wird, bezeichnen wir als Spiel. Man hat behauptet, daß auch im Spiel immer schon ein von der Tätigkeit verschiedener Zweck gesetzt ist. Das ist jedenfalls in dieser allgemeinen Form unrichtig. Denn das Kind spielt lange bevor in ihm überhaupt ein Zweckbewußtsein erwacht ist. Außerdem will das Spiel, selbst da, wo mit ihm neben dem bloßen Tun noch ein anderer Zweck verbunden ist, doch niemals ein „Werk" objektiv gestalten, ebensowenig wie der Sport. Das will nur die Arbeit und allenfalls auch die Beschäftigung.

Aus dem Spiel entwickeln sich drei andere Formen der Betätigung: der Sport, die Beschäftigung, die Arbeit. Wir nennen eine Betätigung Sport, wenn die vollendete Leistungsfähigkeit der Betätigung Zweck der Betätigung ist. Das reine Kinderspiel und der reine Sport kennen keinen Zweck außerhalb der Betätigung selbst. Anders steht es dagegen mit Beschäftigung und Arbeit. Beide sind Betätigungen, die nicht um ihrer selbst willen oder um der vollendeten Leistungsfähigkeit dieser Betätigung willen unternommen werden, sondern aus einem dieser Betätigung vom Willen gesetzten fremden Zwecke. Dabei unterscheidet sich Beschäftigung von Arbeit nur gradweise, indem bei der Beschäftigung das Moment der Anstrengung und Ermüdung, das beim Arbeitsbegriff eine ausschlaggebende Rolle spielt, entweder ganz in Wegfall kommt oder doch stark in den Hintergrund tritt. Denn die bloße Beschäftigung hört auf, wenn die Lust zum Tun aufhört, gleichviel ob das „Werk" fertig oder unfertig ist, ob es jemals vollendet wird oder unvollendet oder scheinvollendet bleibt. Der Dilettantismus ist die typische der bloßen Beschäftigung.

Nun hat man sich gewöhnt, körperliche Arbeit von geistiger Arbeit zu unterscheiden. Man pflegt dann als körperliche Arbeit (der vulgäre Arbeitsbegriff) jene Betätigung anzusprechen, die als Zweck eine Gestaltung der stofflichen Umwelt hat (vom Holzhacken angefangen bis zur Erzeugung von Geräten, Werkzeugen, Bauwerken, Maschinen aller Art). Geistige Arbeit ist dagegen jene Betätigung, die als Zweck die Herstellung bündiger gegenständlicher Sachverhalte im Bewußtsein hat (von den einfachen arithmetischen Operationen, wie $2 + 2 = 4$, und von den ersten analytischen und synthetischen Urteilen angefangen bis zur Herstellung philosophischer Systeme, dichterischer Gebilde, schwerer Willensentschlüsse usw.). Aber es gibt keine körperliche Arbeit ohne ein Minimum von geistiger Arbeit und keine geistige ohne ein Minimum von körperlicher Arbeit. Alle Arbeit ist körperlich und geistig zugleich. Man kann die Arbeitsformen in eine kontinuierliche Reihe ordnen, an deren einem Ende die zweckgerichtete Betätigung mit dem Maximum körperlicher, an deren anderem Ende die Betätigung mit dem Maximum von geistiger Arbeit steht. Aber nicht alle Arbeit ist Arbeit im pädagogischen Sinne. Diese wird nur da geleistet, wo gerade durch sie im Individuum die sachlichen oder, allgemeiner gesagt, die heterozentrischen Interessen erwachen. Sie zeigt sich schon deutlich da, wo in der Durchführung des Werkes die Überlegung nach geeigneten Mitteln, welche der restlosen Vollendung desselben dienen können, eine ausschlaggebende Rolle spielen, wo also die Vollendungstendenz sichtbarlich das treibende Motiv geworden ist. Sind wir aber erst einmal gewohnt, auf einem Gebiete sachlich zu handeln, was immer zugleich auch heißt, mit sorgfältiger Überlegung aller Wertverhältnisse handeln, so strahlt diese Gewohnheit leicht auf andere Gebiete aus. Wie selbstverständlich dann auch in gewöhnlichen Fällen das sachliche Handeln, das ursprünglich mit soviel Anstrengung verbunden war, ohne irgendwelche weitere Denkprozesse ablaufen mag, – diese Denkprozesse stellen sich, weil mit der Sachlichkeit das Denkenwollen zugleich zur Gewohnheit wurde, sofort ein, sobald irgendwelche geistigen Hindernisse der sachlichen Einstellung in den Weg treten.

Nun liegt der Ursprung alles Denkenwollens im praktischen Tun. Im praktischen Tun stellt sich auch zuerst die Möglichkeit der Selbstkontrolle unserer sachlichen Einstellung ein und damit zuerst das Erlebnis der Treue gegen uns selbst. Mit dem Erlebnis der durch mich verwirklichten Wahrheit, eben der Treue gegen mich selbst, verbindet sich die Befriedigung, die innere seelische Heiterkeit, die alle Erfüllung oder Verwirklichung eines unbedingt geltenden Wertes begleitet, eben weil sie als geltende Werte die Forderung an uns stellen, durch uns verwirklicht zu werden. Der Wert der Sachlichkeit erwacht nun in uns und überträgt sich auf alle Mittel, die dieser Sachlichkeit dienen, auf die sorgfältige methodische Überlegung der Arbeit, auf den rechten Gebrauch der Werkzeuge,

auf die rechte Verwendung der Materialien usw. Was wir im pädagogischen Sinne Arbeitsfreude nennen können, ist nichts anderes als die
Freude, selbst Ursache der Verwirklichung des Wertes der Sachlichkeit zu
sein.

Wir sagten, daß unsere Antwort auf die Frage, welche pädagogische
Wirkung an der Arbeit im pädagogischen Sinne haftet, von grundlegender
Bedeutung für die Idee der Arbeitsschule ist. Denn mit dieser Antwort ist
zugleich eine wesentliche, vielfach gänzlich übersehene Forderung an die
Arbeitsschule gestellt. Damit nämlich „Sachlichkeit" das Ergebnis der
Arbeit im pädagogischen Sinne ist, muß, wie wir gesehen haben, jede Ar-
beit, die wir dem Schüler stellen, der Selbstprüfung des Arbeitsproduktes,
seiner Übereinstimmung mit den sachlichen Forderungen zugänglich sein.

In dieser inneren Nötigung zur Selbstprüfung und in der
Möglichkeit dieser Selbstprüfung im erzeugten Gute, mag
dieses Gut nun eine innere Gedankenverbindung oder eine
sittliche Willenshandlung oder ein äußeres technisches Gut
sein, haben wir das Grundmerkmal der rechten Arbeitsschule. Nicht daß wir Gedankendinge selbst neu erzeugen, nicht daß wir manuelle Arbeitsprodukte ausführen lassen, die vielleicht sogar einen wirtschaftlichen Wert haben, nicht daß wir Kenntnisse „erarbeiten" lassen, ist
das letzte Kennzeichen einer guten Arbeitsschule, sondern daß wir den
Schüler in der Selbstprüfung erleben lassen, wie groß ihre Selbsttreue, ihre
Sachlichkeit in der Selbsttätigkeit ihrer Arbeit war, darin liegt der wahre
Geist der Arbeitsschule. Es genügt daher keineswegs, wenn man die „Arbeitsschule" als Schule der Selbsttätigkeit bezeichnet. Aber selbst die sehr
viel höhere Auffassung, daß Arbeitsschule eine Schule ist, in welcher der
Schüler „aus seinem Selbst heraus", das heißt ohne äußeren Zwang, aus
seiner Spontaneität heraus, tätig ist, muß jetzt nach unseren Überlegungen
als unzulänglich bezeichnet werden. Man kann sich eine Schule denken, in
der jeder Schüler aus eigensten, innersten Interessen heraus sich Kenntnisse, Fertigkeiten, Eigenschaften „erarbeitet", und doch kann die Schule
keine Schule sein im Sinne des pädagogischen Begriffes der Arbeit. (Vergleiche die Montessori-Schulen für Kinder im schulpflichtigen Alter.)

Nur eines kann die Arbeitsschule in meinem Sinne stempeln: die auf
der Möglichkeit der Selbstprüfung ruhende, immer mehr aus-
reifende sachliche Einstellung der Schüler. Jeder Zögling muß
imstande sein und sich innerlich dazu genötigt fühlen, seine Arbeit, mag
sie theoretischer oder praktischer Natur sein, bei jedem Schritt ihrer
Durchführung auf ihre Übereinstimmung mit den Forderungen zu prüfen.
Alles was wir sonst an Betätigungen in der Schule treiben, mag es Spiel
oder Beschäftigung sein, kann für die Ausbildung gewisser geistiger oder
körperlicher Funktionen nützlich sein, wie jeder gutgeleitete Kindergarten

und jede gutgeführte Beschäftigungsanstalt für Kinder. Aber eine Arbeitsschule werden sie dadurch a l l e i n noch nicht.

In der Arbeitsschule muß das Werk des Schülers, soweit wie möglich,
der eigenen Selbstprüfung unterworfen werden können und alle Erziehung darauf bedacht sein, daß jeder Schüler diese Notwendigkeit als inneres Bedürfnis empfindet. Diesem Zwecke stehen zwei Wege zur Verfügung: a) der Weg der empirischen Selbstprüfung (d i e A u ß e n s c h a u),
b) der Weg der rationalen Selbstprüfung (d i e I n n e n s c h a u). Es braucht
wohl kaum darauf hingewiesen zu werden, daß die selbstprüfende Außenschau, vor allem jene, die sich durch die Mittel von Maß, Zahl und Gewicht vollzieht, wie bei den meisten handwerklichen Arbeiten, in der Entwicklung des menschlichen Handelns der selbstprüfenden Innenschau
vorausgeht, wie das Handwerk der Kunst. Diese Außenschau muß also
den Grund zu den Gewohnheiten der Selbstprüfung legen. Und weil
geistig-manuelle Arbeit diese Außenschau so leicht ermöglicht – und
s o w e i t sie sie ermöglicht –, darum ist sie auch ein so wertvolles Un-
terrichtsmittel in der zur Arbeitsschule auszugestaltenden Volksschule.
Diese Außenschau ist auch dem möglich, dem die logische Selbstprüfung,
die bloß rationale Verifikation, die letzten Akte alles logischen Denkens,
schwer fallen.

Aber die Außenschau frägt nur: Was habe ich getan und wie habe ich es
getan? Die Innenschau frägt noch dazu: Warum habe ich es getan? Die
wertvolle Arbeitsschule sorgt dafür, daß der Schüler in dem, was er tut,
auch in der Lage ist zu prüfen, ob das, was er getan hat, mit der Vorstellung von dem „Wie" des Gedachten und dem „Warum" des Gedachten
übereinstimmt. In dieser Grundforderung liegen allerdings auch die Grenzen der Arbeitsschule. „Erarbeiten" lassen sich nur rationale Einsichten
und „selbstprüfen" lassen sich nur Arbeiten, die entweder einer mit Maß
und Zahl und Gewicht arbeitenden Außenschau oder der logisch durch-
führbaren Innenschau zugänglich sind. Andere Werte lassen sich nur „erleben". Man darf aber „Erleben" und rationelles „Erarbeiten" nicht in
einen Topf werfen, wenn nicht die ganze Idee der Arbeitsschule durch eine
falsche Anwendung der Arbeitsschulidee auf die irrationalen Werte in
Mißkredit gebracht werden will.

Nun hat A l o y s F i s c h e r in der bereits erwähnten Abhandlung vollständig recht, wenn er erklärt: Selbstprüfung einesteils und Selbstbestimmung zur Sachlichkeit andernteils sind niemals mechanische, unentrinn-
bare Wirkungen irgendeiner Arbeit, sondern Wirkungen, welche die Arbeit erst erhält unter der Voraussetzung eines bestimmten W i l l e n s im
Arbeitenden. Gewiß. Aber wie wird denn dieser Wille erzeugt? Doch nur
durch Arbeiten, die eben der Selbstprüfung und damit der Probe auf sachliche Einstellung zugänglich sind. Vor allem aber, glaube ich, gibt er sich

einer Täuschung hin, wenn er meint, daß diese beiden Forderungen für
Verfechter der Spontaneitätsidee, wie wir beide es sind, bekannt und
selbstverständlich wären, ja, daß sie sich den Vorwurf der Banalität gefallen lassen müßten (a. a. O. Seite 2). Wären sie es, so hätten zum mindesten
der treffliche G a u d i g und seine Jünger die Probleme der Arbeitsschulidee nicht gerade in jenen Unterrichtsfächern zu lösen versucht, die am al-
lerungeeignetsten sind zur Selbstprüfung und Erziehung zur sachlichen
Einstellung, die den Willen zu beiden vielmehr bereits voraussetzen, nämlich im deutschen Aufsatz, deutscher Literatur und Geschichte. Vor allem
hätten sie nicht jenes Arbeitsgebiet, das in Volks- und Fortbildungsschulen
am ehesten zu Selbstprüfung und sachlicher Einstellung führen kann und
überdies wie kein anderes der Spontaneität dieses Schülermateriales entspricht, nämlich das konstruktiv-handwerkliche, als w e s e n t l i c h e s
Erziehungsmittel mit Geringschätzung behandelt. Ja, Gaudig hat die Forderung einer planmäßig manuellen Ausbildung der Volksschüler geradezu bekämpft mit der seltsamen Begründung, daß die Mehrzahl der zukünftigen Berufe unserer Volksschüler einer systematischen Entwicklung
manueller Fähigkeiten nicht bedürfen und daß die Berufe, die von einer
solchen systematischen Pflege Gewinn ziehen würden, s i c h a u c h o h n e
s o w e i t g e h e n d e V o r a r b e i t d e r S c h u l e h e l f e n k ö n n e n. (Vgl.
H. Gaudig, Die Schule im Dienste der werdenden Persönlichkeit, 1917,
Leipzig, Quelle & Meyer, Bd. I, S. 75.) Er hat also den ganz überragenden
Bildungswert technisch-konstruktiver Handarbeit für die Zwecke der
Hinführung zur Selbstprüfung und Sachlichkeit gar nicht gesehen. Aber
darum drehte sich ja gerade unser Gegensatz, die wir beide in Hinsicht auf
rein geistige Arbeit völlig einig waren. Aloys Fischer ist auch gewiß nicht
der heillose Dilettantismus unbekannt, den gerade Spontaneitätsapostel in
ihren Versuchsvolksschulen treiben mit völliger Verachtung der Selbstprüfung und der sachlichen Einstellung. Nein, die Forderungen sind auch für
die Anbeter der Spontaneitätsidee keine Banalitäten; wir können sie gar
nicht laut und oft genug betonen, und Theodor Litt hat nicht zuletzt aus
diesem Grunde sein oben erwähntes Büchlein geschrieben.

Auch darin hat Aloys Fischer in seiner Psychologie der Arbeit vollständig recht, wenn er als S e l b s t b e t ä t i g u n g jene Form des Tuns bezeichnet,
das a) aus dem freien Ich seinen Ursprung nimmt, b) ein Ausdruck dieses
Selbst ist, und c) auf dieses Selbst gestaltend zurückwirkt. „Selbsttätigkeit", sagt er kurz und prägnant, „ist Tun d e s S e l b s t, a u s i h m, f ü r
e s" (a. a. O. Seite 13). Ich habe es nie anders aufgefaßt; ja ich bin sogar von
jeher der Anschauung gewesen, daß nicht bloß alles Tun, sondern schon
alles Denken, das im Selbst spontan vor sich geht, gestaltend auf dieses
Selbst zurückwirkt. (Vgl. meine Abhandlung: Zwanzig Jahre im Schulauf-
sichtsamt, Archiv für Pädagogik, III. Jahrgang 1915, Heft 3, S. 97, Leipzig,

Brandstetter; oder: Theorie der Bildung, 2. Aufl., 1928, S. 449, 450, Leipzig, B. G. Teubner.) Wenn ich aber vom pädagogischen Begriff der Arbeit rede (nicht vom psychologischen), so befriedigt mich weder die Feststellung des Umstandes, daß Selbstbetätigung Ausdruck des Selbst ist, noch des Umstandes, daß sie auf dieses Selbst gestaltend zurückwirkt.

Was heißt, die Tat ist Ausdruck meiner selbst? Wenn man schon einmal das hervorheben zu müssen glaubt, daß jene Selbstbetätigung, die wir beide im Auge haben, Ausdruck dieses Selbst ist, so muß man unbedingt wieder aus der theoretisch-psychologischen Einstellung heraustreten und, wie es Freyer in seiner Theorie des objektiven Geistes getan hat, auf die Doppeldeutigkeit des Begriffes „Ausdruck eines Selbst" hinweisen. Sonst leistet man einem Mißverständnis Vorschub, das gerade der Fischersche Aufsatz bekämpfen will. Daß ein Werk Ausdruck des Selbst ist (eben der Persönlichkeit), kann rein psychologisch (physiognomisch) oder auch rein gegenständlich gemeint sein. Der schlampigste Arbeiter drückt im Werk ebenso sein Wesen aus wie der völlig sachlich Eingestellte. Theodor Litt, der diesen Doppelsinn aus der gleichen Sorge, die mich zur Untersuchung über den pädagogischen Begriff der Arbeit geführt hat, aufgreift, faßt diesen Doppelsinn in folgende Worte: Das Werk drückt das Wesen des Menschen aus – Der Mensch drückt sein Wesen im Werk aus. Er fügt hinzu (a. a. O., S. 47): „Die im zweiten Satze niedergelegte Auffassung konzentriert sich ganz und gar auf den Prozeß, der Mensch und Werk verbindet. Glaubt das Denken in diesem zweiten Satze das Wesen des fraglichen Zusammenhanges (vom Selbst und vom Werk) erschöpft zu haben, so ist auch die letzte Beziehung zur Region des Zeitlosen getilgt; der Gehalt ist ganz und gar in der seelischen Bewegung untergegangen. Eben diese völlige Entrechtung des Objektiven ist es nun, die wir in oft vernommenen Thesen der Arbeitsschulbewegung, und zwar gerade auf der Grundlage des ,Ausdrucksprinzips' vollzogen sehen." Ich bin weit entfernt, auch nur zu vermuten, daß Aloys Fischer sein Ausdrucksprinzip in diesem zweiten Sinne gedacht hat. Aber eben deshalb durfte er nicht meine Charakteristik des Arbeitsbegriffs im pädagogischen Sinn, die gerade in der auf sachliche Einstellung ausgehenden Selbstprüfung gipfelt, als eine Selbstverständlichkeit hinstellen und nur als ein Moment in diesem Begriff bezeichnen. Ich wenigstens kann es nur als das Grundmerkmal des pädagogischen Arbeitsbegriffes neben den spontanen Charakter der Betätigung hinstellen. Denn Sachlichkeit heißt, dem Gesetz der Sache gehorchen. Wer aber wollte von der spontanen Selbsttätigkeit behaupten, daß sie ohne sonstige Beeinflussung ohne weiteres dem Gesetz der Sache gehorcht? Gerade aus den weiteren Ausführungen seiner Arbeit geht hervor, daß Fischer genau wie ich den „Pädagogischen Expressionismus" (ein ausgezeichnetes Wort, von Litt a. a. O. S. 44) bekämpft. Vom ersten Tag an, wo ich den Gedanken der Arbeitsschule zu verwirklichen trachtete, war mein Bemühen dahin gerichtet, den Volksschüler durch entsprechende geistig-manuelle Arbeit zur Sachlichkeit zu erziehen, und gerade diese strenge Führung hat das Mißfallen nahezu aller Arbeitsschulapostel erregt. Ich aber behaupte nach wie vor: Für die Geister der Volksschüler gibt es keinen bessern Weg zur Selbstprüfung und zur Sachlichkeit als gerade mitten durch die konstruktiv-technische Arbeit hindurch, die a) der allgemeinen Spontaneität der Knaben zwischen 6 und 14 Jahren wie keine andere gerecht wird, b) zur Selbstprüfung wie kein anderes Unterrichtsgebiet zwingt (außer Geometrie, Physik und Chemie) und diese Selbstprüfung restlos bis aufs kleinste durchführen läßt.

Was aber die Rückwirkung auf das Selbst betrifft, das dritte Merkmal im Fischerschen Begriff der Selbsttätigkeit, so ist vor allem festzustellen, ob diese Rückwirkung, die zweifellos gegeben ist, auch bildungstheoretisch eine Bedeutung hat. Dabei kommt alles darauf an, was wir unter Bildungswirkung verstehen. Begnügt man sich damit, daß die Selbsttätigkeit etwa den Gesichtskreis erweitert, zu neuen Anschauungen und Erkenntnissen verhilft, das Gedächtnis schult, die Auffassungsfähigkeit (Apperzeption) oder die Handgeschicklichkeit vermehrt, im logischen Denken übt, also mit anderen Worten, irgendwelche psychischen Funktionen in ihrer Leistungsfähigkeit steigert, so ist das Fischersche Kennzeichen der Rückwirkung wohl erfüllt. Es sind sogar Rückwirkungen, die einer erhöhten Leistungsfähigkeit zugute kommen. Aber diese gesteigerten Leistungsfähigkeiten bedeuten nach meiner Auffassung vom Wesen der Bildung noch keine Bildungswirkung im strengen Sinn. Sie bedeuten günstigen Falles Zunahme gewisser funktioneller G e b i l d e t h e i t e n. Trägt aber eine Arbeit zur Steigerung der sachlichen Einstellung bei, das heißt der Grundeinstellung des g a n z e n Selbst, so vollzieht sich damit ein unzweifelhafter Bildungsakt. Was kann man vom Menschen Höheres wünschen, als daß er in allem, was er tut und denkt, sachlich eingestellt ist? Nicht bloß für den holländischen Psychologen und Ethiker G. Heymans, sondern auch für den deutschen Philosophen Carl Stumpf ist Sachlichkeit so viel wie ethische Gesinnung. (Vgl. C. Stumpf, Vom eth. Skeptizismus, Leipzig 1909, S. 24.) Heymans übersetzt direkt den kategorischen Imperativ Kants in die Worte: Sei objektiv! Wenn A. Fischer glaubt, daß mit dem B e g r i f f d e r A r b e i t als A s k e s e erst der pädagogische Begriff der Arbeit eindeutig sei (a. a. O., S. 75), so muß er wiederum erst aufzeigen, was denn der Sinn dieser Askese sein soll. Das griechische Wort ἀσκέω heißt nichts anderes als „sich befleißigen, üben, ausbilden". Die Askese, welche mein Begriff der pädagogischen Arbeit enthält, ist eine Askese oder unablässige, mit vielerlei Entsagung verbundene Übung im Interesse der Sachlichkeit, das heißt (in ihrer höchsten Vollendung) der Sittlichkeit oder (nach meiner Fassung des Bildungsbegriffes) der individuell organisierten Wertgestalt.

Im übrigen möchte ich nach meinen Erfahrungen über Mißverständnisse auch der klarsten Sätze noch eine Warnungstafel aufstellen. So einwandfrei, ja selbstverständlich der Satz ist: „Selbsttätigkeit ist ein Tun des Selbst, aus ihm, für es", so bedenklich wäre es, würde später einmal dieses „für es" im egozentrischen Sinne aufgefaßt werden. Der Satz hat immer nur den Sinn einer unvermeidlichen Rückwirkung alles Tuns auf den Selbsttätigen.

IV. Die zweite und dritte Aufgabe der öffentlichen Schule

Die zweite Aufgabe, die wir aus dem Zweck aller öffentlichen Schulen abgeleitet haben, ist die Versittlichung der Berufsaufgabe. Die Versittlichung aller dem Rechtsbewußtsein einer Zeit genügenden Handlungen beginnt entweder da, wo sie ausgeübt wird, um unseren inneren Personenwert zu erhöhen, oder wo sie aus einer uneigennützigen Neigung zu einem sittlichen Fremdwert entspringt. Eine Schulklasse so gewissenhaft wie möglich zu führen, weil man als Lehrer zu ihrer Führung berufen und für diese Arbeit bezahlt wird, ist noch nicht sittlich. Das gleiche ohne Rücksicht auf Bezahlung zu tun, weil man sonst die Achtung vor sich selbst verlieren würde, ist bereits Sittlichkeit. Es zu tun aus reinem Gefallen an dem inneren Wert, an der inneren Erhöhung, die wir bei solcher Gesinnung fühlen, auch ohne Rücksicht auf das strafende Gewissen, ist sittlicher. Es zu tun, weil man sich keine schönere Aufgabe denken kann, als in dieser Weise dem Fortschritt der Gemeinschaft der Menschen zu dienen, ist am sittlichsten. Das Bewußtsein, daß man eine Arbeit, und wäre es auch die kleinste und niedrigste, zum Wohle einer Gemeinschaft ausführt, der man angehört, leitet immer die Versittlichung unserer Tätigkeit ein. Um dieses Bewußtsein durch die Schule zu entwickeln und aktionsfähig zu machen, gibt es zunächst kein anderes Mittel als das, welches ich als Organisation des Schulbetriebes im Geiste der Arbeitsgemeinschaft bezeichnet habe. Natürlich gibt die freiwillige Eingliederung in eine Arbeitsgemeinschaft noch keine Gewißheit für die Versittlichung der Tätigkeit. Aber wenn die Arbeitsgemeinschaft selbst der Träger einer sittlichen Idee ist, wenn sie etwa der Pflege edler Kameradschaftlichkeit, der Hingabe an Wissenschaft, Kunst, Religion, der Erforschung der Wahrheit, der Unterstützung Hilfsbedürftiger, dem Schutze der Gerechtigkeit usw. dient, ist es im allgemeinen leicht verständlich, daß der freiwillige Dienst in solcher Arbeitsgemeinschaft, wie häufig er auch von Knaben und Mädchen aus anderen Gründen gesucht worden sein mag, sich aus einem Dienste um rein praktischer Zwecke willen in einen Dienst um der sittlichen Idee willen umzuwandeln vermag.

Kein Gedanke ist aber unserem deutschen Schulwesen fremder geblieben als der Gedanke der freiwilligen Arbeitsgemeinschaft. Nur an wenigen Volks- und höheren Schulen hat er eine bewußte Verwirklichung gefunden, sei es in den eigentlichen Unterrichtsmaßnahmen, sei es in den Maßnahmen für die Gestaltung der Schuldisziplin, oder sei es in freiwilligen Arbeitsleistungen der Schüler, die dem Schulbetriebe zugute kommen. Und doch haben wir seit fast hundert Jahren die ausgezeichneten Vorschläge, die Fichte in seinen „Reden an die deutsche Nation" gemacht hat, worin er wirtschaftliche Arbeitsgemeinschaften empfiehlt als wesentliche Erziehungsfaktoren für die kommende Generation. Ich habe darauf schon seit vielen Jahren wiederholt hingewiesen, ebenso wie auf die Versuche von Dr. Lietz in seinen Landerzichungsheimen und auf den glänzenden Versuch John Dewey's in Chicago, der leider nach so kurzer Zeit wieder eingestellt worden ist.

Ganz anders ist der Gedanke der Arbeitsgemeinschaft in die englischen und amerikanischen Schulen eingedrungen. Zwar hat auch dort noch der eigentliche Unterrichtsbetrieb wie bei uns in Deutschland nur die Förderung des einzelnen im Auge; dagegen finden wir in einer Anzahl von Schulen dieser Länder die Fragen der Klassen und Schuldisziplin der Selbstregierung der Schüler anvertraut und den Gedanken der Arbeitsgemeinschaft in literarischen, sportlichen, wissenschaftlichen und künstlerischen Schülerverbänden verwirklicht. Wir Deutsche, denen das Bewußtsein, daß die Schulangelegenheiten zunächst unmittelbare Angelegenheiten des Volkes und nicht des Staates sind, bei weitem noch nicht genügend auf die Seele brennt, denen das Regiertwerden in allen Schulfragen zum unentbehrlichen Lebensbedürfnis geworden ist, wir Deutsche stehen noch immer vor dem Problem der Verwirklichung dieses Gedankens, ohne daß wir eine nennenswerte Aktivität hierfür entwickeln. Wir denken selbst da kaum daran, wo, wie bei der Organisation von Schulfesten, die Arbeitsgemeinschaft der Schüler eines der natürlichsten Dinge der Welt wäre. Das hängt nicht zum kleinen Teil auch damit zusammen, daß der landläufige Buchunterricht unserer Schulen, unser Lesen, Schreiben, Rechnen, unser Bibel- und Katechismusunterricht, unser Geschichts-, Geographie-, Literatur- und Sprachunterricht für eine Durchführung des Schulbetriebes auf der Basis der Arbeitsgemeinschaft im eigentlichen Unterrichtsbetrieb überhaupt nicht geeignet ist oder nur teilweise geeignet gemacht werden könnte, nämlich vielleicht in den zwei obersten Klassen mit Hilfe reichhaltiger Klassen- und Schulbibliotheken. Schulküchenunterricht für Mädchen, Gartenbau und Blumenpflege und fachlicher Arbeitsunterricht in Werkstätten, die alle ein Hauptfeld für die Entwicklung der Arbeitsgemeinschaft bieten, wie alle praktische Tätigkeit überhaupt, sind heute nur in ganz wenigen deutschen Volksschulen obligatorisch eingeführt. Regelmäßige gemeinsame Schülerübungen in Physik, Chemie und Biologie, die nicht weniger zu Organisationen gemeinsamer Arbeit die Möglichkeit bieten, fehlen als Pflichtbestandteile des Volksschulunterrichts fast überall. Wenn aber auch Pestalozzi in der Arbeitsbildung die Wurzel der intellektuellen wie auch der sittlichen Bildung erblickt, wenn auch Natorp in Arbeit und Arbeitsgemeinschaft Kern und Mittelpunkt der sittlichen Bildung sucht, wenn, wie er behauptet (vgl. Religion innerhalb der Grenzen der Humanität, 1908, Tübingen, Verlag Mohr, S. 7), die Tugend des Gemeinschaftslebens, die Gerechtigkeit, nur gelernt wird durch die unmittelbare Teilnahme an der Gemeinschaft selbst, haben wir da nicht alle Ursache, unsere Schulen, soweit wie immer es möglich ist, in Arbeitsgemeinschaften umzuwandeln?

Ich hatte den Gedanken der Arbeitsgemeinschaft im Unterrichtsbetrieb vor vielen Jahren kaum laut ausgesprochen, als zwar technische Bedenken gegen seine Durchführung nicht erhoben, dagegen der moralische Nutzen sehr in Frage gestellt wurde. Die Tüchtigen und Herrschsüchtigen, so sagte man, werden stets die Führung in den Arbeitsgemeinschaften an sich reißen, die Masse aber wird hypnotisiert, gezwungen oder freiwillig immer wie eine Hammelherde hinter den Führern herlaufen. Gewiß, die Tüchtigen werden die Führung haben, sie sollen sie haben. Ich habe sie oft genug in unseren auf Arbeitsgemeinschaft basierten Schülerübungen der Volks- und Fortbildungsschule beobachtet. Aber dazu ist ja gerade die Schule da, diese Führer zu lehren, ihre Führerschaft im Dienste der Schwachen auszuüben. Würde jemand empfehlen, die Arbeitsgemeinschaft des Staates zu zertrümmern, weil im Staate die Menschen sich in Führer und geführte Massen trennen? Für jeden folgerichtig Denkenden ist diese Erscheinung erst recht ein Grund zur Einführung der Arbeitsgemeinschaften in die Schule. Natürlich setzt diese Einführung eine tiefe Einsicht der Lehrer in die Wirkungsweise von Arbeitsverbänden voraus. Man darf sie nicht bilden, ehe nicht die Schüler überhaupt ein gewisses Minimum von geistiger, manueller und moralischer Leistungsfähigkeit auf dem betreffenden Arbeitsgebiete haben. Auch wird man nicht allzu ungleiche Elemente zunächst in Arbeitsgemeinschaften verketten und wird den großen Egoisten, die es immer und überall gibt, allezeit ein wachsames Auge zuwenden. Ab und zu wird man die Führer aller Gruppen, soweit es sich um Arbeitsgemeinschaften im Unterrichtsbetrieb handelt, herausnehmen und zu einer eigenen Arbeitsgruppe vereinigen, damit sie nicht beständig im Bewußtsein überragender Kraft leben.

Vor allem aber müssen die Lehrer der Schule selbst vom Geiste der opferwilligen Arbeitsgemeinschaft, die sie untereinander und mit ihren Schülern bilden, tief durchdrungen sein. Gerade die letzte Forderung wird der generellen Durchführung des Problems durch alle Schulen Deutschlands die größte Schwierigkeit bereiten. Denn wieviel Idealismus unter den Lehrern auch herrscht, der Idealismus der freiwilligen Opferwilligkeit auch außerhalb der durch Dienstvertrag geregelten Arbeitszeit ist wie bei allen anderen Ständen auch bei den Lehrern nur in einem nicht allzu großen Prozentsatz vorhanden. Wo Handwerkergeist die Lehrer einer Schule beherrscht, werden die Schüler schwer zu Arbeitsgemeinschaften außerhalb des Unterrichtsbetriebes sich vereinigen, und wo sie es tun, wird diesen Arbeitsgemeinschaften nur allzu leicht die versittlichende Kraft fehlen. Umgekehrt: Wo die Schülermassen einer Schule vom rechten Geiste der Arbeitsgemeinschaft erfaßt sind, da stellt dieser Geist selbst das glänzendste Zeugnis für den inneren Wert der Lehrerschaft dieser Schule aus. Die Quellen der moralischen Opferwilligkeit versiegen nur zu leicht, wenn sie nicht beständig vom Beispiel einer selbstlosen Umgebung in den Zöglingen genährt werden.

Mit der Durchführung des Prinzips der Arbeitsgemeinschaft ist aber nicht bloß eine der wirksamsten Kräfte der Versittlichung der Berufserziehung unserer Schüler gegeben, sondern es werden auch eine ganze Reihe von wertvollen Eigenschaften entwickelt, die sonst kaum im regulären Schulbetrieb Nahrung fänden. Durch die mannigfachen Berührungen, in welche die Arbeitsgemeinschaft die Schüler immer und immer wieder bringt, entwickelt sich vor allem eine Eigenschaft, auf die ich später zu sprechen kommen werde, die Feinfühligkeit, die an sich noch keine moralische, wohl aber eine für die Charakterentwicklung höchst wertvolle Eigenschaft ist. Weiterhin findet dadurch vor allem eine moralische Eigenschaft gerade in den Tüchtigsten unserer Schüler eine Förderung, wie sie bisher die öffentliche Schule überhaupt nicht bieten konnte: ich meine die Entwicklung des Bewußtseins der Verantwortlichkeit. Nicht nur die Führer der Arbeitsgruppen, sondern auch jedes einzelne Mitglied einer Arbeitsgruppe wird sich tagtäglich bewußt, wie seine Leistungen sowohl für ihn von Bedeutung sind als auch für die Qualität der Leistung der ganzen Gruppe. Unsere heutigen Schulen sind kaum imstande, den Begriff der Verantwortlichkeit im Schüler zu erwecken, geschweige daß sie imstande wären, in ihm das brennende Verantwortlichkeitsgefühl zu erzeugen. Wenn nicht die Arbeitsgemeinschaft des Hauses hier den Löwenanteil auf sich nimmt, verschwindet diese Grundeigenschaft des brauchbaren Staatsbürgers mehr und mehr.

Freilich ist zur vollen Auswertung der erziehlichen Kraft der Arbeitsgemeinschaft auch noch eine „eingehende Seelenpflege, eine planvolle Klärung des sittlichen Urteils nötig", wie W. F. Foerster in seiner Schrift „Staatsbürgerliche Erziehung" (B. G. Teubner, Leipzig 1910) mir gegenüber hervorheben zu müssen glaubt. Gewiß, „die bloße Übung im Zusammenarbeiten ist noch kein Schutz gerade gegen die kommenden Versuchungen des korporativen Egoismus, der für den Staat mindestens so gefährlich ist wie der persönliche Egoismus". Aber an dieser mündlichen Seelenpflege hat es bisher wenigstens an den besten unserer Schulen nicht gefehlt, wenn auch durchaus anzuerkennen ist, daß die ausgezeichneten Anweisungen, die Foerster vor allem in seiner „Jugendlehre" (Berlin, Reimer) gibt, die Einsicht in die Notwendigkeit solcher Lehre erst recht in den Vordergrund des Interesses gerückt haben. Woran es dagegen durchaus fehlt in unseren Schulen, das ist die praktische Seelenpflege, ohne welche alle „Klärung des sittlichen Urteils" höchstens da wertvoll wirkt, wo das Gemeinschaftsleben der Familien seine Schuldigkeit tut. Darum ist heute nichts notwendiger für unsere Schulen, als Einrichtungen zu treffen, in denen diese praktische Seelenpflege von selbst ihr fruchtbares Arbeitsfeld findet.

Eine Schule nun, die nicht imstande ist, den sittlichen Geist der Hingabe an andere durch das Mittel der Arbeitsgemeinschaft und des sich auf ihren sittlichen Gewohnheiten aufbauenden Gesinnungsunterrichts zu bilden, ist noch viel weniger geeignet, die dritte und letzte Aufgabe in Angriff zu nehmen, die wir aus dem Zweck der öffentlichen Schule abgeleitet haben: ihre Schüler anzuleiten, an der Versittlichung des großen Gemeinwesens, in dem sie leben und ihre berufliche Tätigkeit ausüben, mitzuarbeiten. Für diesen höchsten Akt der staatsbürgerlichen Erziehung der Jugend, welcher die Grundaufgabe aller öffentlichen Erziehung sein muß, ist eben die frühzeitige Gewöhnung, im Dienste einer Idee zu arbeiten, das weitaus Wichtigste.

Die Volksschule allerdings kann wenig mehr tun, als diese Gewöhnung durch das Mittel der Arbeitsgemeinschaft anzubahnen. Die jugendliche Unreife und nicht zum geringen Teil auch die mangelnde geistige Begabung ihrer Schüler lassen die Bestrebungen, die darauf ausgehen, im Geschichts- oder ethischen oder sonstigen Unterricht die Schüler über die Aufgaben des Staates und vor allem über die sittlichen Aufgaben wirksam zu belehren, als im großen und ganzen zwecklos erscheinen. Die Tätigkeit, welche hier Frankreich entfaltet in seiner „instruction civique" an den Volksschulen, hat mich angesichts der dort bestehenden politischen Verhältnisse nicht eines Besseren belehrt.

Was aber die Volksschule mit gutem Erfolg durchführen könnte, das ist: die Schüler an der Versittlichung ihres eigenen kleinen Gemeinwesens der Klasse oder der ganzen Schule, ihrer eigenen kleinen schulischen Lebensgemeinschaft durch Zweckverbände, die dazu aus den Schülern organisiert sind, praktisch arbeiten zu lassen. Sie könnte dies nicht bloß, sie tut es bereits tatsächlich, allerdings nicht in Deutschland, wohl aber in vielen

Volksschulen der Vereinigten Staaten von Nordamerika. Der „Schulstaat"
ist jenseits des Ozeans längst kein theoretisches Problem mehr. Selbst in
der Riesenstadt New York fand ich in der 110. Volksschule an der Kreu-
zung der Cannon- und Broome-Street ein glänzendes Beispiel. Eine Klasse dieser Schule hatte sich zwölf Jahre vor meinem Besuch der nordameri-
kanischen Schulen eine „Verfassung" gegeben und sie in einer „Charter"
niedergelegt. In der Urkunde, welche die Verfassung festlegt, sind den
Bürgern auch eine Reihe von Schülerpflichten vorgeschrieben, zum Beispiel „höflich und gütig zu sein gegen alle", „alles zu vermeiden, was gegen
die Gesetze des Staates oder der Stadt ist oder was das Recht und das
Glück anderer verletzt", „jeder allgemeinen Versammlung der Schüler an-
zuwohnen", „zur Aufrechterhaltung der Gesetze beizutragen", „andern
ein gutes Beispiel zu geben", „alles zu tun, was die Wohlfahrt der Schule
fördern kann" usw. Zur Aufrechterhaltung der Gesetze sind zwei eigene
Gerichtshöfe gebildet, einer von den Knaben, einer von den Mädchen.
Der Erfolg war nach den Mitteilungen der Leiterin so gut, daß der Staat
sich allmählich ausdehnte und heute alle höheren Klassen umfaßt. Die
Nachbarschaft der Schule ist eine der dichtest bevölkerten der Welt. Alle
Nationalitäten scharen sich in riesigen Logierhäusern um die Schule: Rus-
sen, Italiener, Deutsche, Iren, Österreicher, Ungarn, Rumänen, Griechen.
Das Notwendigste war hier, den Kindern dieser einander gänzlich fremden Völker ein selbstloses Interesse aneinander zu lehren, von innen heraus Autorität zu entwickeln, statt ihnen Autorität aufzudrücken, und den
Kindern zu zeigen, daß Ordnung besser ist als Anarchie. Jeder Bürger
wurde Lehrer eines neuzugewanderten fremden Kindes. So wuchs der
Schulstaat auf einer gesunden Basis. Die kleinen Bürger sind gütig gegen
die kleinen Verbrecher, nur verzichten sie mit ihnen zu spielen. „Der einzige Weg, auf welchem solch eine Selbstregierung hoffen kann, erfolgreich
zu sein", meinte Miß Simon, die Leiterin der 110. Schule, „ist, daß die Lehrer sich nicht dareinmengen. Sie müssen, äußerlich wenigstens, diese Re-
gierung ignorieren. Ich selbst", sagte sie, „habe niemals den Kindern einen
Rat gegeben, ausgenommen zu der Zeit, da die Kinder ihre Verfassung
(Charter) vorbereiteten. Und von dieser Zeit an leben sie genau nach dieser Verfassung, und die ganze Selbstregierung hat die Schule, die
einst vor zehn Jahren als die schlechteste der Stadt galt, zu
einer der besten umgewandelt." (Vgl. auch meine fünf Aufsätze
über das Schulwesen der Vereinigten Staaten, Süddeutsche Monatshefte,
Jahrgang 1912.)

Die Fortbildungsschulen dagegen, namentlich jene, deren beruf-
licher Unterricht ohnehin schon ein geistig gewecktes Schülermaterial verlangt, sind bereits zum mindesten in den zwei letzten Jahresklassen imstande, auch die Aufgaben der Staatsgemeinschaft dem Verständnis der Schüler

näher zu bringen. Nicht zum wenigsten aus diesem Grunde ist die obligatorische, auf staatsbürgerliche Erziehung gerichtete Fortbildungsschule
mit einer qualitativ und quantitativ ausreichenden Unterrichtszeit, die sie
heute noch nicht hat, die wichtigste Forderung für den Ausbau der Organisation der Volksschule in Deutschland. Wie dieser Ausbau vollzogen werden muß, damit er auch unserer dritten Aufgabe gerecht wird, darüber
habe ich mich zu verschiedenen Zeiten und in verschiedenen Reden und
Schriften eingehend geäußert. (Vgl. „Grundfragen der Schulorganisation",
7. Aufl. 1954; „Begriff der staatsbürgerlichen Erziehung", 8. Aufl. 1958,
Verlag von R. Oldenbourg, München. – Ebenso „Staatsbürgerliche Erziehung der deutschen Jugend", 10. Aufl. 1931, Verlag Carl Villaret, Erfurt.)
   Bei weitem die aussichtsreichsten Möglichkeiten zur Durchführung der
dritten Aufgabe bieten die höheren Schulen. Hier sind die praktischen
Maßnahmen, welche die einzelnen Schüler in den Dienst verschiedener
Zweckverbände ihrer Mitschüler stellen, sehr viel leichter durchführbar
als an den Volks- und Fortbildungsschulen. An den Volksschulen bildet
bisweilen die geringe körperliche, geistige und sittliche Reife namentlich
in den großen Städten ein schwer zu nehmendes Hindernis für die Gestaltung von freiwilligen Arbeitsgemeinschaften im Dienste der Schulaufgabe.
Die Schüler der höheren Klassen unserer Volksschulen sind eben durchschnittlich ein bis zwei Jahre jünger als in den höheren Klassen der Volksschulen der Vereinigten Staaten. Zum mindesten machen solche Arbeitsgemeinschaften sehr sorgfältige Überlegungen und Vorsichtsmaßregeln
nötig und setzen in höherem Maße ein im verborgenen mitarbeitendes
Lehrpersonal voraus. An den deutschen Fortbildungsschulen liegt die
Hauptschwierigkeit darin, daß die Schule selbst mit ihrer immer noch geringen Unterrichtszeit die Schüler zu wenig in gegenseitige Berührung
bringt und so gewöhnlich nicht imstande ist, jenes Gemeinsamkeitsgefühl
zu erzeugen, aus dem gewissermaßen spontan die Neigung zu freiwilligen
Arbeitsverbänden erwacht.
   Alle diese Hindernisse kennt die höhere Schule nicht. Dazu kommt, daß
namentlich in den oberen Klassen die Lektüre der deutschen und fremden
Klassiker sowohl als auch der intensive Geschichtsunterricht auf die Kul-
turprobleme der menschlichen Gesellschaft und auf die Aufgaben des
Staates führt und daß damit eine wissenschaftliche, das heißt eine objek-
tive Belehrung über die Aufgaben des Staates und über die Pflichten der
Staatsbürger von selbst nahegerückt wird.
   Freilich genügte diese Belehrung nur dann, wenn ihr Same auf einen
Boden fiele, der durch die Gestaltung der Schule im Geiste einer sittlichen
Arbeits- und Lebensgemeinschaft aufgelockert wäre. Aber Arbeits- und
Lebensgemeinschaften können unsere Elementar- und höheren Schulen
nur dann werden, wenn sie aufhören zu Bildungsfabriken anzuschwellen,

in denen 800, 1000, 1200 und noch mehr Bildungsprodukte oder Zöglinge gehobelt, gebeizt und oberflächlich poliert werden.

Daß die höheren Schulen in Deutschland im scharfen Gegensatz zu den Schulen anderer germanischer Staaten bis jetzt diese dritte Aufgabe nicht oder nur ganz ungenügend in Angriff genommen haben, liegt nicht zum wenigsten daran, daß unsere höheren Schulen von anderen Gesichtspunkten aus ihre Aufgaben auffassen als von den hier entwickelten. Sie betrachten sich nicht als Werkzeuge der ethischen Gemeinschaftsgestaltung, sondern als Werkzeuge der Gelehrtenbildung in der durchaus falschen Voraussetzung, daß der tüchtige Gelehrte von selbst ein „brauchbarer Staatsbürger" werde. Die Auffassung wird dadurch genährt, daß es tatsächlich zu allen Zeiten große Gelehrte gegeben hat, die auch große Staatsbürger waren. Solche Erscheinungen aber zu verallgemeinern, daran sollte uns wenigstens der gegenwärtige Zustand in unserem durchschnittlichen Gelehrten- und Beamtentum hindern. Wir Deutsche leiden noch immer sehr an unserer Vergangenheit, aus der unsere Gelehrtenschulen mit ihren Zwecken und Zielen herausgewachsen sind. Unsere angelsächsischen Vettern haben diese Art der Vergangenheit abgeschüttelt. Ich habe vor vielen Jahren durch einen englischen Freund von den Schülern der Oberklassen einer vornehmen englischen Gelehrtenschule in einer unvorbereiteten Klausurarbeit die Frage bearbeiten lassen: „Welches ist der Zweck unserer Schule, und wie erreicht sie ihn?" Die einstimmige Antwort war: „Ihr Zweck ist der zukünftige Staatsbürger." Die Durchführung des Themas, welche die größte Mannigfaltigkeit der Auffassung aufwies, zeigte deutlich, daß diese Schüler auch über die Pflichten und notwendigen Eigenschaften des Staatsbürgers völlig im klaren waren. (Vgl. „Begriff der staatsbürgerlichen Erziehung", 8. Aufl. 1958, Verlag von R. Oldenbourg, München.) Welches deutsche Gymnasium hätte mir die gleichen einstimmigen Antworten gegeben?

V. Die Methoden der Arbeitsschule

Die Darstellung der Lösung der drei Aufgaben, die sich aus dem obersten Zweck der Volksschule naturgemäß ergeben, haben uns zum Grundriß einer inneren Organisation der Volksschule geführt, die ich im Jahre 1908 in meiner Rede in der Peterskirche zu Zürich mit dem Worte „Arbeitsschule" bezeichnet habe. Wie alt auch das Wort „Arbeitsschule" sein mag, so darf ich doch wohl behaupten, daß der auf diese Weise bestimmte Inhalt des Wortes sich nicht mit einem der früheren Inhalte deckt.

Mit den vorausgegangenen Erörterungen ist nun aber der Begriffsinhalt des Wortes noch nicht erschöpft. Jene drei Aufgaben und die aus ihnen entspringende Organisation geben die ethische Richtung der Charakterbildung an, welche die Erziehung durch unsere Volksschule einschlagen soll. Damit haben wir eine erste Reihe von Merkmalen des Begriffs „Arbeitsschule" gewonnen.

Die zweite Reihe von Merkmalen ergibt sich aus dem Wesen der Charakterbildung selbst. Indem wir aber dem Wesen der Charakterbildung nachgehen, stehen wir vor dem Grundproblem der Erziehung. Es handelt sich dabei nicht darum, welche Ziele wir mit dieser pädagogischen Arbeit anstreben, sondern an welche psychischen Kräfte des Zöglings wir uns zu wenden haben und wie wir sie behandeln müssen. Welche dieser Kräfte sind unveränderlich, welche veränderlich und demnach der Beeinflussung durch Erziehung zugänglich? Wie muß diese Beeinflussung vor sich gehen, daß die persönliche Charakteranlage des einzelnen sich sittlich entwickle, ohne wertvolle Eigenschaften dieses Charakters zu unterdrücken, zu vernachlässigen oder verkümmern zu lassen? Ich habe in meiner Untersuchung über den Charakterbegriff (vgl. „Charakterbegriff und Charaktererziehung", 4. Aufl. 1929, Leipzig, B. G. Teubner) diese Kräfte zu ermitteln gesucht.

Es sind vier Kräfte, deren Vorhandensein die Möglichkeit, einen wertvollen Charakter erziehen zu können, in Aussicht stellt: Willensstärke, Urteilskraft, Feinfühligkeit, Aufwühlbarkeit. Die Kräfte sind natürlich – wie alle Seelenkräfte – nicht völlig voneinander unabhängig. Insbesondere beeinflußt die letzte dieser vier Eigenschaften, die in der Hauptsache eine unveränderliche Anlage zu sein scheint, die drei übrigen in hohem Grade. Denn von der Tiefe und Dauer der Gemütsbewegungen, die mit einem Grundsatz unseres Handelns, einer Maxime unseres Gewissens, einer Idee unserer Welt- oder Lebensanschauung verknüpft sind, hängt zu einem erheblichen Teile die Beharrlichkeit unserer Willensentschlüsse und die Kraft zu ihrer Umsetzung in Handlungen ab. Natürlich ist es nicht so, als ob die vier Eigenschaften nun auch tatsächlich die Entwicklung eines Charakters gewährleisten. Sie sind notwendige, aber nicht hinreichende Bedingungen, die zum Teil schon in der Charakteranlage gegeben sein müssen. Hinzutreten muß immer eine erworbene Eigenschaft, die einheitliche Organisation der Grundsätze, Maximen, Ideen in unserer Seele unter eine oberste Idee, die unserer ganzen Seelenstruktur entspricht und deshalb unser Wesen in seinem ganzen Umfange und seiner Tiefe ausfüllt.

Die Entwicklung der drei ersten Charaktermerkmale erfordert vor allem Freiheit der Betätigung und Mannigfaltigkeit der Verhältnisse. Damit der Wille sich entwickelt, muß er sich beständig in Handlungen entladen können, und damit er stark zu werden vermag, muß er Freiheit und Bewegung haben. Damit der Verstand klarer urteilen lerne, muß er seine Vorstellungen und Begriffe so weit wie möglich durch

Erfahrung selbst erarbeiten. Damit die Feinfühligkeit an Umfang zunehme, müssen Verstand und Gemüt frühzeitig in einer Fülle von realen Verhältnissen sich bewegen und so gewöhnt werden, rasch und mannigfaltig zu reagieren. Die Passivität und Rezeptivität der landläufigen Schulen beeinflußt die Entwicklung dieser drei Kräfte oft nur ungenügend, und nicht selten sucht die Entwicklung dieser Kräfte dann Auswege, die der Lösung der Aufgabe, sie ethisch zu richten, neue Schwierigkeiten bereiten. Zwar fließt die alte Pestalozzische Forderung der Selbsttätigkeit des Kindes noch immer wie Honig von den Lippen der Pädagogen. Aber diese Selbsttätigkeit ist, wo sie der Wort- und Buchbetrieb der herkömmlichen Schule nicht überhaupt zum bloßen Schein herabdrückt, im wesentlichen fast durch die ganze Schule hindurch für alle drei Grundkräfte des Charakters an fest vorgeschriebene Gleise gebannt. Es ist leider mehr die Selbsttätigkeit einer Maschine als die einer eigenartig sich selbst gestaltenden Seele.

Der geringe Einfluß eines solchen Schulbetriebes auf die Charakterbildung konnte nicht verborgen bleiben. Die zunehmende Individualisierung des kulturellen, politischen und sozialen Lebens in Verbindung mit dem immer stärker fühlbar werdenden Mangel an uneigennützigen, klaren, selbständigen Menschen, die unzulänglichen Lösungen der dem Volke übertragenen öffentlichen Aufgaben ließen uns erkennen, daß der modernen deutschen Bildung, wie Lichtwark am ersten Kunsterziehungstage mit vollem Rechte bemerkte, „die gestaltende Kraft fehlt". Wir lernen immer mehr die Bedeutung der durch nichts zu ersetzenden, von großen Maximen gerichteten eigenen praktischen Initiative einsehen, die nirgends sich entwickeln kann, wo die Erziehung dem Zögling in allem, was er tut, streng vorgeschriebene Bahnen weist. Immer lauter werden die Stimmen, die nach dem Einzug von frei gewählter oder doch frei sich auswirkender Betätigung in die Mauern der Schulen rufen. In seinem trefflichen Aufsatz „Über freiere Gestaltung des Unterrichts auf der Oberstufe des Gymnasiums" in den Blättern für das Gymnasialschulwesen 1912, Heft 2, fordert Professor Dr. Paul Joachimsen systematischen Ausbau des Wahlunterrichts in den drei oberen Klassen des Gymnasiums. (Vgl. auch Kap. VI.) Er war nicht der erste und wird auch nicht der letzte sein.

Das Wort von der Pädagogik der Tat wurde zunächst geprägt. Bald aber hatte es dem neuen Schlagwort Platz zu machen, dem Schlagwort vom Arbeitsunterricht als Prinzip, worunter man die Verbindung von einer Fülle manueller Tätigkeiten mit allen herkömmlichen Unterrichtsgegenständen verstand. Schon diese grobe Veräußerlichung des Begriffes „Arbeitsunterricht" als eines Unterrichts in rein manueller Beschäftigung zeigte, wie wenig das Wesen des Begriffes der Arbeitsschule erfaßt worden war. Indem nun aber eine große Anzahl von Schulmännern überdies den manuellen Arbeitsunterricht als Fach vollends ablehnte, beraubte sie auch ihren Arbeitsunterricht als Prinzip ein für allemal des besten Einflusses auf Charakterbildung. Jedoch in drei heiligen Konzilien (1857, 1882 und 1900) hatte die deutsche Lehrerschaft das anathema sit dem fachlichen Arbeitsunterricht in jeder Form gesprochen. Andernteils hatte die Bewegung für den Handfertigkeitsunterricht das Augenmerk einer großen Zahl von Lehrern nahezu ausschließlich auf die manuelle Arbeit gelenkt. Da ist es nur zu begreiflich, daß die neue Bewegung nicht sofort in die rechten Bahnen kam. Man war überhaupt nicht von der Erwägung ausgegangen, die das wahre Wesen des Arbeitsunterrichts hätte erfassen lassen. Kindergartenbeschäftigung, Handfertigkeitsbewegungen, die alten Forderungen von Selbsttätigkeit usw. führten von vornherein zu einer Veräußerlichung des Arbeitsunterrichts als Prinzip. Weil arbeiten gewöhnlich eine manuelle Tätigkeit ist, so glaubte man das Problem der Arbeitsschule damit gelöst zu haben, daß man mit jedem herkömmlichen Unterrichtsgebiet der Schule irgendwelche manuelle Tätigkeit verband. Selbst dem Geschichtsunterricht der oberen Klassen der Volksschule glaubte man durch Modellierbögen von Ritterburgen, Laubsägearbeiten nach Bauformen alter Stile, Planzeichnen von Schlachtfeldern usw. den Charakter von Arbeitsunterricht gegeben zu haben. Das Illustrieren von epischen Gedichten und biblischen Erzählungen mußte zur Verherrlichung des neuen Prinzips herhalten. Aber sowenig man sich den Begriff des kategorischen Imperativs erarbeitet, wenn man einen Holzschnitt von Kant nachzeichnet, ebensowenig treffen die erwähnten manuellen Arbeiten den Geist des Arbeitsprinzips. Das Arbeitsprinzip ist nur dann gewahrt, wenn die Arbeit beim Eindringen in die Vorstellungskreise und in die Denkungsweise dieses Gebietes den Arbeitsmethoden angepaßt ist, die sich innerhalb jener Geistesgebiete mit logischer Notwendigkeit entwickelt haben. Wer durch zeitgenössische Schilderungen und anderes Quellenmaterial oder auch nur aus der Lektüre von historischen Schriften der Gegenwart historische Kenntnisse selbständig erarbeiten läßt, wer durch dramatische Gestaltung von Dichtungen in gebundener und ungebundener Form die Schüler den Inhalt tiefer erleben und erfassen läßt, wer in Arbeitsgemeinschaften Gelegenheiten schafft zur Entwicklung der Feinfühligkeit im geselligen Verkehr der Schüler, wer die Schüler anleitet, durch eigene Versuche selbst in den Kern der physikalischen, chemischen, biologischen Gesetze einzudringen, sie alle gestalten den Unterrichtsbetrieb nach dem Prinzip der produktiven Arbeit.

Das Wesen der Arbeitsschule und des in ihr lebendig werdenden Arbeitsprinzips ist eben ein völlig anderes, als es sich selbst in den Köpfen derjenigen Arbeitsschulapostel und Werkunterrichtsprediger spiegelt, die auf Kongressen das neue Evangelium ausbreiten wollen. Ich will versuchen, dieses Wesen der Arbeitsschule in aller Kürze klarzulegen. Eine eingehende Untersuchung der hier aufgestellten Begriffe findet man in meiner Abhandlung: „Das Grundaxiom des Bildungsprozesses und seine Folgerungen für die Schulorganisation" (9. Aufl. 1959, Verlag von R. Oldenbourg, München).

Die Bildung des Menschen beginnt zunächst immer in der Weise, daß er in seiner Umgebung nicht nur die Sachen (Naturerzeugnisse) und Güter (Geisteserzeugnisse) in ihrem Sein e r k e n n t, sondern auch ihre vielfachen Wirkungswerte und (bei den Gütern) besondern Eigenwerte e r - l e b t und nach dem Erlebnis auch rational einsehen lernt. Ja, vielfach genügt schon das irrationale Erlebnis der Werke allein, ohne daß eine rationale Erkenntnis ihrer Werte vorausgeht, nachfolgt oder überhaupt sich mit dem Erlebnis verbindet. Vor allem aber sind es die Güter der Volksgemeinschaft: Sprache, Literatur, Sitten, Gebräuche, Rechtssystem, Religion, Wissenschaften, technische und nicht zuletzt personale Güter, wie sie gewisse Einzelpersonen und Wertgemeinschaften darstellen, die sich in ihren Wirkungs- und Eigenwerten dem Heranwachsenden aufschließen müssen. Nicht alle diese Güter sprechen das Kind, den Knaben, das Mädchen, den Jüngling usw. in gleicher Weise an. Zu zahlreichen Gütern hat das einzelne menschliche Wesen entweder vorläufig oder überhaupt keinen Zugang. Bloße Kenntnisnahme und Aufspeicherung der Kenntnisse im Gedächtnis gibt keine Bildung. Denn Bildung oder Formung des Geistes ist weit mehr ein durch Werterlebnisse bestimmtes seelisches und geistiges Verhalten gegen die Umwelt als ein B e h a l t e n ihrer Seinsformen und deren Beziehungen im Gedächtnis. Ein solches Verhalten oder eine solche seelisch-geistige Einstellung kann aber nur gewonnen werden, indem wir in den Geist des d i n g l i c h e n Kulturgutes durch eindringliche Beschäftigung mit ihm hineinwachsen, ihn so e r a r b e i t e n, den Geist der p e r s o n a l e n Güter und die durch ihn bestimmte Seelenstruktur im W e c h s e l v e r k e h r u n m i t t e l b a r   e r l e b e n.

Aber was heißt, den Geist eines dinglichen Kulturgutes erarbeiten? Und was heißt, den wesenhaften E i g e n w e r t der dinglichen und personalen Güter erleben und damit in die Gefangenschaft der geistigen Werte geraten und so selbst ein Träger der geistigen Werte zu werden?

Um diese Frage zu beantworten, müssen wir überlegen, wie Kulturgüter entstehen.

Jedes neue Gut, das Menschen der Menschheit schenken, entspringt einem Menschengeiste und trägt das Gepräge dieses schaffenden Geistes. Es ist nicht bloß ein physiognomischer Ausdruck eines Seelenlebens, wie etwa die Handschrift ein solcher Ausdruck sein mag. Es ist auch der Ausdruck eines Geistes, der in diesem bestimmten Seelenleben wohnt und wohnen kann, oder, wie man auch sagen kann, des ganzen Sinngefüges aller gegenständlichen Sachverhalte, die in diesem Seelenleben entstanden sind. Wir nennen dieses Sinngefüge wohl auch die Struktur des Geistes, der aus diesem Seelenleben herausgewachsen ist.

Am deutlichsten sehen wir diesen seelisch-geistigen Ausdruck bei den Kunstgütern, die zu allen Zeiten die individuellsten Güter waren und sein werden, vor allem bei den literarischen Kunstgütern. Aber das gleiche gilt auch für alle andern dinglichen Kulturgüter, mit Ausnahme von Mathematik und den mit ihr verbundenen Naturwissenschaften. Die Güter der deutschen Sprache tragen zu allen Zeiten die Struktur des deutschen Geistes im generellen wie im individuellen Sinne; ebenso im ganzen wie in ihren einzelnen geschlossenen Systemen die deutsche Philosophie und die sonstigen Geisteswissenschaften. Selbst Maschinen, Werkzeuge und die meisten Geräte, die wir täglich gebrauchen, können neben dem allgemeinen konstruktiven Zweckcharakter in ihrer ganzen Gestaltung das Gepräge des individuellen Geistes tragen, dem sie entsprungen sind. Alle unsere Gewerbe- und Kunstgewerbemuseen bestätigen es hundertfach.

Nun ist, wie schon bemerkt, nicht jeder Mensch jeder geistigen Struktur, in der ihm ein dingliches oder personales Gut entgegentritt, in gleicher Weise zugänglich. Das rührt nicht zuletzt davon her, daß jede geistige Struktur eines Menschen auf einer individuellen psychophysischen Veranlagung ruht, auf einer schon mit der Geburt gegebenen seelisch-körperlichen Struktur. So erklärt sich auch, weshalb dem einen Zögling der Zugang zum Geist des mathematischen Gutes, dem andern zum Geist der naturwissenschaftlichen, dem dritten zum Geist der geisteswissenschaftlichen Güter erschwert oder verschlossen ist. Dem Gedächtnis einverleiben läßt sich freilich unendlich Vieles; aber das ist etwas völlig anderes, als in den Geist eines Gutes einzudringen.

Jetzt können wir die Frage beantworten: Was heißt ein Kulturgut erarbeiten?

Wir haben erkannt, daß jedes Gut einem individuellen bzw. kollektiven Geist entspringt. Es ist ihm entsprungen aus einer Einstellung heraus, deren Wurzel ein geistiger Wert ist, der Wert der Wahrheit, Schönheit, Sittlichkeit. Ein Mensch, in dem nicht der Wert der Wahrheit lebendig geworden ist, sucht nicht in dem Chaos der Erscheinungen nach ihr, forscht nicht, löst keine theoretischen Aufgaben, sucht keine rein geistigen Zusammenhänge und stellt darum aus seinem Geiste kein Gebilde heraus, das in seinem gegenständlichen Sachverhalt, also in seiner geistigen Struktur den Wert der Wahrheit aufweist. So haftet an jedem echten Gute ein bestimmter geistiger Wert; er ist seiner geistigen Struktur immanent.

Wird nun meine eigene, immer im Werden befindliche geistige Struktur im Verlaufe der Zweckverwirklichungen etwa theoretischer Art innerlich genötigt, in die vollendete geistige Struktur eines Gutes einzudringen, weil sich dieses Gut als ein besonders taugliches Mittel erweist, so beginne

ich aus der Vollendung des Gutes heraus immer bewußter den Wert zu erleben, aus dem das Gut geboren wurde, und zwar nicht bloß seinen Wir-
kungswert für meine Zwecke, sondern auch seinen Eigenwert. Voraussetzung ist nur noch, daß das Sinngefüge des Gutes mindestens ein Echo
finden kann in meinem eigenen Sinngefüge. Das Gut reißt mich dann
gleichsam hinaus über die errungene Stufe meines eigenen gegenwärtigen
geistigen Seins.

Ein derartiges mit steigendem Erlebnis des Wertes verbundenes
Eindringen in den Geist eines Kulturgutes nenne ich „Erarbeiten des
Gutes". Es wird durch solche Arbeit gewissermaßen die im Kulturgut
aufgespeicherte potentielle geistige Energie desjenigen, der das Gut geschaffen hat, verwandelt in die lebendige, kinetische Energie der Persönlichkeit, die in den Geist des Gutes eindringt, und in jeder Aufgabe, die
diese Persönlichkeit auf Grund der so erwachsenen neuen Kräfte bis zur
„Vollendung" löst, erlebt sie immer aufs neue mit dem Vollendungswert
auch den immanenten Sachwert des Gutes.

Ich nenne nun diese potentielle, in der Struktur der Kulturgüter aufgespeicherte geistige Energie den immanenten Bildungswert der
Kulturgüter.

Die Arbeitsschule aber ist diejenige Schule, die durch ihre
Methoden und durch die Art ihres ganzen Betriebes die
immanenten Bildungswerte ihrer Bildungsgüter auslöst.

Es hat also mit dem Geiste der Arbeitsschule nicht das geringste zu tun,
wenn man im Geschichtsunterricht den Gang von Schlachten oder
die Formen bekannter Baustile zeichnet und modelliert, wenn man im
Sprachunterricht Gedichte und biblische Erzählungen illustriert, wenn
man manuelle Techniken, wie Schreiben oder Zeichnen, durch andere Techniken, wie Erbsenlegen, Stäbchenzusammensetzen, Tonformen
vorbereitet, und es ist schon gar nichts, rein gar nichts für die Arbeitsschule gesagt, wenn man die geistreiche Unterscheidung von „Werkstättenunterricht" und „Werkunterricht" macht, und nur den Arbeitsunterricht in der Form des Werkunterrichts gelten läßt.

Der Werkstättenunterricht kann den vollendeten Geist der eben de-
finierten Arbeitsschule widerspiegeln, der Werkunterricht nicht und umgekehrt. Was heute unter den Titeln „Arbeitsprinzip" und „Werkunterricht"
in den Volksschulen als Bildungsgeist umgeht, mag als Veranschau-
lichungs- oder Betätigungsprinzip oder als „Spielprinzip" (denn auch das
ist bei kleinen Schülern durchaus nicht zu verdammen) in mäßigem Umfange gebilligt, ja empfohlen werden, aber mit dem Begriffe „Arbeitsschule" hat es nichts zu tun. Schon Basedow hat erleben müssen, daß
Buchstabenformen aus Brotteig weder die Lese- noch die Schreibfertig-
keit gefördert hat. Druck- und Schreibschrift haben gewiß auch ihre natio-

nale wie persönliche Struktur. Auch in ihnen steckt ein bestimmter objektiver Geist. Aber diesen von seinen ersten Anfängen an zu erarbeiten, ist keine Aufgabe der Schule.

Es gibt andere Methoden, welche die durch solche Dinge erstrebte Arbeitsteilung, nämlich der Einführung in das Form-Sehen und der Einführung in das Form-Darstellen, ebenfalls aufgreifen, aber sich gegen die Psychologie und Logik des Arbeitsunterrichtes nicht versündigen. Bloße manuelle Betätigung ohne Rücksicht auf die feinen psychischen und objektiv geistigen Zusammenhänge im inneren Verlauf der Betätigungsprozesse und ohne Rücksicht auf die damit verbundene systematische Willensschulung und Urteilsklarheit ist, wie sehr sie den Stempel äußerlicher Arbeit tragen mag, kein Kriterium der Schule, die wir Arbeitsschule nennen wollen.

Als Methoden der Veranschaulichung, als Mittel der Sinnesbildung, als Befriedigung des so lebhaften Tätigkeitstriebes der Kinder, als Belebungsmittel des gesamten Unterrichts können derartige manuelle Beschäftigungen nützlich, bisweilen notwendig werden. Aber damit ist unserer Schule kein neues Bildungselement zugeführt. Es ist höchstens eine alte Forderung erfüllt, die grob vernachlässigt worden ist. Erst wenn manuelle Tätigkeit zur Erarbeitung gewisser Kulturgüter als systematisches Werkzeug der Willensbildung und Urteilsschärfung gehandhabt wird, und selbstverständlich wenn sie nur dort gehandhabt wird, wo dies der Natur der Sache nach notwendig und der Natur der Seele nach möglich erscheint, erst dann liefert sie ein Bildungselement, das unserer Schule bisher fremd war. Das ist aber nur dann der Fall, wenn sie auf jeder Stufe die jeweils vorhandene Ausdrucksfähigkeit der ganzen Psyche des Kindes zur präzisen Wiedergabe dessen veranlaßt, was es spontan, aus eigenem Interesse heraus mit durchdachtem Plane anstrebt, und wenn sie demgemäß in ihrer Anforderung an die Geschicklichkeit, Genauigkeit und Sachlichkeit des Ausdrucks Schritt für Schritt höhere Anforderungen stellt.

Ein besonderes Gebiet der Arbeitsschule ist nun auch der Arbeitsunterricht im Sinne der manuellen Arbeit. Er ist vor allem ein Unterrichtsfeld der Volksschule, weil eben die psychische Form des praktischen Verhaltens die Grundstruktur in der kindlichen Seele ist. Nun gibt es Schulmänner, welche einen solchen manuellen Arbeitsunterricht zwar als Betätigungsprinzip in gewissen anderen Unterrichtsfächern zulassen, nicht aber als eigentliches Unterrichtsfach.

Aber Arbeitsunterricht als Prinzip und Arbeitsunterricht als Fach gehören zusammen wie Griff und Klinge des Messers. Überall, wo die Förderung des technischen Ausdrucksvermögens zum Unterrichtsprinzip erhoben wird, ist die entsprechende technische Schulung eine unabweisbare

Notwendigkeit. Manuellen Arbeitsunterricht überhaupt abzulehnen, ist konsequent, wenn auch unpsychologisch; ihn aber als methodisches Prinzip zuzulassen, dagegen als Fach zu verdammen, das ist gedankenlos. Seit Pestalozzi ist Pflege des sprachlichen Ausdrucksvermögens sowohl Unterrichtsprinzip als Unterrichtsfach. Die Forderung „jede Stunde eine Sprachstunde" würde wenig Zweck haben, hätte die Schule nicht zugleich besondere Fachstunden für die Schulung des sprachlichen Ausdruckes. Wir fordern nicht bloß Korrektheit der mündlichen und schriftlichen Ausdrucksweise in allen Unterrichtsstunden, wir widmen außerdem einem besonderen fachlichen Sprachunterricht eine recht beträchtliche Unterrichtszeit. Der von mir vor vielen Jahren aufgestellte und jetzt allgemein gebilligte Satz: „Kein Sachunterricht ohne Zeichnen" würde für die Entwicklung der graphischen Ausdrucksfähigkeit und des ästhetischen Sinnes geradezu verhängnisvoll werden, hätten wir nicht zugleich auch einen rein fachlichen Zeichenunterricht, der im Schüler systematisch gewisse technische Fertigkeiten erzieht, ohne welche sein Ausdrucksvermögen höchst stümperhaft bleiben müßte. Würden wir Rechnen bloß als Unterrichtsprinzip anerkennen ohne besondere technische Übungen im Rechnen, wir würden bald die Erfahrung machen, daß der verschwommene Inhalt der so gewonnenen Zahlvorstellungen sie mehr und mehr untauglich macht zur Aufhellung sachlicher Begriffe. Unsere Mädchenreigen in den Oberklassen der Volksschule werden ohne systematische Übungen, welche erst dem Willen die Macht geben, das Muskelspiel zu beherrschen, ewig auf dem Niveau des harmlosen Kinderspieles bleiben. Nun ist aber das räumliche Ausdrucksvermögen, wie es in der manuellen Technik sich äußert, als bloßes Vermögen der Seele betrachtet, in nichts, rein gar nichts von den beiden andern Vermögen des sprachlichen oder graphischen Ausdruckes verschieden. Wenn einzelne es für minderwertig halten in Hinsicht auf den Zweck der Erziehung gegenüber den beiden andern, so kann man das zur Not noch begreifen. Wer es aber schätzt und seine Pflege als Erziehungsmittel für notwendig erachtet, der muß die gleichen Folgerungen ziehen, die er bei der Pflege der andern Ausdrucksvermögen fordert. Mit diesen Erwägungen kommen wir auf ein neues Grundmerkmal der rechten Arbeitsschule als einer Schule der Charakterbildung.

VI. Der fachliche Arbeitsunterricht und der technische Lehrer

Was immer die Schule in Verfolgung ihrer Zwecke unternimmt und wie immer die Schule ihre unterrichtlichen und erziehlichen Unternehmungen einleitet, es gehört zum Wesen der Schule, immer größeren Nachdruck auf die sorgfältige Ausführung aller Tätigkeit zu legen, durch welche sie Wille,

Verstand und Feinfühligkeit entwickeln will. Daß die Schule, namentlich die Elementarschule, auch dem Spiele ihre Türe nicht verschließen soll, ist selbstverständlich. Aber das Kind muß jederzeit wissen, daß es hier s p i e - l e n darf, dort aber a r b e i t e n soll. Die Erziehung der Willensstärke verlangt unweigerlich, daß keine Arbeit des Kindes Hand verläßt, die nicht den Stempel der geistigen oder manuellen Anstrengung trägt. Darin unterscheidet sich wesentlich die manuelle Betätigung der Volksschule von der des Kindergartens, in dem das reine Kinderspiel die Lebensluft des Erziehungsbetriebes ist. Es ist von allerschlimmstem Einfluß auf die Willenserziehung, wenn die Kinder einer Schule 7 bis 8 Jahre hindurch auch nur in einem, geschweige in mehr oder gar allen Unterrichtsfächern sich angewöhnen, eine Sache „so annähernd" oder „beinahe" recht zu machen, und nichts verleitet mehr dazu – ohne daß dies absolut notwendig wäre – als der sogenannte Arbeitsunterricht als Prinzip. Denn in neunzig von hundert Fällen artet er in sogenanntes Basteln aus und verharrt durch eine Reihe von Klassen in sorg- und mühelos spielendem Dilettantismus. Die ganze Willenserziehung des Menschen ist eine Integration von unendlich vielen, unendlich kleinen, immer im gleichen Sinne gerichteten Anstrengungen der willkürlichen Aufmerksamkeit. In sittlichen Kämpfen des späteren reifen Lebens bleibt der am ehesten Sieger, dem es am besten gelingt, immer wieder seine willkürliche Aufmerksamkeit auf die sittlichen Motive zu lenken, die den Entschluß zur Tat auslösen sollen. Die Aufmerksamkeit willkürlich festzuhalten, fällt, wie wir alle wissen, den Kindern unendlich schwerer als den Erwachsenen. Sie lernen dieses schwierige Geschäft aber nicht, wenn man ihnen immer wieder gestattet, ihre manuellen Arbeiten „so beinahe" richtig zu machen; wenn man ihnen alle Schwierigkeiten und Kämpfe mit dem Material und Werkzeug, alle physischen Anstrengungen und alle geistigen Überlegungen schenkt. Noch mehr! Es nisten sich Gewohnheiten der Selbstzufriedenheit mit der eigenen mühelosen Arbeit ein, trotz aller Unvollkommenheit, die ihr anhaftet. Wir erziehen Dilettanten und keine Arbeiter.

Dieser Gefahr nun wird im wesentlichen vorgebeugt, wenn ein systematischer fachlicher Arbeitsunterricht, der das Kind vom ersten bis zum achten Schuljahr begleitet, durch die Strenge seiner Anforderungen an die Sorgfalt und Genauigkeit einer der jeweiligen kindlichen Leistungsfähigkeit angepaßten Arbeit das Kind in seine milde, aber doch unnachsichtige Zucht nimmt. Die geistigen, sittlichen und manuellen Gewohnheiten, die in ihm erworben werden, übertragen sich unweigerlich auf die manuelle Betätigung in den übrigen Unterrichtsgebieten und verdrängen dort den schädlichen Dilettantismus. Die so erzogenen Kinder lehnen es dann überhaupt ab, Arbeiten, die sie nur unvollkommen erledigen können, auszuführen. Dagegen suchen sie die gleiche Sorgfalt des Ausdruckes, der ihnen im fachlichen Arbeitsunterricht zur Natur geworden ist, auf die ihnen im übrigen Unterricht gestellten Aufgaben zu übertragen, sofern ihre Reife und ihr Interesse ihnen entspricht. Ein klarer Beweis hierfür ist die nahezu automatisch sich einstellende Unlust am Zeichnen bei den Kindern im zehnten bis zwölften Lebensjahre, sofern bis dahin nicht die graphische Ausdrucksfähigkeit sorgfältig geschult wurde oder die Schulung zu keinem befriedigenden Ergebnis geführt hat. In beiden Fällen hört um diese Zeit das von fast allen Kindern so gerne getriebene Spiel des Zeichnens ganz von selbst auf.

Sprache und Gebärde, Zeichnen und Modellieren (Modellieren im allgemeinen Sinn genommen mit irgendwelchem Material) sind Ausdrucksmittel. Sie alle dienen der Willenszucht und der Urteilsklärung nur dann, wenn eine systematische Schulung den Zögling lehrt, seine Ausdrucksfähigkeit zu steigern, und ihn gewöhnt, im Schweiße seines Angesichts für jeden Gedanken den allein zutreffenden Ausdruck mit möglichster Selbständigkeit zu finden und jeder gedachten Form die dem Materiale zugängliche Vollendung zu geben. Darin allein ist das Wesen des Arbeitsunterrichts als Prinzip zu suchen.

Die Richtung, die unser Charakter nimmt, hängt nicht zum geringen Teile auch davon ab, wie wir unsere tägliche Arbeit tun. Jede oberflächliche Arbeit, die unsere Hand verläßt, jedes „Ungefähr-Machen", das wir uns erlauben, drückt sich in unserer Willensentwicklung ab. Solange das Kind wirklich spielt und spielen darf, ist alles „Andeutungsweise-Machen" nicht nur erlaubt, sondern notwendig. Denn im reinen Kinderspiel liefert die manuelle Tätigkeit nur die Unterlage für die frei spielende Phantasie. Die Arbeitsprodukte haben hier symbolische Bedeutung. Sie sind nicht Zweck der Tätigkeit. Aber die Schule muß ja das Spiel in Arbeit verwandeln. und hier haben die Arbeitsprodukte Wirklichkeitswert. Hier sind sie ausgesprochene Zwecke der Tätigkeit, und da der Charakter lediglich durch Handeln sich bildet, so muß es der Erzieher größte Sorge sein, daß alles Handeln den Stempel der gründlichen Überlegung, der größten Sorgfalt und der absoluten Ehrlichkeit trägt. Dabei kommt es gar nicht darauf an, was wir unsern Zögling tun lassen, in welcher Technik wir seine manuelle Geschicklichkeit und Ausdrucksfähigkeit entwickeln. Eine oder zwei Techniken genügen vollkommen. Alles, was wir fordern können, ist nur das eine, daß die gewählten Techniken zu immer größerer, von dem Zögling selbst durch mechanische Mittel kontrollierbarer Genauigkeit sich entwickeln lassen. Weil diese Eigenschaften dem Modellieren in Ton, soweit es vom sechs- bis zwölfjährigen Kinde gefordert werden kann, im allgemeinen nicht anhaften, darum erachte ich diese Technik im Gegensatz zum Modellieren in Pappe, Holz, Metall als ungeeignet für die Volksschule. Alle Apostel der Arbeitsschule mögen sich bewußt bleiben, daß es ein Verbrechen an unserer deutschen Schule ist, das Arbeitsprinzip auf einen anderen Boden zu stellen als auf den der Gründlichkeit und Zuverlässigkeit, der beiden Eigenschaften, denen unser deutsches Volk seine wesentlichsten Erfolge verdankt. Die in unseren Versuchsklassen in München in dieser Richtung gemachten Erfahrungen, daß selbst den sechsjährigen Kindern die Forderung größter Genauigkeit die Arbeitsfreude nicht im geringsten zu schädigen vermag, im Gegenteil, sie von Monat zu Monat steigern läßt, geben mir vollkommene Gewähr dafür, daß vom Beginn der Schularbeit an dieser Weg mit bestem Erfolge betretbar ist.

Indem aber unser Arbeitsprinzip auf diesem Boden sich verankert, steht es naturgemäß der Forderung entgegen, die vom Beginn alles Unterrichtes an die freie Betätigung der manuellen und geistigen Kräfte zum System erhebt. Wer die Ausdrucksmittel nicht beherrscht, wird auch die einfachsten Dinge nicht sachlich klar auszudrücken vermögen. Die mechanische Übung im systematischen Gebrauch der Ausdrucksmittel ist die unerläßliche Voraussetzung für wertvolle freie Betätigung, für jede produktive Arbeit. (Vgl. meine Abhandlung „Produktive Arbeit und ihr Erziehungswert" in „Grundfragen der Schulorganisation", 7. Aufl., Oldenbourg.) Die Einführung in den Gebrauch der Ausdrucksmittel geschieht auf allen Gebieten auf dem Wege der Nachahmung. Selbst jene Menschen, welche die allergrößte Tiefe des Ausdruckes besaßen, unsere hervorragenden Künstler, waren zu Beginn ihres Schaffens im wesentlichen Nachahmer (Dürer, Raffael). An dem sorgfältigen, unermüdlichen Studium der Ausdrucksmittel und Ausdrucksmethoden anderer hat sich ihre Kraft entfaltet und schließlich jene Freiheit und Gewalt gewonnen, die uns völlig neue Kunstwerke schenkte. Erst wenn der Zögling eine genügende Sicherheit im Gebrauch der Ausdrucksmittel erworben hat, soll der Erzieher der eigenen Initiative des Zöglings immer freieren Spielraum gewähren. Das ist der zweite Fundamentalsatz für die Durchführung des Arbeitsprinzips. Natürlich widerspricht es diesem Grundsatz nicht, wenn die Schule vom Anfang ihrer Tätigkeit gelegentlich immer wieder dem Schüler die Möglichkeit freier Betätigung gibt, teils in Anknüpfung an die oft noch ungebrochene Spielfreude des Kindes und der aus ihr quellenden belebenden Anregung für ernstere Tätigkeit, teils um den Schüler selbst den Mangel an Beherrschung der Ausdrucksmittel von Zeit zu Zeit fühlen zu lassen. Nichts ist dagegen einzuwenden, wenn wir ab und zu in den Unter- und Mittelklassen außerhalb des systematischen Arbeitsplanes für die Entwicklung des graphischen Ausdruckes irgendwelche aus der freien Initiative des Kindes entspringende Zeichnungen zulassen. Dagegen erdrosselt das beständige Illustrieren und planlose Darstellen nur zu leicht die schwachen Begabungen der graphischen Ausdrucksfähigkeit, wie sie gewöhnlich in den Massen vorhanden sind.

Wenn wir aber im Interesse der Charakterbildung eine derartige Behandlung des Arbeitsprinzips für geistige und manuelle Arbeit verlangen, und wenn uns andernteils der Zweck der Volksschule unmittelbar darauf führt, der sorgfältigen Entwicklung der rein praktischen manuellen Begabungen durch Einführung eines besonderen Unterrichtsfaches Rechnung zu tragen, wenn andererseits die Lehrerbildung unmöglich mehr weiter mit gründlicher Einführung in technische Fertigkeiten belastet werden kann, welche Konsequenz folgt daraus? Es muß glatt ausgesprochen werden, daß wir in der Arbeitsschule neben dem theoretisch-wissenschaftlich durchgebildeten Lehrer noch einen zweiten Lehrer nötig haben, den technisch durchgebildeten.

Einen anderen Ausweg gibt es nicht. Dieser technische Lehrer kann für die obersten Klassen der Volksschule bei sorgfältiger Auswahl und nachträglicher pädagogischer Schulung direkt aus der gewerblichen Technik genommen werden. Wir haben in München die besten Erfahrungen damit gemacht, ebenso wie Paris oder Stockholm. Die Ablehnung technischer Lehrer dieser Art, wie sie 1921 die deutsche Lehrerversammlung zu Stuttgart beschloß, zeigt das gleiche pädagogische Verständnis wie die Ablehnung des fachlichen Arbeitsunterrichts überhaupt auf den Tagungen 1857, 1882 und 1900. Eine endgültige Lösung braucht aber dieser Weg nicht zu sein. Die endgültige Lösung können uns technische Lehrer bringen, welche die analoge seminaristische Ausbildung haben wie die wissenschaftlichen Lehrer. Es ist durchaus möglich, wenigstens für die Zwecke der eigentlichen Volksschule (für die anschließende Fortbildungsschule würde es keineswegs ausreichen) auf dem bisherigen Lehrerbildungswege durch gewisse Modifikationen der Lehrpläne technische Lehrer zu erziehen. Die „Manual Training High Schools" der Vereinigten Staaten von Amerika, die so viele technische Lehrer für die Volksschule sowohl als auch für die Manual Training High School selbst vorbereiten, liefern einen glänzenden Beweis hierzu. Das Seminar für technische Lehrer, das sich nach etwa vier Volksschulklassen an den sechs- bis neunklassigen Unterbau der Oberrealschulen anschließt (deren Unterricht ich mir selbstverständlich gleichfalls auf praktische Arbeiten ausgedehnt denke), hat das Schwergewicht seiner Unterweisung neben der gründlichen Einführung in Pädagogik, Psychologie und Ethik nur auf die praktisch-technische Erziehung in Verbindung mit Physik und Chemie zu legen, während das Seminar oder die jetzt entstehenden pädagogischen Akademien für die theoretisch durchzubildenden Lehrer neben den pädagogischen Lehrfächern und ihren Hilfswissenschaften die Didaktik der übrigen Unterrichtsfächer (Literatur, Geschichte, Geographie usw.) wie bisher weiterpflegt. Dabei bleibt es insbesondere den theoretisch auszubildenden Lehrern unbenommen, ja es dürfte ihnen sogar dringend zu empfehlen sein, freiwillig in einem fakultativen Unterricht, der eine geringe Zeit umspannt, ihre manuelle Geschicklichkeit weiter auszubilden. Denn der technische Lehrer soll ja später in der Volksschule nur die technischen Unterrichtsfächer einschließlich Zeichnen und vielleicht auch physikalischen und chemischen Laboratoriumsunterricht übernehmen, um so für den Schüler in allen technischen Fragen eine gründliche Schulung sicherzustellen. Soweit für den gesamten übrigen Volksschulunterricht die manuelle Betätigung grundsätzlich gefordert werden muß, weil die Erarbeitung des Bildungsgutes es notwendig oder wünschenswert macht, das heißt soweit mit dem gesamten übrigen Unterricht Arbeitsunterricht im Prinzip verbunden ist, bleibt diese Betätigung immer dem theoretisch gebildeten Lehrer vorbehalten. Der theoretisch gebildete Lehrer darf nie ganz ohne manuelle Geschicklichkeit sein, auch wenn er technisch nicht so ausgebildet werden kann, daß er den fachlichen Arbeitsunterricht mit der nötigen Gründlichkeit zu leiten verstünde. Wird dieser Weg der Ausbildung des technischen Lehrers gewählt, so dringt kein neues Element in die Volksschule ein, während die Ausbildung der Lehrer selbst für ihre besonderen Zwecke sehr viel gründlicher angelegt werden kann. Es ist mir immer ein Rätsel, wie die Volksschullehrer, im Gegensatz zu den akademischen Lehrern, mit dem nämlichen Atemzug die Einführung in immer mehr Gebiete des Wissens und der Technik und zugleich eine wesentliche Vertiefung ihrer Bildung verlangen können. Das sind zwei Forderungen, die sich grundsätzlich ausschließen. (Vgl. dazu mein Buch: Die Seele des Erziehers und das Problem der Lehrerbildung, 7. Aufl., Gemeinschaftsverlag R. Oldenbourg und B. G. Teubner, 1959.)

Die Forderung nach technischen Lehrern bringt überdies auch der Volksschule gar nichts Neues. Der hier für die männliche Lehrerwelt zu betretende Weg ist in den allgemeinen Mädchenschulen längst beschritten, wo technisch und seminaristisch gebildete Lehrerinnen seit einem Jahrhundert friedlich nebeneinander hausen. Niemandem war es bisher auch nur im Traum eingefallen, gegen die technischen Lehrerinnen sich zu wenden. Und gerade der Staat Preußen ist der erste Staat Deutschlands gewesen, der Seminare für technische Lehrerinnen auf Staatskosten eingerichtet hat, und die Stadt Dortmund ist vor Jahrzehnten in selbständiger Weise nach dem Vorschlage Dornheckters unter Erweiterung des Bildungsbereiches der technischen Lehrerinnen diesem Beispiel gefolgt. Frankreich, England, Schweden und die Vereinigten Staaten haben den gleichen Weg längst auch in ihren Knabenschulen betreten. Soweit sie eigener Lehranstalten für technische Lehrer entbehren, wie in Frankreich, scheuen sie sich nicht, da, wo es unbedingt nötig ist, nämlich in den Oberklassen, diesen Unterricht pädagogisch veranlagten Handwerkern einstweilen anzuvertrauen.

Und doch meinte Gutmann auf der 18. Hauptversammlung der bayrischen Volksschullehrer zu Regensburg: „Als die schwerste Verirrung muß ein selbständig neben den übrigen Unterrichtsgegenständen hergehender und von Handwerkern geleiteter Handfertigkeitsunterricht angesehen werden." Dieser aus innerer Überzeugung hartnäckige Gegner der Arbeitsschule ist sich aber wohl bewußt, daß die Lehrerbildung keine weitere Belastung mehr verträgt, sondern direkt nach Entlastung schreit. Daraus folgert er aber nicht, daß die Lasten auf zwei Schulternpaare zu verteilen sind, sondern daß die Volksschule jede Art fachlichen Arbeitsunterrichts weit von sich weisen muß. Dann sind aber auch alle unsere technischen Lehrerinnen für Handarbeits- und Schulküchenunterricht nur eine Folge der schwersten pädagogischen Verirrungen unserer Schulverwaltungen, dann sind auch die Fachzeichenlehrer vieler deutschen Volksschulen, die ausgezeichneten Turnlehrer der schwedischen Volksschulen, die Singlehrer vieler amerikanischen Volksschulen, die verschiedenen Typen der technisch gebildeten Haushaltungslehrerinnen, wie ich sie in Glasgow und Edinburgh gesehen habe, aus den Mauern der Volksschule unbarmherzig zu verbannen, auch wenn es völlig unmöglich ist, jeden Lehrer außer zu einem Naturwissenschaftler, Geographen, Historiker und Germanisten auch noch zu einem gewandten Techniker, Turner, Sänger, Zeichner usw. auszubilden. Ich meine, je eher der deutsche Volksschullehrerstand einsehen lernt, daß er einen gleichberechtigten, technisch gebildeten Lehrerstand zur Ergänzung unbedingt nötig hat, desto eher wird es auch möglich werden, seinen schmerzlichen Ruf nach tieferer Bildung zu erfüllen. Ich kann nur das eine sagen: Ob die Umwandlung der Volksschule in eine Arbeitsschule, die auch den manuellen Arbeitsunterricht als wohlgepflegtes Unterrichtsfach in ihren Bildungsplan aufnimmt, eine Umwandlung, welche kommen wird und kommen muß trotz aller Widerstände, sich zum Segen oder Unsegen unseres Volkes entwickeln wird, das wird davon abhängen, ob der technische Lehrer und mit ihm die von langjähriger Erfahrung und eingehendem Verständnis gebildete gewissenhafte manuelle Betätigung auch in unseren deutschen Knabenschulen Einzug halten wird oder nicht. Schwierigkeiten, die sich hierbei in ungeteilten Schulen einstellen, lassen sich in verschiedener Weise überwinden, ähnlich wie die Schwierigkeiten für den weiblichen Handarbeitsunterricht in den gleichen Schulen. Der technisch gebildete Lehrer ist die unmittelbare Konsequenz der Forderung, daß unsere Volksschule auch die ungeheuren Massen derjenigen in der Richtung eines sittlichen Charakters erziehen will, deren intellektuelle Kräfte nicht ausreichen, auch rein geistige Kulturgüter zu erarbeiten, und damit aus der bloß geistigen Arbeit eine Schulung ihres Charakters zu gewinnen. Unsere Hilfsschulen, deren Handfertigkeitsunterricht so vielfach (nicht überall glücklicherweise) über den

Pegel der Spielerei nicht hinaussteigt, werden sehr viel besser noch organisiert werden können, wenn auch dort der pädagogisch durchgebildete
technische Lehrer den heutigen Dilettanten ersetzt.

VII. Zusammenfassung und Schlußbetrachtung

Das aber ist die Sehnsucht und die Sorge aller ernsten Reformer unserer Tage, daß unsere Volksschule ein Werkzeug für Charakterbildung
werde, auch für die überwiegend große Zahl der geistig schwächer Veranlagten. Die Erfahrungen des vergangenen Jahrhunderts haben uns gelehrt und lehren es immer mehr, daß die Pflege des gedächtnismäßigen
Wissens, das nur zu sehr den Geist unserer allgemeinen Volks- und höheren Schulen beherrscht, nicht zu jener Volks- und Menschenbildung führt,
welche die modernen Staaten von Tag zu Tag nötiger haben. Sie haben uns
gelehrt, daß das Schwergewicht aller Schulen weit weniger auf Anhäufung
des Wissens als auf die Entwicklung von geistigen, moralischen und manuellen Fähigkeiten zu legen ist, daß sie mechanische, aber von Einsicht in ihre Zweckmäßigkeiten getragene Fertigkeiten auszubilden
haben, welche der lebenspendenden produktiven Arbeit allzeit bereite, ge-
treue und gewissenhafte Diener liefert zur Vollendung der vom schaffenden Geist diktierten Werke, und daß dieser Weg der Ausbildung für einen
großen Teil unserer Bevölkerung der einzige ist, der in diesem Teil Männer
und Frauen von starkem, ehrlich gerichtetem Willen zu erzeugen vermag.
Indem die Arbeitsschule die Schule der selbständigen Erarbeitung der Bildungsgüter ist, in dem Sinne, wie ich es in
Kap. III und VI ausgeführt habe, und zwar einer Erarbeitung
durch die Gesamtheit des Seelenlebens, ist die Arbeitsschule
jene Organisation der Schule, der die Charakterbildung über
alles geht. Gerade dieses Zweckes halber sucht sie in ihrem Unterrichtsbetrieb Ernst damit zu machen, die Massenhaftigkeit und die damit
notwendig verbundene Oberflächlichkeit des Wissens aus der Schule zu
verbannen. Indem sie dabei einen Organisationsbetrieb des Unterrichts
sucht, der dem Kinde gestattet, möglichst viel Erfahrungswissen zu sam-
meln, baut sie von selbst der unmäßigen Zufuhr von bloß überliefertem
Wissen eine Mauer entgegen. Der Sinn der Arbeitsschule ist, mit
einem Minimum von Wissensstoff ein Maximum von Fertigkeiten, Fähigkeiten und Arbeitsfreude im Dienste staatsbürgerlicher Gesinnung auszulösen.
Ausgehend von dem äußeren höchsten sittlichen Gut im sittlichen Gemeinwesen, dem Kultur- und Rechtsstaat der Ethik, haben wir gefunden,
daß jede öffentliche Schule drei und nur drei Grundfragen zu lösen hat:

1. die Vorbereitung auf den zukünftigen Beruf des einzelnen im Staate; 2. die Versittlichung dieser Berufsbildung; 3. die Befähigung des Zöglings an der Mitarbeit der Versittlichung des Gemeinwesens selbst, dessen Glied er ist. Damit war die ethische Seite der Erziehungs- und Unterrichtsaufgabe der Schule bestimmt, die Richtung, welche die Charakterbildung einzuschlagen hat. Sie führte auf drei Forderungen:

a) In jedem Unterrichtsgebiet hat die Methode des Unterrichts dafür zu sorgen, daß durch die Arbeiten, die dem Schüler auferlegt werden, wo es immer möglich ist, die Vollendungstendenz sich entwickeln kann, und daß, sofern es das Bildungsgut erlaubt (was keineswegs bei allen der Fall ist), der Weg der Erarbeitung (vgl. S. 60 und 75) seiner geistigen Struktur beschritten wird. In allen Schulen sind die fruchtbarsten Unterrichtsgebiete für die Durchführung des Geistes der Arbeitsschule technische, konstruktiv-zeichnerische, physikalische, chemische, geometrische und arithmetische Arbeiten. In den höheren Schulen tritt noch das Übersetzen aus der fremden Sprache, besonders der alten klassischen Sprachen, als ausgezeichnetes Arbeitsfeld hinzu.

b) Gehören zu den notwendigen Bildungsgütern einer Schule auch technische Bildungsgüter, so hat die Schule auch einen besonderen manuellen Arbeitsunterricht als Fach einzugliedern. Dies ist vor allem für die Volksschule und für jene höheren Schulen, die ich als technische Gymnasien bezeichnet habe, unerläßlich.

c) Da moralische Eigenschaften nur innerhalb der sozialen Güter erarbeitet werden können, so ist für die Organisation aller Schulen das Prinzip der Arbeitsgemeinschaft überall, wo es sich durchführen läßt, ein Grundprinzip.

Die Forderung der Charakterbildung selbst ohne Rücksicht auf ihre ethische Richtung, vor allem die Bildung der Stärke und Festigkeit des Willens, der Klarheit des Urteils, ließ uns zunächst die Notwendigkeit von Freiheit und Mannigfaltigkeit der Betätigung auf allen Unterrichtsgebieten erkennen. Sie zeigte uns, daß auf allen Gebieten des durch eigene Erfahrung erwerbbaren Wissens die bisher begangenen Unterrichtswege in Wege der persönlichen Beobachtung und Erfahrung umzuwandeln sind, daß aber dieses Arbeitsprinzip, soweit es der manuellen Betätigung bedarf, nicht mechanisch auf die Unterrichtsgebiete des nur durch Überlieferung erwerbbaren Wissens übertragen werden darf. Sie lehrte uns weiter, daß der manuelle Arbeitsunterricht als Prinzip, sofern er nicht bloß der oberflächlichen Veranschaulichung, sondern auch der Charakterbildung dienen und ihr nicht direkt gefährlich werden soll, unwiderstehlich einen manuellen Arbeitsunterricht als Fach verlangt und damit auch an den Knabenabteilungen unserer deutschen Schulen einen neuen Typus von Lehrern, den technisch gebildeten Lehrer.

Endlich aber lehrt sie uns ein Letztes und Wichtigstes. Zu den Wurzeln der Charakterbildung gehört vor allem auch die Ausbildung der Urteilsklarheit, oder, was das gleiche ist, der logischen Denkfähigkeit. Sie ist nur erreichbar durch selbständige geistige Arbeit. Die selbständige geistige Arbeit ist noch mehr ein Kennzeichen der Arbeitsschule als die selbständige manuelle Arbeit. Das Beispiel in Kapitel III, die Herstellung eines Starenhauses aus vorgegebenem Material, mag es zur Genüge gelehrt haben. Nur hat sie in der Volksschule die allerbescheidensten Grenzen, und selbst innerhalb dieser können noch viele nicht genügend gefördert werden. Sie ist trotzdem das wesentliche Merkmal der Arbeitsschule, die ja auch die manuelle Arbeit zu selbständiger geistiger Tätigkeit schon im Rahmen der Volksschule anregen soll. Die selbständige geistige Arbeit verlangt aber möglichstes Zurückdrängen der alten Formen der Überlieferung von Wissen zugunsten aktiver Erarbeitung des Wissensstoffes überall da, wo und soweit es möglich ist. Dazu ist eine wesentliche Verminderung des gesamten Unterrichtsstoffes, weiterhin die Einführung von geeigneten geistigen Arbeitsstätten und Bibliotheken für Geschichte, Geographie, Naturkunde und Raumlehre, endlich eine entsprechend geistige Schulung der Lehrer unbedingt notwendig. Die Gewohnheiten des empirischen Denkens in Gewohnheiten logischen (oder, was das gleiche ist, wissenschaftlichen) Denkens umzuwandeln, das ist ein Grundmerkmal der Arbeitsschule, wie es eine Grundforderung der Charakterbildung ist.

Insoweit unsere höheren Schulen diese schwierigste aller Erziehungsaufgaben erfüllen, sind sie von selbst echte und rechte Arbeitsschulen. In der Fähigkeit, immer größere Gedankenketten mit logischer Strenge aneinanderzureihen zwecks Lösung geistiger Probleme, besteht das Wesen der sogenannten formalen intellektuellen Bildung. Nur vergessen wir immer, daß diese Fähigkeit sich nicht bloß dann zeigen soll, wenn wir am Schreibtisch in kühler Ruhe wissenschaftliche Fragen zu untersuchen haben, sondern vor allem auch im praktischen Verkehr mit den Menschen, wenn Vorurteile, Eitelkeit, Ehrgeiz, Leidenschaft die Wege unseres Denkens zu verlegen versuchen, wenn wir vor ganz unerwarteten Ereignissen stehen und plötzliche Entschlüsse nötig sind, wenn Liebe, Zuneigung, Freundschaft die kühle geistige Energie zu lähmen suchen. Die Erzeugung einer solchen Freiheit unserer logischen Fähigkeiten erfordert ganz andere Einrichtungen als die bloße Beschäftigung mit Algebra oder Geometrie, mit Griechisch, Latein, Französisch oder Englisch. Daß diese Einrichtungen an unseren deutschen höheren Schulen fehlen, darin liegt eben ihr großer Mangel, und an diesem Mangel leiden nicht bloß die vielgeschmähten Gymnasien, sondern auch die vielgepriesenen Oberrealschulen. Ja, die letzteren leiden meines Erachtens so lange noch in einem höheren Grade darunter, als ihre übermäßige Stoffüberladung die Schüler nicht einmal in der Ruhe der Studierstube zu festen Gewohnheiten des logischen Denkens in genügender Weise kommen läßt.

In der intensiven Beschäftigung besonders mit den alten Sprachen steckt ein ganz hervorragendes Stück Arbeitsschule für alle, deren angeborene oder anerzogene Interessen vom gegenständlichen Sachverhalt der alten Schriftsteller erfaßt werden. In keiner Güterreihe ist die tatsächliche Erarbeitung des Kulturgutes eine so selbstverständliche und kaum zu verfehlende Unterrichtsmethode wie in der Reihe der fremdsprachlichen Kulturgüter, in der Übersetzung dichterischer, philosophischer, historischer Werke. Daß diese Arbeitsschule so oft nicht erfolgreich ist, hängt nicht wenig davon ab, daß der Betrieb des Unterrichts diese Interessen nicht nur nicht zu entwickeln weiß, sondern vielfach direkt tötet. Ich spreche hier aus langer Erfahrung, nicht bloß aus Schülererfahrung, sondern noch mehr aus der Erfahrung als Lehrer am humanistischen Gymnasium. Es gibt tatsächlich wenige Schüler, die nicht ein natürliches Interesse für die Erzählungen Homers, für die Metamorphosen Ovids, für die lebendigen historischen Schilderungen Sallusts, für die Dramen des Sophokles, für die Oden, Episteln und Satiren des Horaz, für die Germania oder für die Annalen des Tacitus haben. Aber wenn, sei es, daß die sprachliche Entwicklung der Schüler noch nicht weit genug gefördert ist, sei es, daß zu vielerlei durcheinander getrieben wird, die Lektüre solcher Werke sich über viele Monate, ja über ein ganzes Jahr oder gar deren zwei hinzieht, dann erlahmt selbst bei gutem Unterricht naturnotwendig das Interesse, und nur eine ganz selten große Lehrpersönlichkeit kann die kaum mehr glühenden Kohlen durch ihr eigenes Feuer immer wieder anfachen. Mit dem Erlahmen des Interesses am Inhalt aber verliert das Werkzeug der klassischen Sprache des Altertums den besten Teil seiner Kraft, nicht bloß für die Erarbeitung des theoretischen wie ästhetischen Gesamtbildes eines Werkes, sondern auch in Hinsicht auf die Schulung zum logischen Denken. Ist vollends der Lehrer auch noch ein langweiliger oder sonstwie ungeeigneter Mensch, dann regiert die hier zu leistende Arbeit höchstens noch der eiserne Zwang und die Furcht vor unvermeidlichen Folgen, und der scharfe logische Sinn des Schülers ist nicht mehr auf die schwierigen Stellen seiner Klassiker gerichtet, sondern lediglich noch darauf, wie er auf bequeme aber sichere Weise dem Zwang und der Langeweile entgehen kann. Das ist freilich auch eine logische Schulung, aber eine höchst ungewollte und unmoralische.

Es gibt wirksame Mittel, diesen Gefahren zu entgehen. Das eine wäre, jedes Werk unter Ausschaltung aller anderen gleichzeitigen Lektüre der nämlichen oder auch einer zweiten oder dritten Sprache, also unter Zuhilfenahme der ganzen, den sämtlichen sprachlichen Zwecken eingeräumten Unterrichtszeit, die eine Woche bietet, so rasch, als es das scharfe Erfassen des Inhalts gestattet, vollständig durchzuarbeiten. Ist das Werk zu umfangreich, so müssen einzelne Teile in Übersetzung ganz oder auszugsweise vom Lehrer gegeben werden. Alles liegt daran, es in möglichst kurzer Zeit bis zum Schlusse zu lesen. Je jünger der Schüler ist, je kurzfristigere Ziele also das Interesse hat, desto wichtiger wird diese Forderung. Eine Lektüre der Odyssee, die sich über zwei oder gar drei Jahre erstreckt, trägt schon den Todeskeim in sich. Muß jeder Schüler jeden Vers präparieren? Können nicht Gruppen von Versen immer verschiedenen Schülern zugewiesen werden? Kann nicht der Lehrer selbst gewisse Gruppen übernehmen? Sollte nicht hier der Platz sein, den Gedanken der Arbeitsgemeinschaft und des Gruppenwetteifers in Bewegung zu setzen? Machen nicht freiwillige Schülerkränzchen längst das gleiche? Glaubt man, daß ein solcher literarischer Schülerverband auch nur ein halbes Jahr zusammenhalten würde, wenn er die literarische Kost eines Klassikers wochenweise in Teelöffelportionen einnehmen müßte wie der Kranke eine Medizin? Sobald die Homerlektüre beginnt, würde ich die lateinische Lektüre beiseite legen. Was schadet es, wenn vier bis fünf Monate hindurch Rom schweigt, solange Griechenland redet? Rom kann doch nachher um so besser wieder zu Worte kommen. Ich bin überzeugt, daß vor hundert und mehr Jahren, als die Schulbürokratie noch nicht so entwickelt war wie heute, die lateinischen Schulen in der Mehrzahl nur auf diese Weise die alten Klassiker gelesen haben.

Ein zweites wirksames Mittel ist der obligatorische stille literarische Vormittag. Am alten Gymnasium in Frankfurt hat er noch, wie mir Geheimrat Risser, ein ehemaliger Schüler dieses Gymnasiums, mitteilt, bis zum Jahre 1873 existiert. Jede Woche kamen die Schüler der Prima einen vollen Vormittag im Lesesaal des Gymnasiums zusammen, um nach freier Wahl sich der zusammenhängenden Lektüre eines Werkes der alten Klassiker hinzugeben. Abwechselnd führten Lehrer und Rektor der Anstalt die Aufsicht. Berichte vor der Klasse über den Inhalt des Gelesenen schlossen die Arbeiten des einzelnen ab. Der Besuch des Lesezimmers war ebenso eine Pflicht wie der Besuch des übrigen Unterrichts. Es ist mir durchaus verständlich, daß ein solches Unternehmen von Haus aus einen ganz anderen Betrieb des Sprachunterrichts schon voraussetzt, als wir ihn heute vielfach finden. Die Interessen der Schüler mußten von vornherein für eine solche Arbeit gewonnen sein, sonst ergäbe sich aus einer solchen Einrichtung nur eine Reihe verlorener Vormittage. Daß ein solcher Vormittag möglich und erfolgreich ist, ist ein sehr viel besserer Beweis für die Güte der Anstalt als alle Ergebnisse von Absolutorialprüfungen. An solchen Schulen kann man auch die Beschäftigungsmöglichkeiten erweitern. Es wäre durchaus zulässig, in den beiden Primen die Lektüre der Schüler auch auf die deutschen Historiker und Dichter, auf die moderne Wirtschaftsgeschichte, auf die allgemeine Staatslehre oder ähnliches auszudehnen, je nach den frei ausgesprochenen Neigungen der Schüler. Die Hauptsache ist, daß das Gymnasium jedem seiner Schüler Zeit gibt, einer Lieblingsneigung nachzugehen, welche nicht bloß das logische Denken fördert, sondern auch die Seele mit wertvollem Inhalt versieht, und daß es, wie die alte Frankfurter Schule, diese Beschäftigung in vornehmer Weise überwacht. Zum Wesen der Arbeitsschule gehört die Erzeugung von überschüssiger Arbeitsfreude. Ob die höheren Schulen diesen Ehrentitel der Arbeitsschule verdienen, das erkennen wir daran, daß ihre reiferen Schüler nicht bloß die Lust, sondern auch die Zeit finden, sich freiwillig mit wissenschaftlichen Arbeiten gemäß ihren Neigungen zu beschäftigen.

Mit diesen Betrachtungen über die selbständige geistige Arbeit an Volks- und höheren Schulen sind für mich die notwendigen Merkmale des Begriffes der Arbeitsschule erschöpft. Man erkennt, daß die neue Schule weder einen Bruch mit der Vergangenheit bedeutet, noch Undurchführbares verlangt, und daß all das Gute, was uns die bisherige Schule gegeben hat, reichlich Platz findet im Rahmen der zukünftigen Entwicklung. Was sonst von der neuen Schule verlangt werden mag, entspringt Forderungen der Didaktik. Didaktische Fragen sind aber zum größten Teil Fragen der Logik, zum andern Teil Fragen der Kinderpsychologie, zum dritten Teil Fragen, die von räumlichen, zeitlichen und wirtschaftlichen Verhältnissen abhängen und von den Bildungszwecken, welche die Gemeinschaft mit der einzelnen Schule verfolgt. Dabei fasse ich „Didaktik" in einem viel weiteren Sinne als im Sinne der bloßen Lehre eines Unterrichtsvorganges. Ich kann nicht auf alle diese didaktischen Forderungen eingehen. Nur eine einzige will ich noch beleuchten, die Frage der Konzentration des ganzen Schulbetriebes. Im Prinzip ist sie für mich gelöst in der Forderung, daß die Schule eine Vorbereitungsanstalt sein soll für den zukünftigen Beruf des Zöglings. Das kann freilich sehr wenig bedeuten, wie in den Volksschulen der großen Stadt, wo die Schüler einer Klasse allen möglichen manuellen Berufen zuwandern, die überdies von vornherein gar nicht bekannt sind; es kann aber auch sehr viel bedeuten, wie in kleinen reinen Landgemeinden, wo Knaben wie Mädchen dem Beruf des Landwirts bzw. der Hauswirtschaft entgegenwachsen. Daß Konzentration eine wesentliche Voraussetzung alles Erfolges ist, weiß jedermann. Aber nicht jene äußerliche Konzentration der Lehrplanschneider, sondern jene innere, die in einem und demselben Zeitabschnitt ihre Tätigkeit auf möglichst wenige Dinge richtet. Geradezu eine Verirrung der Konzentrationsidee aber ist es, die gegenwärtig landläufigen Unterrichtsfächer als Bildungskanäle überhaupt aufzugeben und den gesamten Wissensstoff im Anschluß an ein Lehrgebiet in ein willkürlich geordnetes System zu bringen. Alles menschliche

Wissen hat sich im Laufe der Kultur von selbst in geschlossene, wohlgegliederte Reiche gespalten, genötigt durch die Organisation unserer psychischen Funktionen. Nur in der dem jeweiligen Wissensstoff inhärenten Gliederung entfaltet er die ihm eigentümliche Bildungskraft. Nur in der geistigen Struktur der Wissenschaftsgüter, wie aller Güter überhaupt, liegt ihr immanenter Bildungswert.

Nur indem der Geist der Schüler an dieser Struktur sich emporarbeitet, sofern dies seiner geistigen Veranlagung nach möglich ist, wird dieses Gut zu einem Bildungswerkzeug für ihn und hilft ihm, die Gewohnheiten des logischen Denkens und die für die Charakterbildung notwendige Klarheit des Urteils zu entwickeln.

Diese übersichtlichen und durchsichtigen Kristallgebäude mit ihrer gesetzmäßigen Führung der Lichtstrahlen der Erkenntnis für Unterrichtszwecke zu zertrümmern und an ihre Stelle das diffuse Licht ihrer Scherbenhaufen zu setzen, das bringt nur der fertig, der keine Vorstellung hat von der Bildungskraft eines selbsterarbeiteten Systems geschlossener Erkenntnis. Selbst für den fachlichen Arbeitsunterricht ist der Unterrichtsgang zunächst durch sein eigenes Wesen bestimmt. Es kann keinen pädagogischen Sinn haben, den im Interesse einer immer stärkeren Willenszucht und einer immer sicherer werdenden Ausübung der elementaren mechanischen Arbeitsprozesse wohlgeordneten Gang seiner systematischen Entwicklung zu unterbinden, um eine sogenannte Konzentration mit allen übrigen Unterrichtsgebieten herzustellen. Nie darf diese Konzentration die ruhige Entwicklung gewisser später notwendiger Fertigkeiten stören. Das schließt natürlich durchaus nicht manuelle Betätigung in den sonstigen Unterrichtsbetrieben aus, ebensowenig wie der systematische Gang des Zeichnens, der gleichfalls ohne Rücksicht auf andere Fächer seine eigenen psychologisch fundierten Wege gehen muß, es ausschließt, daß aller Unterricht sich auch der graphischen Darstellung vom ersten Tage an als Ausdrucksmittel bedient.

Damit steht die Entwicklung unserer zukünftigen Schule in ihren wesentlichen Zügen klar genug vor unserem Auge. Ich habe nicht das Gefühl, daß wir, indem wir mit unserer ganzen Kraft dieser Entwicklung die Wege bahnen helfen, revolutionäre Neuerer sind. Ich habe im Gegenteil das Gefühl, daß wir alten, uralten pädagogischen Forderungen zum endlichen Siege verhelfen, indem wir streben, in unseren öffentlichen Volksschulen auch jenen ungeheuren Massen Bildung zu geben, für welche die ausschließlich geistige Arbeit kein Bildungsmittel sein kann. Was wir über eine notdürftige Einführung in den selbständigen Gebrauch von Schrift- und Zahlzeichen hinaus gegenwärtig diesen Massen geben, das ist nicht Bildung, sondern Bildungslack, der sehr bald reißt und springt und bei der überwiegenden Zahl der Schüler innerhalb weniger Jahre vollstän-

dig abbröckelt. Denn ein Wissen, zu dessen Erarbeitung keine aus praktischer oder geistiger Arbeit erwachsenden Probleme, mögen sie auch aller-
einfachster Art sein, den Schüler drängen, nach dem also kein innerli-
ches Bedürfnis im Schüler vorhanden ist, das geht ebensowenig mit der
Seele eine Verbindung ein wie der Asphaltlack mit der Glasplatte, auf die
er gestrichen wird.

Was heute von uns so heiß und mit aller Klarheit erstrebt wird, war vor
hundert Jahren schon von allen pädagogischen Köpfen schmerzhaft ver-
mißt. In Fichtes Nachlaß, Band III, S. 260 (Bonn 1834) finde ich folgende
drastische Darstellung seiner Empfindung: „Kaum entwickelt sich des
Kindes Organ zu dem ersten Lallen und bietet so unserer harrenden (Er-
ziehungs-)Kunst eine Blöße, so erhält es Worte statt der Dinge und Re-
densarten statt der Empfindungen. Bald werden ihm die lauten Worte, ein
der Anschauung noch immer zu nahe liegendes Schema, in tote Buchstaben verwandelt, bis durch Geläufigkeit auch diese ihre festen Formen verlieren und die Kinder in einem Meere von ungeformtem Buchstabenele-
ment, als ihrer eigentlichen Welt, schwimmen … Die höchste Kunst dieser
Erziehung ist die, ja auf keinem Schatten niedrer Potenz den Zögling
einen Augenblick verweilen lassen …, sondern ihn schnell zum Schatten
des Schatten, und zum Schatten wiederum des letztern Schatten und so
immer fortzutreiben … Auf diese Weise ist denn der Generation nur noch
eine Nebel- und Schattenwelt, ohne irgend einen sie tragenden Kern von
Anschauung, Wahrheit und Realität übrig geblieben."

Vor allem habe ich das Gefühl, daß wir in unseren Bestrebungen ganz
im Geiste dessen handeln, der so viel gepriesen und so wenig verstanden
wird, der uns in Lienhard und Gertrud, in den Briefen an Heinrich Geßner
und besonders im Schwanengesang so oft gelehrt hat, daß nur „die Arbeit
in der das Kind umgebenden Welt" der elementaren Volksschule ihre Bildungskraft gibt. Ja, ich wage es zu sagen: Ohne daß diese Worte sich genau
so in seinen Werken finden, war Pestalozzi der felsenfesten Überzeugung,
daß die Berufsbildung die Pforte der Menschenbildung ist.

Drei Generationen sind seit seinem Tode dahingegangen. Noch immer
harrt sein Werk der Vollendung. „Ich glaube es aussprechen zu dürfen",
sagt er in seiner Rede an sein Haus am 12. Januar 1818, „das Jahrhundert,
bei dessen Anfang unsere pädagogischen Nachforschungen begonnen,
wird noch an seinem Ende die ununterbrochene Fortsetzung unserer Anstrengungen in Händen von Männern sehen, die ihre Ansichten und Mittel
den vereinigten Kräften unseres Hauses danken." Der Flugsand der Ge-
dankenlosigkeit hat Berge über Wahrheiten geschüttet, die einst das Herz
des unermüdlichen Forschers nach Menschenbildung erfüllten. Aber wirk-
liche Wahrheiten steigen immer wieder wie Geister aus ihren Grüften auf
und wandern umher und beunruhigen die Herzen der Menschen, bis sie

endlich Erlösung und Ruhe finden in der Verwirklichung des realen Lebens. Wir alle, die wir mit wissenschaftlichem Ernst und hingebender Energie einer Schulorganisation die Wege bahnen, die dem Vater der Volksschule vor Augen schwebte, bringen diesen Geistern die ersehnte Erlösung. Vielleicht wird dann das Ende des 20. Jahrhunderts das in Vollendung schauen und genießen, was er am Anfang des 19. Jahrhunderts in heißen Kämpfen und in bitterer Not seiner Erkenntnis abgerungen hat.

Anhang: Ein Organisationsbeispiel für städtische Volksschulklassen

1. Vorbemerkungen

Die Arbeitsschule im Geiste der vorstehenden Entwicklung war 1914 in München in der gesamten Fortbildungsschule vollendet, in den obersten Klassen der Volksschule für Knaben und Mädchen angestrebt und teilweise durchgeführt. Für die systematische Durchführung in den übrigen Klassen der Volksschule war nur die königliche Schulbehörde zu haben; die städtischen Kollegien dagegen haben die relativ wenigen hierzu nötigen Mittel auf Antrag eines Lehrers verweigert. Nur für die Bildung zweier Versuchsreihen von je vier aufsteigenden Klassen haben sie im Jahre 1910 Mittel bereitgestellt. Die eine Reihe sind vier aufsteigende reine Knabenklassen, die andere Reihe vier aufsteigende, aus Knaben und Mädchen gleichmäßig gemischte Klassen. Eine dritte Reihe von reinen Mädchenklassen wurde nicht genehmigt. Aber auch die genehmigten Versuchsklassen konnten noch nicht das Ideal der Arbeitsschule verwirklichen. Sie waren gebunden an den offiziellen Lehrplan der normalen Schulklassen und hatten nur innerhalb seiner traditionellen Fächer Bewegungsfreiheit im Dienste der Arbeitsschulidee. Nur vier Jahre konnten sich die Versuchsklassen entfalten, gerade lange genug, um das nachfolgende Bild gewinnen zu lassen. Die Kriegsjahre erlaubten dann nur mehr wenige Klassen durchzuführen; der trostlose Friede wird auch diesen wenigen Klassen ihr Ende bereiten, wiewohl ich den ganzen Versuch in die Hände der Münchner Lehrerschaft mit meinem Ausscheiden aus dem Dienste gelegt habe.

Die Ablehnung einer Durchführung im großen Stil, wie bei der Fortbildungsschule, war teils auf die – wie wir nachher sehen werden – unbegründete Furcht vor zu großen Ausgaben, teils vielleicht auch auf die berechtigte Sorge um die Erhaltung von Bildungswerten der heutigen Buchschule zurückzuführen. Diese Sorge war vielleicht veranlaßt durch die teilweise freilich recht verkehrten Vorschläge, welche die Literatur über die Arbeitsschule gebracht hat, und durch die tatsächlichen mißverständlichen Auffassungen vom Wesen der Arbeitsschule, wie sie in ganz Deutschland beobachtet werden konnten.

Ich betrachte die Ablehnung, sofern nur die Versuchsklassen in Zukunft ernstlich gefördert werden, nach ruhiger Überlegung als kein Unglück mehr. Denn der Geist der Arbeitsschule verlangt eine wesentlich andere Lehrerbildung als die heutige. Solange die Lehrer selbst noch in Buchschulen erzogen werden, werden es immer nur wenige sein, die aus eigener Kraft in das Wesen der Arbeitsschule eindringen. Sind aber die Lehrerseminare erst einmal vom Geiste der Arbeitsschule erfüllt, dann wird sich dieser Geist unwiderstehlich auch in der Volksschule Bahn brechen. Denn die zur Durchführung nötigen Mittel sind nicht so groß, daß sie ein wesentliches Hindernis bilden könnten. Dies zeigt die Organisation der Versuchsklassen, die von 1910 bis 1914 in München im Gange war und die ich in Kürze nun hier schildern will.

Wenn die Arbeitsschule tatsächlich einen wesentlichen Fortschritt bedeutet, wenn die Durchführung des Arbeitsprinzips das aktive Interesse der Schüler an allen Unterrichtsgegenständen erhöht, so muß notwendigerweise in der Arbeitsschule bei geringerer Unterrichtszeit das gleiche erreicht werden können wie in der bisherigen Schule mit ihrer geringeren Aktivität der Schüler, aber größeren Unterrichtszeit. Demgemäß wurde die Unterrichtszeit in den beiden Unterklassen (erstes und zweites Schuljahr) einer Volksschule um etwa vier bis fünf Stunden verkürzt. Dagegen war es notwendig, die Klassen, die zwischen 44 und 50 Kinder zählten, in einer Anzahl von Unterrichtsstunden in zwei Abteilungen zu teilen, deren jede getrennt unterrichtet wurde. Denn das tatsächliche Erarbeiten von neuen Vorstellungen und die hierbei in gewissen Fächern notwendige manuelle Betätigung läßt sich nur mit einer mäßigen Schülerzahl durchführen. Eine durchgängige Teilung der Klasse, also eine Festlegung der Klassenziffer auf 22 bis 25 Schüler, ist durchaus nicht notwendig. Wäre sie notwendig, so könnte heute kein Schulverwaltungsbeamter im Ernste die Arbeitsschule in Vorschlag bringen. Der Hinweis auf die relativ kleinen Klassen in Schweden oder in Dänemark oder in gewissen Teilen der Vereinigten Staaten ist gedankenlos. Denn die relativ geringen Lehrergehälter dieser Länder erlaubten kleine Klassen weit eher, als es die Lehrergehälter in den großen Städten Deutschlands damals gestatteten. Eine auskömmliche Bezahlung des Lehrers und damit eine Sicherung der Lebens- und Arbeitsfreude ist aber auch für den Geist der Arbeitsschule wichtiger als die Festlegung einer so niederen Maximalfrequenz, die die Ausgaben für das Volksschulwesen einer Stadt wie München von 10 auf 20 Millionen mit einem Schlage hätte anschwellen lassen (im Jahre 1913). Eine durchgängig so niedrig gehaltene Maximalfrequenz ist aber auch gar nicht notwendig zur Durchführung der Arbeitsschule. Die Arbeitsschule hat ja nicht bloß die Einführung in die Welt des Wissens, Könnens und Wertens zu übernehmen, sondern auch die Einübung der durch die Einführung gewonnenen Kenntnisse, Fertigkeiten, Einstellungen. Bei der Einübung aber spielen Schülerzahlen eine sehr viel geringere Rolle als bei der Einführung. Ja, selbst bei der Einführung gibt es Unterrichtsgegenstände, die jederzeit Schülerzahlen von 40 bis 50 Kinder zulassen, nämlich jene, in welchen es sich nur um die Einführung in traditionelles Wissen handelt, das eben auch in aller Zukunft nur durch Wort und Buch gewonnen werden kann, und wo das Buch und das an seinen Inhalt anknüpfende Nachdenken direkt die geistige Arbeitsstätte bilden. Hierher gehören Geschichte, Religionslehre, Gebiete des Sprachunterrichtes sowie Teile des geographischen Unterrichtes.

Die Teilung der ersten Versuchsklasse erfolgte für zwei Stunden im Anschauungsunterricht, für zwei Stunden im Rechenunterricht, für zwei Stunden im Schreibleseunterricht, für zwei Stunden im Handfertigkeitsunterricht. Während also die Schüler rund 17 Stunden Unterricht hatten, war die Klassenlehrkraft mit 23 Stunden, der Fachlehrer für Holzbearbeitung mit 4 Stunden belastet. Die Abteilung A der Klasse kam gewöhnlich um 9 Uhr zur Schule, die Abteilung B um 10 Uhr. Von 10 bis 11$\frac{1}{2}$ Uhr waren beide Abteilungen vereinigt. Um 11$\frac{1}{2}$ Uhr verließ die Abteilung A die Schule, während die Abteilung B bis 12$\frac{1}{2}$ Uhr jene Lektionen erhielt, welche für die Abteilung A bereits zwischen 9 und 10 Uhr angefallen waren. Nachmittags war nur am Montag und Donnerstag in je einer Stunde Unterricht, für die Abteilung A von 2 bis 3 Uhr, für die Abteilung B von 2^{40} bis 3^{40} Uhr.

Über die Anordnung der Unterrichtszeit für die erste Klasse, Abteilung A (und dementsprechend auch für die Abteilung B) gibt nachstehende Wochentabelle Aufschluß.

Zu diesem Wochenstundenplan ist zu bemerken: Die Unterrichtszeiten sind in Minuten beigesetzt. Die Pausen zwischen den Unterrichtslektionen sind nicht angegeben. Die Unterrichtslektionen in Kursivdruck sind für beide Abteilungen A und B gemeinsam. Um aus dieser Wochentabelle den Unterrichtsplan für die Abteilung B zu erhalten, sind lediglich die gleichen Unterrichtsfächer, die für die Abteilung A von 9 bis 10 Uhr aufgeführt sind, für die Zeit von 11$\frac{1}{2}$ bis 12$\frac{1}{2}$ Uhr anzufügen; mit anderen Worten: die Abteilung A kam täglich von 9 bis 11$\frac{1}{2}$ Uhr, die Abteilung B von 10 bis 12$\frac{1}{2}$ Uhr am Vormittag, und außerdem die Abteilung A montags und donnerstags von 2 bis 3 Uhr, die Abteilung B an den gleichen Tagen von 2^{40} bis 3^{40} Uhr zum Unterricht. Nur am Mittwoch und Sonnabend waren beide Abteilungen von 9 bis 11$\frac{1}{2}$ Uhr gemeinsam, die Abteilung A am Mittwoch, die Abteilung B am Sonnabend noch weitere 30 Minuten anwesend. Vier Nachmittage waren unterrichtsfrei.

Montag	Dienstag	Mittwoch	Donnerstag	Freitag	Samstag
Vormittag					
9—10 Rechnen (30) Schreiblesen (30)	Anschauungsunterricht (60)	*Schreiblesen (30) Singen (30)*	Rechnen (30) Schreiblesen (30)	Anschauungsunterricht (60)	*Schreiblesen (30) Singen (30)*
10—11 *Religion (60)*	*Schreiblesen (40) Turnen (20)*	*Rechnen (40) Turnen (20)*	*Religion (60)*	*Schreiblesen (40) Turnen (20)*	*Rechnen (40) Turnen (20)*
11—12 *Anschauungsunterricht (30)*	*Rechnen (30)*	*Anschauungsunterricht (30)* Rechnen (Abt. A) (30)	*Anschauungsunterricht (30)*	*Rechnen (30)*	*Anschauungsunterricht (30)* Rechnen (Abt. B) (30)
Nachmittag					
2—3 Schreiblesen (40) *Turnen (20)*	—	—	Schreiblesen (40) *Turnen*	—	—

Die Teilung der zweiten Versuchsklasse erfolgte in dem gleichen Zeitausmaße wie in der ersten, im Rechnen, im Anschauungsunterricht und in
der Handfertigkeit; sie unterblieb dagegen im Unterricht im Deutschen.
Die weiteren Fragen in bezug auf die Verteilung der Unterrichtszeit auf
die einzelnen Unterrichtsfächer beantwortet der S. 81 abgedruckte Wochenstundenplan.

Für den einzelnen Schüler ergeben sich hierbei wöchentlich 18 Unterrichtsstunden, für die Klassenlehrkraft 23, für den Fachlehrer in Holzbearbeitung 4 Unterrichtsstunden. Für die Kinder waren fünf Nachmittage
unterrichtsfrei, für die Klassenlehrerin deren vier.

Was die Teilung der dritten und vierten Klasse betrifft, so erstreckte
sie sich auf zwei Rechenstunden, eine Unterrichtsstunde in der Heimatkunde und die beiden Stunden in Holzbearbeitung. Die Zahl der Unterrichtsstunden betrug für die Knaben 22; sie erhöhte sich auf 24 bei den
Mädchen durch Einfügung von 2 Stunden Unterricht in weiblicher Handarbeit, der nunmehr einer besonderen Lehrerin übertragen wurde. Für
den Klassenlehrer erwuchsen demnach 25 Stunden Unterricht, für den
Fachlehrer in Holzbearbeitung 4, für die Fachlehrerin für weibliche Handarbeit 2. Das sonstige Stundenausmaß ist aus der S. 82 abgedruckten Wochenstundentabelle zu ersehen. In allen drei Wochenstundenplänen ist die
dem Lehrgegenstande in Klammern beigefügte Zeit um die Pausen zu
verkürzen, welche für eine geeignete Erholung notwendig waren. An Stelle der Teilung einer Klasse in einem praktischen Unterrichtsgegenstand
kann man auch in der ungeteilten Klasse gleichzeitig zwei Fachlehrkräfte
arbeiten lassen.

	Montag		Dienstag		Mittwoch	
	A	**B**	**A**	**B**	**A**	**B**
Vormittag						
8—9	Religion (60)	Religion (60)	Holzbearbeitg. (60)	—	—	Religion (60)
9—10	Rechtschreiben (30) Singen (30)	—	Holzbearbeitg. (60)	Rechnen (30)	—	Lesen (30) Rechtschreiben (30)
10—11	Lesen (30) Schönschreiben (30)	—	Rechnen (30)	Holzbearbeitg. (60)	—	Turnen (30) Anschauungsunterricht (30)
11—12	—	Rechnen (30)	—	Holzbrbeitg. (60)	Rechnen (30)	—
Nachmittag						
2½—3	Rechnen (30)	—	—	—	—	—
3—4	Ausschneid. (60)	—	—	—	—	—

	Donnerstag		Freitag		Samstag	
	A	**B**	**A**	**B**	**A**	**B**
Vormittag						
8—9	—	Rechnen (30)	Rechnen (30)	—	—	Rechnen (30)
9—10	Turnen (30)	Turnen (30)	Lesen (30)	Lesen (30)	—	Lesen (30)
10—11	Anschauungsunterricht (30) Singen (30)	—	Turnen (30) Rechtschreiben (30)	—	Rechtschreiben (30) Turnen (30)	—
11—12	Rechnen (30)	Schönschreiben (30)	—	Anschauungsunterricht (30) Rechnen (30)	Rechnen (30)	Anschauungsunterricht (30)
Nachmittag						
2½—3	—	Rechnen (30)	—	—	—	—
3—4	—	Weibl. Handarbeit (60)	—	—	—	—

Ich hätte diese Wochenstundenpläne übrigens nicht zum Abdruck ge-
bracht, hätte ich nicht dadurch die tatsächliche Durchführbarkeit eines
Vorschlages illustrieren wollen, den ich auch ganz ohne Rücksicht auf die
Organisation der Arbeitsschule seit vielen, vielen Jahren empfehle, dessen
Durchführbarkeit aber auch von meinen eigenen Schulleitern bezweifelt
wurde. Ich meine die partielle Klassenteilung. Wir sind aus ökonomi-
schen Rücksichten noch auf lange Zeit hinaus genötigt, in den großen
Städten Klassen bis zu 50, 60, ja in vereinzelten Fällen noch mehr Kindern
zu bilden. In solchen Klassen lassen sich gewisse Zwecke noch fördern, an-

	Donnerstag A	Donnerstag B	Freitag A	Freitag B	Samstag A	Samstag B
Vormittag 8—9	Religion (60)	Religion (60)	—	Rechnen (60)	Lesen (60)	Lesen (60)
9—10	Rechtschreiben (60)	Rechtschreiben (60)	Turnen (30) / Heimatkunde (30)		Turnen (30) / Sprachlehre (30)	
10—11	Turnen (30) / Lesen (30)		Aufsatz (60)		Heimatkunde (60)	
11—12	Weibliche Hand-arbeit (60)		Singen (60)		Schönschreiben (30) / Bibel (30)	
Nachmittag 2—3	Rechnen (60)		—	—	—	—
3—4	Heimatkunde (60)		—	—	—	—

	Montag A	Montag B	Dienstag A	Dienstag B	Mittwoch A	Mittwoch B
Vormittag 8—9	Religion (60)	Religion (60)	Rechnen (60)	—	Holzbearbeitg. (60)	—
9—10	Rechtschreiben (60)	Rechtschreiben (60)	Aufsatz (60)		Holzbearbeitg. (60)	Rechnen (60)
10—11	Heimatkunde (30) / Lesen (60)		Sprachlehre (30) / Turnen (30)		Rechnen (60)	Holzbearbeitg. (60)
11—12	Weibliche Hand-arbeit (60)		Schönschreiben (30) / Bibel (30)		—	Holzbearbeitg. (60)
Nachmittag 2—3	—	Rechnen (60)	—	—	—	
3—4	—	Heimatkunde (60)	—	—	—	

dere Zwecke aber in keiner Weise. Es ist völlig ausgeschlossen, zum Bei-spiel einen wirklichen Anschauungsunterricht auch nur bei 50 Kindern zu erteilen. Hier muß die Klasse wenigstens in den Beobachtungsstunden un-bedingt geteilt werden. Es verursacht unendliche Mühe, Klassen von 50 oder 60 Kindern in gewisse Rechen- und Sprachbegriffe gemeinsam ein-zuführen. Die Einführung in das Schreiben und Lesen ist ebenfalls we-sentlich erleichtert durch Teilung der Klasse im Schreiblesen. Eine Teilung der Klasse in einigen Stunden wird die Aufgabe ungemein erleichtern, weil alsdann der Lehrer viel eher an den einzelnen Schüler herankommt, ganz abgesehen davon, daß die Aufmerksamkeit einer kleinen Schar mit einem Blick viel leichter zu lenken ist als die einer großen Schar. Von der notwendigen Teilung der Klasse im Zeichnen, in Physik, Chemie, Handfertigkeit, will ich gar nicht reden. Weil wir solche Teilungen nie vorgenommen haben, waren wir genötigt, die Menge der Stundenzahlen für einzelne Fächer in der Volksschule ständig zu vermehren, um auch große Klassen entsprechend vorwärtszubringen.

Ein sehr viel gesünderer Ausweg ist, die Stundenzahl für den Schüler möglichst gering zu halten, für den Lehrer aber durch partielle Klassenteilung zu mehren.

Das verursacht so lange keine Kosten, als die Lehrer unter ihrem Pflichtstundenmaße beschäftigt sind, und vermehrt die Arbeitslast des Lehrers gleichwohl nicht, weil die ungleich größere Leichtigkeit und Fruchtbarkeit des Unterrichtes in kleinen Abteilungen die physische und psychische Kraft des Lehrers sehr viel weniger in Anspruch nimmt. Nur der Wochenstundenplan macht einiges Kopfzerbrechen, ebenso wie das Eintreffen der Kinder im Schulgebäude zu verschiedenen Zeiten. Daß aber die Beseitigung dieser kleinen Schwierigkeiten durchaus möglich ist, das eben sollen die drei Wochenstundenpläne und die an ihnen gemachten Erfahrungen zeigen.

Was den Inhalt der einzelnen Unterrichtsgebiete betrifft, so ist er durch den im Jahre 1911 vom Staatsministerium genehmigten Lehrplan für die sämtlichen Volksschulen Münchens festgelegt. Der mehr als zwölfjährige Krieg gegen den Lehrplan war zu Ende. Der Lehrplan hatte auf der ganzen Linie gesiegt. Er war einst nur schüchtern vom Gedanken der Arbeitsschule beeinflußt entstanden. Gleichwohl bot er einer bescheidenen Durchführung des Geistes der Arbeitsschule kein Hindernis. Die einzige Abweichung der Versuchsschule bildete die Aufnahme von fachlichem Arbeitsunterricht auch in die Knabenklassen, und zwar in Verbindung mit dem Anschauungsunterricht und dem Unterricht in der Heimatkunde. In den Mädchenklassen war er schon seit vierzig Jahren vorgeschrieben.

Natürlich würde völlige Freiheit der Versuchsklassen ein ganz anderes, vollkommeneres System des Unterrichts erlaubt haben.

2. Durchführung des Lehrplanes in den zwei Unterklassen

a) Anschauungsunterricht mit Zeichnen und Handarbeit. Der Anschauungsunterricht mit Zeichnen und Handarbeit in Klasse I und II machte die eigenen Erfahrungen der Kinder zum Mittel- und Ausgangspunkt seiner Tätigkeit. Gemäß dem Münchner Lehrplan hat er die Aufgabe, auf Grund der Schärfung und Übung der Sinnestätigkeit das denkende Beobachten zu wecken und zu fördern, die vorhandenen Vorstellungen zu klären, zu ergänzen und zu ordnen und neue, grundlegende Vorstellungen und Begriffe zu bilden. Diese Erfahrungen wurden teils aus der praktischen Tätigkeit der Schule, teils aus dem häuslichen Leben der Familie entnommen. Zum Beginn des Schuljahres gingen der eigentlichen manuellen Arbeit Übungen voraus, die auf Schärfung der Sinne abzielten. Diese Übungen wurden zum Teil dem Werke von M. Montessori „Il Metodo della Pedagogia Scientifica" entnommen und verliefen für gewöhnlich unter dem Charakter des eigentlichen Kinderspieles. Selbstverständlich wurden sie auch während des ganzen Jahres nicht außer acht gelassen und zu geeigneter Zeit mit geeigneten Tätigkeiten verbunden. Sie erstreckten sich auf das Erkennen von Farben und Formen, von Klängen nach Höhe und Stärke des Tones, auf Schätzungen des Gewichtes verschiedener Stoffe, auf Erwerbung von Tastvorstellungen für die verschiedenartigsten Materialien, auf Ausbildung von Geruchs- und Geschmacksvorstellungen einfacher wohlunterscheidbarer Art und endlich auch auf die Regulierung und Orientierung von Bewegungsempfindungen. Eine Reihe von Materialien diente diesem Zwecke. Der Arbeitsunterricht, der mit dem Anschauungsunterricht aufs engste verbunden wurde, erstreckte sich in der ersten Klasse auf Nähen, Stricken, Flechten, Holzarbeit, Gartenarbeit und sogenannte häusliche Beschäftigungen. Knaben wie Mädchen hatten den gleichen Arbeitsunterricht, so daß also einesteils die Knaben sowohl am Unterricht im Nähen und Stricken teilnahmen als auch die Mädchen am Unterricht in der Holzarbeit. In den zweiten Klassen trat bei Knaben wie Mädchen die Holzarbeit in den Vordergrund. Daneben wurden die Knaben in einer besonderen Stunde mit Zeichnen und Ausschneiden, die Mädchen mit Flechten, Stricken, Nähen beschäftigt. Gartenarbeit und häusliche Beschäftigungen fanden neben der Schulzeit systematische Berücksichtigung. Anderweitige einwandfreie (vgl. S. 86) Beschäftigungen, wie Papierfalten für bestimmte Zwecke, Papparbeiten, Weben auf Handwebestühlen wären zulässig gewesen. Sie wurden aber nicht berücksichtigt, um die Arten der Beschäftigung nicht zu zahlreich zu machen und so eine gründlichere Schulung in der einzelnen Beschäftigungsart zu ermöglichen. Auch wurden die erstgenannten Beschäftigungen vorgezogen, weil sie dem häuslichen Leben des Kindes wesentlich näher liegen.

Sobald es möglich war, wurden die praktischen Arbeiten vom Gesichtspunkt der Arbeitsgemeinschaft aus organisiert, das heißt vom Standpunkt der Dienst- und Hilfsbereitschaft der Kinder gegeneinander und der gemeinsamen Unterordnung unter eine gesteckte Aufgabe. Die Art der Durchführung mußte sich natürlich über den Kindergartenstandpunkt erheben. Es handelt sich in der Volksschule nicht mehr bloß darum, die Kin-

der vernünftig zu beschäftigen, sondern auch darum, die manuelle Geschicklichkeit systematisch zu steigern, den Willen zu immer vollendeterer
Gestaltung des Arbeitsproduktes zu erziehen und so den Spieltrieb mehr
und mehr in den Arbeitstrieb umzuwandeln, das heißt die Tätigkeit des
Kindes mehr und mehr einem gewollten Zwecke und gewissen für die
Zweckerreichung notwendigen Regeln zu unterwerfen. Gewisse Arbeitsgebiete werden immer lehrplanmäßig bevorzugt werden müssen, wie mannigfaltig auch die Art der Beschäftigung nach der Neigung des Lehrers
und der Kinder, nach den Anlagen der Kinder und den Unterrichtseinrich-
tungen sein mag. Auch innerhalb bestimmter Arbeitsgebiete ist noch eine
weise Beschränkung auf w e n i g e   m a n u e l l e Fertigkeiten geboten, damit
sie im Laufe der ersten Schuljahre zu entsprechender Sicherheit entwickelt werden können. Ob die wenigen ausgewählten Arbeitsgebiete den
physischen und geistigen Kräften des Kindes entsprechen, das dürfte wohl
daraus am besten zu ersehen sein, ob die Mehrzahl der Schüler auch ohne
Zutun der Schule in reiner Verfolgung ihres Nachahmungstriebes ähnliche
Beschäftigungen bei ihren häuslichen Tätigkeiten und Spielen aufsuchen
und anwenden.

In welcher Weise die manuelle Tätigkeit mit den lehrplanmäßigen The-
mata des A n s c h a u u n g s u n t e r r i c h t s in Verbindung stand, ergibt sich
aus folgender Übersicht. Der ersten Klasse fielen lehrplanmäßig folgende
Aufgaben zu:

1. A u f g a b e (Turnsaal und auf dem Spielhofe): Herstellung von Holz-
stäben mit angefeilten Kuppen, von Leitern, von Griffen für Sprungseile. –
Herstellung eines Sprungseiles durch Stricken über die Spule. 2. A u f g a b e
(Auf der Straße): Herstellung von Holzwürfeln, einer Holzschranke und
eines einfachen Lastwagens aus Fadenspulen und Brettchen. 3. A u f g a b e
(Der Garten im Herbst): Herstellung von Blumenstäben aus Holz, Nähen
von Samensäckchen aus Gaze. 4. A u f g a b e (Das Weihnachsfest): Herstellung eines Täschchens für den Weihnachtstisch, einer Serviettentasche;
Herstellung eines Holzbaukastens aus vierkantigen und dreikantigen Säulen. 5. A u f g a b e (Schnee und Eis): Flechten eines Untersatzes; Herstellung eines Schlittens aus Holz. 6. A u f g a b e (Bei der Näherin): Herstellung eines Lineals mit Zentimetermaß, einer Reißschiene, einer Re-
chentabelle mit Reißschiene und Maßstab. Anfertigung von Schnitten für
Puppenhemd, -unterrock und -kleid. Nähen von Puppenwäsche nach gefertigten Schnitten. 7. A u f g a b e (In der Küche zur Osterzeit): Färben von
Ostereiern. 8. A u f g a b e (Der Schulgarten im Frühling): Herstellung von
Blumenkisten, eines Holzzaunes für die Blumenkisten, Ansäen und An-
pflanzen in den Blumenkisten, Flechten eines Blumenkorbes, Flechten
eines Obstkorbes aus Raffia. 9. A u f g a b e (Bei der Obstlerin): Modellieren von Früchten (versuchsweise).

Neben diesen Handarbeiten gingen außerdem häusliche Beschäftigungen her. Sie umfaßten die Ordnung und Sauberkeit im Schulzimmer und im Arbeitsraum, also Kehren, Abstauben, Putzen, Waschen, Beihilfe der Kinder zur Herstellung von Weihnachtsgebäck und Ostereiern. Die Gartenarbeit beschränkte sich im Herbst wegen vielfach ungünstiger Witterung auf Einsammeln von Samen, Einschlagen von Blumen und Zwiebeln in Töpfe und in freiem Gartenland unter Sicherung gegen Frost durch Bedecken mit Erde. Die Töpfe wurden im Frühjahr der Erde entnommen, und die Zwiebelpflanzen bildeten wochenlang in blühendem Zustande eine Zierde des Schulzimmers. Im Sommer pflegten die Kinder außer den neu angepflanzten Blumen unter Anleitung der Schülerinnen der achten Klasse den Schulgarten der achten Klasse der Schule an der Hohenzollernstraße. Die Klassenlehrerin machte dabei über den Verkehr der größeren Mädchen mit den Kindern der Versuchsklasse die besten Erfahrungen. Auch die Erziehungsarbeit der Schülerinnen der achten Klasse erfuhr bei dieser Arbeitsgemeinschaft, an der Große wie Kleine mit gleichem Eifer und sichtlicher Freude beteiligt waren, eine nicht unwesentliche Vertiefung.

Die zweite Klasse hatte folgende Aufgaben zu behandeln:

1. Aufgabe (Schulhaus): Faustskizzen von Grundrissen auf der Tafel. Herstellung eines Tafellappens im Strickunterricht. Zeichnen von Tafel, Federhalter, Griffel. 2. Aufgabe (Am Neubau): Herstellung eines Holzhauses durch Arbeitsgemeinschaft in der Werkstatt. Zeichnen und Ausschneiden von Häusern. 3. Aufgabe (Schulgarten im Herbst): Die im ersten Schuljahre gefertigten Blumenkisten (vgl. S. 85 Aufg. 8) werden mit Blumenzwiebeln bepflanzt. Zeichnen von Blumenformen, Ausschneiden in Buntpapier und Zusammenstellen zu einem Bukett als Klebearbeit. 4. Aufgabe (Die Uhr): Anfertigung von Zifferblättern aus Karton mit beweglichen Zeigern. Herstellung eines Zifferblattes aus Holz mit Anbringung von gekauften Metallzeigern. Herstellung einer Sonnenuhr; Anlegung eines Wetterkalenders. Die Mädchen stricken Pulswärmer. 5. Aufgabe (Die Küche): In der Holzwerkstätte Herstellung eines Nudelbrettes mit Nudelwalker. Die Mädchen stricken einen Topflappen; die Knaben zeichnen und schneiden Küchenherde aus. 6. Aufgabe (Beim Schreiner): In der Holzwerkstätte Herstellung eines Stuhles mit Geflecht. Besuch einer unserer großen Schülerwerkstätten für die obersten Klassen. Zeichnen und Ausschneiden von Werkzeugen. 7. Aufgabe (Waschhaus): Waschen und Aufhängen, Flechten eines Nähkorbes. 8. Aufgabe (Die fünf Sinne): Gab zu besonderen praktischen Tätigkeiten keine Veranlassung, außer eben zur Betätigung der Sinne selbst in Sinnesübungen aller Art. (Vgl. dazu auch die Übungen in der ersten Klasse.) 9. Aufgabe (Am

Aquarium und Terrarium der Schule): Vor den Augen der Schüler wird ein Aquarium angelegt. Die Kinder bauen in der Werkstätte Raupenkästen. Beobachtung der Entwicklung von Raupen. Zeichnen von Schmetterlingen. 10. Aufgabe (An der Isar): In der Werkstätte wird in Arbeitsgemeinschaft eine Holzbrücke hergestellt. Knaben und Mädchen nähen Fahnen zum Ausflug in das Isartal. 11. Aufgabe (In den Anlagen): Praktische Arbeiten im Schulgarten. Pflege der aus Samen gezogenen Balsaminen, Sonnenblumen, Begonien, Tannen, Fichten, Zirbelkiefern. Zeichnen von beobachteten Blättern, Blumen, Früchten. Zeichnen eines Starenhäuschens; Ausschneiden.

Das ganze Jahr über wurde auch den Aufgaben der häuslichen Beschäftigungen Aufmerksamkeit zugewendet. Sie bezogen sich wie im Vorjahre auf Ordnung und Sauberkeit im Schulzimmer, Gang und in der Garderobe. Die Arbeiten wurden von Knaben wie Mädchen mit gleichem Eifer betrieben. Die Kinder stellten im Wechsel selbst ihre Wächter und Ordner auf: einen Knaben für die Garderobe, einen Knaben und ein Mädchen für die Überwachung des Eintrittes in das Schulzimmer, drei Mädchen für die Reinhaltung der Tafelwände, je einen Knaben und ein Mädchen für die Überwachung der Fensterbretter, der auf ihnen aufgestellten Gegenstände und der Pflege der dort befindlichen Blumen. Dabei wurden Untergruppen gebildet. Ein Knabe sorgte für die Verwahrung und Ausgabe verschiedener Schlüssel, ein Mädchen für die Kalenderaufzeichnungen. – Zur Pflege des Aquariums wurde ein Mädchen aus der siebenten Volksschulklasse herangezogen, welches die kleineren Mädchen der zweiten Klasse auch zu belehren und anzuweisen hatte. Zur Beobachtung stand auch ein Geflügelhof (mit Hühnern, Hahn, Ente, Gans, Puter) zur Verfügung, dessen Pflege der Schulhausmeister hatte. Der sonstige Beobachtungsunterricht vollzog sich teils im Werkraum (experimenteller Teil), teils im Schulzimmer, teils im Freien. In das Schulzimmer wurden jene Beobachtungsübungen verlegt, die keine waagerechten Tische und wenige Werkzeuge erforderten. – Das Zeichnen beschränkte sich auf gedächtnismäßige Darstellung einzelner Gegenstände, die Inhalt des Anschauungsunterrichtes waren und die jeder Schüler beim Anschauungsunterricht in der Hand hatte oder mit denen er im Beobachtungsunterricht arbeitete (Spielsachen, Werkzeuge, kleine Hausgeräte).

b) Rechnen. Für die erste Klasse kam lehrplanmäßig der Zahlenraum 1 bis 20 in Betracht. Es war Bedacht darauf genommen, daß jedem Kinde Veranschaulichungsobjekte zur Verfügung standen, an deren Hand es die Veranschaulichung in selbständiger Weise vornehmen konnte. Selbstverständlich wurde von Anfang an ein großes Gewicht darauf gelegt, die Kinder nicht bloß zum Abschätzen, sondern auch zum genaueren Messen anzuhalten und damit schon die einfachsten Zahlenbegriffe zu entwickeln.

Pappscheiben, Knöpfe, Stäbchen, Fadenspulen, Perlenketten, gestanzte Kupfer- und Nickelmünzen in selbstgefertigten Geldbörsen und vor allem die gesamte manuelle Tätigkeit in der Holzbearbeitung, die mit einem beständigen Schätzen, Messen und Vergleichen verbunden ist, dienten der Durchführung des Arbeitsprinzips im Rechenunterricht.

Einen besonderen Weg schlug im Schuljahre 1915/16 Fräulein Merxmüller ein. Sie berichtet:

„Wenn auch infolge der starken Beschränkung der Unterrichtszeit von einer weitgehenden sachlichen Beschäftigung heuer keine Rede sein konnte, wurde doch versucht, auch den Rechenunterricht so gut als möglich im Sinne der Arbeitsschule zu gestalten. Da durfte im Vordergrunde nicht die von außen diktierte, einem unfaßbaren Lehrzwecke dienende Rechenaufgabe stehen, nicht der streng geregelte methodische Aufbau, der von außen festgelegte Fortschritt von einem Rechenvorgang zum andern und von einer Stufe zur andern – sondern Gelegenheiten zum Beobachten und Entdecken mußte das Kind haben, damit es seine Kraft erprobe und einem inneren Zwange gemäß darangehe, an den grobsinnlichen Erscheinungen rechnerischen Problemen nachzuspüren.

Bei den Beschränkungen des Schulbetriebes durch die Kriegsverhältnisse war es eine dringende Angelegenheit, das ganze Schulleben und alle Unterrichtsstunden auch für diese Zwecke auszubeuten. Besonders wertvoll erwiesen sich folgende besondere Einrichtungen:

1. Das Illusionsspiel der ersten Schultage mit Stäbchen und Würfeln vorne vor aller Augen auf einem großen, schräggestellten Rechenbrett.

2. Die rhythmischen Verzierungen zeitweilig angebracht an den Überschriften der Tafellesestücke. Die Bewunderung von Form, Farbe, Regelmäßigkeit führte zur genauen Beobachtung für die Zwecke der Nachahmung, zur Klarstellung rechnerischer Verhältnisse und zur ganz selbständigen Bildung von Rechenaufgaben.

3. Rechenkarten, welche nach ähnlichen Gesichtspunkten ausgestaltet waren und uns wochenlang interessierten und auf das fruchtbarste beschäftigten.

4. Das Einkaufen vorne auf dem großen Rechenbrett mit Münzen aus Papier geschnitten, eine Arbeit, die völlig nach den Einfällen und Angaben der Kinder geleitet war und eine unglaubliche Gewandtheit und Sicherheit im Rechnen erzeugte.

Unter Verzicht auf alle methodischen Kunststücke, die ja den Kindern nur das Denken ersparen, gab es keine vorausschauenden Erklärungen und Entwicklungen von Rechenvorgängen, wie sie etwa im Rechenbuch beim Überschreiten des Zehners angedeutet sind, keine typischen Zahlbilder, kein geregeltes Finger- und Zählmaschinenrechnen. (Ich gestatte mir einzufügen: Quod licet Iovi, non licet bovi.)

Mit der größten Selbständigkeit ohne Aufgabenstellung und aufdringliche Hinweise erarbeiteten sich die Kinder am Wechsel der auftretenden Erscheinungen des Schullebens einen Rechenvorgang um den andern. Jede Stunde brachte Neues an Inhalt und Form. Das einzelne Kind eignete sich immer zuerst das an, was es seinen inneren, in Entwicklung begriffenen Spannkräften gemäß aufzunehmen imstande war. Die andern folgten, jedes zu seiner Zeit, es war kaum ein halbes Jahr vergangen, als die ganze Schar über das Ziel der 1. Klasse hinausdrängte, um in der Folge auch weit darüber hinauszuwachsen."

Für die zweite Klasse war der Zahlenraum 1 bis 100 vorgeschrieben. Eine so mannigfaltige Veranschaulichung der Rechenvorgänge, wie in der ersten Klasse, war nicht mehr nötig. Große und kleine Zählmaschinen, Schätzen bei allen Beobachtungen, Messen und Zählen in der Werkstätte und im Klassenraum, vor allem aber auch Kaufen und Abwägen von Waren an dem in der Schule aufgestellten Kaufladen boten eine Fülle von konkreten Übungen. Zum Messen konnten bereits Maßbänder und Meßapparate für Flüssigkeitsmaße verwendet werden. Die Einrichtung des Kaufladens bestand aus Tüten, die von den Kindern selbst hergestellt und mit verschiedenen Waren gefüllt waren, aus einer zweischaligen Krämerwaage mit entsprechendem Gewichtssatz. Unter allergrößter Anteilnahme der Kinder vollzogen sich die Rechenoperationen am Kaufladen. Sie wurden von allen gemeinsam in der Bank mitgemacht mit Hilfe der im Vorjahre gefertigten und mit gestanzten Kupfer- und Nickelmünzen gefüllten Geldbörsen. Während nämlich draußen vor den Bankreihen das Abwägen und die Auszahlung von zwei Kindern ausgeführt wurde, hatten alle Kinder in den Bankreihen mit Gewichtsschablonen den Vorgang des Wägens nachzumachen und ebenso mit Hilfe der zur Verfügung stehenden Münzen, die um einige Fünfzigpfennig- und Markstücke in diesem Jahre vermehrt worden waren, alle Rechenoperationen anschaulich nachzubilden. So entwickelten sich leicht die grundlegenden Operationen des praktischen kaufmännischen Lebens, wie es sich im Kleinhandel abspielt. Vorstellungen, wie das Kilogramm als eine Einheit von 10×100 g, als eine Einheit von 2 Pfund oder 4 halben Pfunden, bildete allmählich jedes Kind ohne die geringste Schwierigkeit. Auch die Zusammensetzung solcher Untereinheiten wie Pfund oder Halbpfund aus Grammen wurde gut aufgefaßt und angewendet. (Im dritten und vierten Schuljahre wurden alle Kinder mit Handwaagen ausgerüstet, um selbständige Wägungen, insbesondere von würfelförmig geformten Stoffen aller Art, und damit auch Materialvergleichungen vornehmen zu lassen.)

c) *Schreiblesen, Lesen, Rechtschreiben, Erzählen.* In der ersten Klasse kamen als Vorübung für das Schreiben in Anlehnung an M. Montessori geometrische Formen zur Verwendung, deren Umrisse von den Kindern mit Bleistift zunächst umzogen wurden. Die so umgrenzte Papierfläche war dann mit Farbstiften immer sorgfältiger auszufüllen. Die Kinder wurden dadurch gewöhnt, den Umriß zu beobachten, bestimmte Grenzen einzuhalten, verschiedene Formen des Umrisses aufzufassen und so langsam die Schreibbewegungen der Hand beherrschen zu lernen, ohne daß zunächst die Arbeit durch die Auffassung von schwierigeren Buchstabenformen kompliziert wurde. Die Einführung in die einzelnen Buchstaben erfolgte in früheren Jahren in der Weise, daß der Buchstabe zunächst langsam und unter Beobachtung aller Bewegungen vorgeschrieben wurde. Darauf hatten ihn die Kinder in dem von Stadtschulinspektor Schmid entworfenen Setzkasten auszusuchen, auf unliniertem Papier oder unlinierten Schiefertafeln möglichst groß nachzuzeichnen, zu betasten und mit den Fingern nachzufahren bis zur Geläufigkeit. Diesen Vorübungen folgte die Darstellung der Buchstaben auf den großen Wandtafeln, welche die drei Wandflächen des Schulzimmers bedecken, dann gemeinsame Korrektur der auf den zehn Wandtafeln von den Kindern gleichzeitig geschriebenen Buchstaben und endlich erst die Darstellung und Einübung der Buchstaben auf der Schiefertafel; Hand in Hand mit diesen Übungen gingen die Lese- und Rechtschreibübungen. Die letzteren hielten gewöhnlich folgenden Gang ein: Auf einer der großen Schultafeln wurden von der Lehrerin in Druckbuchstaben neue Sätze zusammengestellt, die Kinder übersetzten die Druckbuchstaben zunächst in Schreibschrift mittels Setzkasten und schrieben dann erst auswendig die Sätze auf die Schiefertafel oder ins Heft. Die Fibel war Mitte Mai vollständig ausgelesen, so daß die Kinder die letzten zwei Monate bereits das Lesebuch: „Blaue Blumen", ein Buch für Mütter und Kinder, mit großem Vergnügen benützten. Schwierigkeiten bereiteten hier im Anfang nur die in kleinen Lettern gedruckten Erzählungen.

Ein gänzlich anderer Weg wurde im Schuljahre 1913/14 eingeschlagen. Die in Deutschland übliche Schreiblesemethode geht, selbst wenn sie die Normalwörtermethode zugrunde legt, von den einzelnen Buchstaben aus, gibt diese in ihrer schwierigsten Form, der deutschen Fraktur, und in vier verschiedenen Alphabeten (große und kleine Druckschrift, große und kleine Schreibschrift) und übt dann allmählich das für viele Schüler schwierige Zusammenlesen der Buchstaben zu Wörtern.

Mein fast dreimonatiger Aufenthalt in den Vereinigten Staaten von Nordamerika, währenddessen ich gegen hundert Volksschulklassen in den verschiedenen Staaten des Nordens und Südens besichtigte, hat mich zu meiner großen Überraschung belehrt, daß ein völlig anderer Weg zum mindesten für die Einführung in die englische Sprache mit ihren ungemein zahlreichen ein- und zweisilbigen Wörtern gleich fruchtbar sein kann. Obwohl das amerikanische Schulwesen alle seine früheren Anregungen aus Europa bekam, so hat es unsere europäische Schreiblesemethode vollständig abgelehnt, und obwohl jeder der achtundvierzig Staaten Nordamerikas völlig autonom ist in der Gestaltung seines Schulwesens, so hat sich doch die von mir beobachtete Methode in allen Staaten allgemein und ohne jeden äußeren Zwang eingebürgert.

Die Methode gründet sich auf das Wortbild. Einzelne aus der praktischen Tätigkeit der Schule entsprungene Sätze von fünf bis sechs Wörtern bilden den Ausgangspunkt. Die Wortbilder werden als Ganzes, durch sinnreiche Übungen und Spiele aller Art, eingeprägt. Dieser Einprägung kommt die lateinische Blockschrift mit dem Mangel an Majuskeln innerhalb des Satzes ungemein zustatten. Man betrachte nur einmal etwa daraufhin den Satz:

I lost my pen to-day

mit der Darstellung in deutscher Fraktur und Sprache:

Ich habe heute meine Feder verloren

Das Wortbild der lateinischen Blockschrift ist sehr viel formenärmer und kann schon am ersten Tage des Unterrichts von den Kindern nachgemalt werden, was der Einprägung sehr zustatten kommt. Sobald auf diese Weise fünfzig bis sechzig Wortbilder im Gedächtnis des Kindes liegen, werden dem Kinde bereits ganze Erzählungen aus diesen Wörtern in Blockschrift vorgelegt, in die nur da und dort ein neues unbekanntes Wort eingestreut ist, dessen Bedeutung das Kind aber aus dem ganzen Zusammenhang (vielleicht mit Hilfe einer Zeichnung am Rande) erschließen kann. Zu den so selbst erarbeiteten Wortbildern werden dann wieder durch neue Mustersätze aus dem Schulleben andere Wörter hinzugefügt, sehr oft gleichlautende Reimwörter, und so vermehrt sich der Wortbildschatz immer mehr. Allmählich, namentlich unter dem Einfluß der Reimwörter, vollzieht sich automatisch die Analyse des Wortbildes in Laut- und Konsonantenbilder von selbst, und nach einem halben Jahre sind alle Kinder auch im Besitze sämtlicher Laut- und Konsonantenbilder.

Inzwischen sind aber die Kinder an drei wesentliche Dinge gewöhnt worden: a) beim Lesen vor allem auf den Sinn des Satzes zu achten, ohne welche Achtsamkeit ja neue Wortbilder nicht erfaßt werden konnten; b) sich stets nur Wortbilder einzuprägen, anstatt sich gedächtnismäßig die Orthographie des Wortes durch die Reihenfolge der Buchstaben zu merken; c) das Wortbild mit einem Schlage aufzufassen und nicht mühsam aus der Buchstabenfolge zusammenzulesen. Vor allem aber sind sie schon sehr viel früher als unsere Kinder in den Stand gesetzt, ganze Geschichten zu lesen und so aus der Lesefreudigkeit heraus die Schwierigkeiten des Lesens überwinden zu lernen. Die Einführung in die Schreibschrift erfolgt ganz unabhängig von der Einführung ins Lesen, das möglichst beschleunigt wird; nur das Nachmalen der höchst einfachen Druckbuchstaben der lateinischen Blockschrift geht parallel.

Die Methode ist bereits äußerst sorgfältig ausgebaut, und eine sehr interessante ausgedehnte Literatur von „primers" und „first reading-books", also von Fibeln und ersten Lesebüchern, unterstützt sie. Weiter darauf einzugehen, ist hier nicht möglich. Ob die Methode auch für die deutsche Sprache gleich fruchtbar ausgenutzt werden kann, muß ausprobiert werden. Zwei der Lehrkräfte der Versuchsschule, Herr Brückl und Frl. Merxmüller, haben sie mit großer Wärme und Begeisterung und mit tiefem Verständnis versucht. Ich möchte den Bericht von Frl. Bertha Merxmüller hier zur weiteren Anregung zum Abdruck bringen. Die reichen Erfahrungen, die Herr Brückl gemacht hat, wird er wohl in einer eigenen Arbeit veröffentlichen. Zum Bericht des Frl. Bertha Mergmüller, die im Schuljahre 1915/16 freiwillig die erste Klasse übernahm, bemerke ich, daß der Mangel an Räumen, der durch die Ablassung von mehr als der Hälfte aller Schulgebäude an die Militärverwaltung herbeigeführt war, uns genötigt hat, in den meisten ersten Klassen und auch in der Versuchsklasse die Unterrichtszeit auf wöchentlich zwölf Stunden festzusetzen. Der Bericht gibt auch deutlich ein Bild davon, was Arbeitsunterricht im Schreiblesen heißt. Ich gebe zuerst die Erfahrungen im Leseunterricht.

1) „Meine Bilderbogen. Es waren einfache kindertümliche Darstellungen mit klaren Texten in Antiqua für die Stufe des scheinbaren Lesens als Ausgang und Grundlage für die erste Lesetätigkeit. Auf dem Wege des Vergleichens werden die Übungswörter des Textes wiedererkannt, wenn sie auf der Tafel in anderer Reihe auftreten, bis sie, zur lebendigen Rede gefügt, als Ausdruck für kleine gemeinsame Erlebnisse gelten und als solche erfaßt werden können.

In der unterhaltsamen Beschäftigung mit diesen Bilderbogen sah ich die Erfahrung der Kinderstube bestätigt, daß sich Kinder gerne und leicht einprägen, was in ihren Bilderbüchern bei den geliebten Bildern steht. Das von der Spielwelt herübergenommene Interesse verstärkte sich durch die Wichtigkeit der ersten Schularbeit, und es entstand jene Vertrautheit mit den Lautzeichen, die den Sinn immer eindringlicher auf die Elemente und ihre Beziehungen lenkt, das Lautbewußtsein schafft und später ein Kind nach dem andern, jedes zu seiner Zeit, ohne aufdringliche Hinweise, nur einem inneren Zwange gemäß, zur Lautanalyse führt und zum synthetischen Lesen.

2) *Meine selbstgeschaffenen Lesestoffe*. Sie wollten sowohl sprachlich wie inhaltlich der kindlichen Entwicklung so viel wie möglich Rechnung tragen und die Tatsache berücksichtigen, daß fremde Sprachinhalte und fremde Sprachformen den Leselernprozeß benachteiligen müssen, weil er doch die ganze Aufmerksamkeitsenergie für sich beansprucht.

Abgelauscht den sprachlichen Äußerungen der Kleinen, wirkten die meisten meiner selbstgeschaffenen Lesestoffe durch die persönlichen Beziehungen ihres tatsächlich und meist gemeinsam erlebten Inhaltes, eines Inhaltes, der unbedingte Teilnahme oft bis zum jubelnden Beifall erzeugte und die ganze Leselernarbeit natürlich und anregend gestaltete.

Die kleinen Lebensausschnitte wurden den Kindern in der Form von Leseblättern und Tafelstücken geboten, wodurch sie der psychologischen Beschaffenheit des Kindes noch weiter durch den Reiz des Neuen und der Abwechslung entgegenkamen und als kleine abgerundete Ganze der leichten Ermüdbarkeit des Kindes gerecht wurden.

Ungezwungen bereits geübte Wortbilder immer wieder zur Wiederholung bringend und darin etliche neue versteckt zur vergnüglichen Lösung bedeutete Stück für Stück eine mühelose, lustvolle Anwendung und Sicherung des Gelernten, wie auch ein wohlerwogenes Maß von Schwierigkeiten, der kindlichen Kraft zur frohen Betätigung zugeteilt.

Das bewegte Innehalten, wenn in der Lesearbeit der Sinn aufging, die Situation erfaßt wurde und Selbsterlebtes zum greifbaren Bilde sich gestaltete, war der Beweis, daß die Kleinen im besten Sinne Lesen lernten, trotz technischer Schwierigkeiten und äußerer Ablenkung, Lesen, das heißt Schätze heben. Sie hatten ihre helle Freude, daß sich das alles so schön lesen und schreiben ließ, ergötzten sich staunend an den eigenen Ausdrücken und den Wendungen, die ihnen vom täglichen Leben her so geläufig waren, wollten gleich noch was dazu erzählen, mußten gleich noch was fragen und wollten es dann gleich nochmal lesen, weil es ,gar so schön', ,so echt', ,so nett' war, ,zum Totlachen', ,eine Gaudi', weil es ,ganz wahr' war.

Diesen oder jenen Ausdruck möchten sie bei dieser Gelegenheit gleich auch noch geschrieben sehen; einer kann aus dem Wort an der Tafel gleich selbst ein anderes machen, braucht nur was wegzutun oder was hinzusetzen, gleich heißt es dann anders. Und sie freuen sich alle über die gelungene Veränderung und lassen nicht mehr los und gehen ihre Entdeckerwege weiter und wollen unaufhörlich schaffen und gestalten. Viel Schaffenskraft, von lebendigem Interesse geweckt, mußte da wegen des beschränkten Kriegsbetriebs oft gewaltsam zurückgedrängt werden. Auf kei-

nen Fall kam in diese Leselernstunden gähnende Langeweile oder qual-
volle Mühe. Es waren sehr interessante, höchst vergnügliche Stunden."
    In gleich erfreulicher und belehrender Weise lautet der Bericht über die
Erfahrungen im Schreibunterricht.

    „Auch hier war ich in allererster Linie bestrebt, nach dem Gesetz von
der Isolierung der Schwierigkeiten nicht plötzlich mit allen Schwierigkeiten auf einmal zu beginnen, sondern im allmählichen Fortschreiten
ein Hindernis nach dem andern zu überwinden.

    Dabei ging ich von der Annahme aus, daß die Schriftformen um so mehr
Ausdruckskraft werden vermissen lassen, um so gezwungener und
gequälter ausfallen müssen, sich um so weniger frei werden entwickeln
können, je mehr Vorschriften das Kind beengen und je mehr Gesetze es binden.

    Als solche Hemmnisse erkannte ich alle Einengungen, die das Ge-
rät, insbesondere die spitze Feder, verursacht, – dann eine für alle gleichmäßig von vornherein vorgeschriebene Handhaltung, – die starre Un-
abänderlichkeit der Formen und das Verlangen, jede Schriftform auf
eine gewisse Art und in einer bestimmten Reihenfolge zur Darstellung zu
bringen, – endlich die Lineatur.

    Wenn auch im Schreibunterricht die Lust am Schaffen Triebkraft wer-
den sollte, Kraftentfaltung und Entwicklung der Eigenart die zu erstre-
bende Frucht des Unterrichtes, dann durfte die starre, kalte, unverrückbar
festgelegte Form nicht im Vordergrund des Unterrichtes stehen bleiben,
nicht die äußere technische Seite mit ihrer Qual für die ungeübte, un-
entwickelte Hand des Kindes, – sondern die freischaffende Tätigkeit des
Kindes.

    Für meinen grundlegenden Schreibunterricht, der in natürlichem Auf-
bau von der Antiqua ausgehen durfte, galt es also zunächst ein will-
fähriges Schreibgerät zu finden, das in der ungelenken Hand des
Kindes und selbst noch beim falschen Gebrauch seinem Wesen getreu
bleibt und die der lateinischen Druckschrift charakteristischen Schnur-
züge erzeugt.

    Ich kam von dicken, weichen, farbigen Ölkreidestiften, 10 Stück 10 Pf.,
auf dem Papier und vom weichen Buttergriffel auf der Tafel (Papiernot!)
zum griffelartig gespitzten Schreibholz für die Tinte und dann erst zur
Feder, und zwar zu einer starken Kugelspitzfeder. Dann sollten meine
Kinder gleich vom Anfange an möglichst frei gestalten dürfen,
wobei es mir wichtig schien, daß sich ein Gefühl für gute Schriftformen an guten Vorbildern und durch zweckmäßige Besprechung guter
und schlechter Beispiele an der Schultafel entwickeln könne und daß
jedes Kind die Handhaltung und die Schriftform selbst finde, die seinem
Wesen gemäß ist und ihm einen freien Zug ermöglicht.

Und siehe, die Schriften entwickelten sich in völlig ungeahnter Weise. Die überraschend schönen Erfolge rechtfertigen am besten die vorausgestellten Annahmen und Grundsätze. An dem Maße aber, wie von Stufe zu Stufe bei jeder neuen Werkzeughemmung die Leistungen immer sofort zurückgingen, um nach kurzer Zeit allmählich wieder zu steigen, sieht man recht klar, welch große Schwierigkeiten die heutige Schule dem Kinde zumutet, wenn sie es gleich am Anfang an die Lineatur zwingt und ihm für das Papier zugleich die spitze Feder zur Hand gibt.

Bei der weiteren Aufgabe, die Kinder von der lateinischen Druckschrift zur lateinischen Schreibschrift zu führen, sie durch die schreibgemäße Form der Antiqua und ihre natürliche Fortsetzung in die eigentliche Kunst des Schreibens hineinwachsen zu lassen, wurde ich auf die verdienstvolle Anregung des Herrn Professor Kuhlmann hin zu einem sehr interessanten Versuch geführt. Es war die Frage gestellt:

Können sich die Kleinen in Erfüllung des Arbeitsschulgedankens ihre Handschrift selbsttätig erarbeiten? Daß dieser Versuch in hervorragender Weise als gelungen bezeichnet werden muß, zeigen die Schriften der Kinder, besonders auf ihren einzelnen Entwicklungsstufen.

Sie beantworten noch folgende wichtige Teilfragen:

1. Kann man im Durchschnittskind ein Gefühl für Schriftformen entwickeln und ausbilden?

2. Hat es die Neigung und Begabung, seine Schrift selbständig zu gestalten?

3. Muß die Freiheit eines zwang- und vorschriftlosen Schreibunterrichtes nicht notwendigerweise oder doch mit der Zeit zu einer Schriftverwilderung führen? Der Versuch hat die beiden ersten Fragen glänzend bejaht, die dritte Frage verneint, sobald nur die Lehrkraft selbst von einem ästhetischen Gefühl für Schrift beherrscht ist."

In der zweiten Versuchsklasse standen dem Unterricht in der deutschen Sprache 5 Stunden zur Verfügung gegenüber 9 Stunden, die in den übrigen normalen Volksschulklassen Münchens vorgeschrieben waren. Die 5 Stunden waren: 2 Lese-, 2 Rechtschreib- und 1 Schönschreibstunde. Eine Visitation am Schlusse des Jahres ergab, daß das Klassenziel in der gleichen Weise erreicht war wie in den sonstigen guten Klassen.

Beim Lesen wurde ein besonderes Gewicht auf das rasche Erfassen des Gesamtinhaltes gelegt und sowohl durch freie Wiedergabe als durch mimische Darstellung des jeweils geschilderten Ereignisses zu erreichen gesucht. Eine Lehrerin der Klasse glaubt, daß die dramatischen Darstellungen der Lesestudie, bei denen die Kinder nicht bloß redend, sondern auch handelnd auftreten und die zunächst immer nur improvisiert sind, ohne nennenswerte Schwierigkeiten schon in den Mittelklassen festgehalten und durch Einübung zu immer größerer Vollkommenheit gebracht werden könnten. Der Vorteil, der hieraus erwachsen würde, läge nicht nur in der Verwendbarkeit solcher Darstellungen für gemeinsame Schülerfeste, sondern auch in der Steigerung der Gefühle für die geschilderte Situation und damit der Steigerung der Auffassung und damit des Interesses für das Gelesene. Als besonders zur mimischen Darstellung geeignet erwiesen sich die Lesestücke des Münchener Lesebuches für die zweite Klasse: Kasperl in der Schule, Das Büblein auf dem Eise, Bub und Bock, Hänsel und Gretel, Musik auf dem Hofe, Wolf und Fuchs, Der lügenhafte Hirt, Vom Büblein, das überall mitgenommen sein wollte. Vor Trimesterschluß gab jeweils ein Schülerfest den Kindern besondere Gelegenheit, ihr Können im Erzählen, Vortragen, Dramatisieren (natürlich auch im Musizieren, Singen, Zeichnen) in den Dienst der Klassengemeinschaft zu stellen und so zum Gelingen eines Gemeinschaftswerkes beizutragen. Am Ende jeder Woche wurden auch die Schüler veranlaßt, ihre Erlebnisse in der Werkstätte zusammenhängend zu erzählen.

Bei der Behandlung des Rechtschreibestoffes leisteten die neueingeführten Tafelwände (drei Seiten des Schulzimmers waren mit fortlaufenden Tafeln bedeckt) außerordentlich gute Dienste. Alle neuen Wörter, alle Diktate konnten gleichzeitig von 15 Schülern an die Tafelwände geschrieben werden, während die übrigen Kinder ins Heft schrieben. Die gemeinsame Korrektur der auf der Tafelwand von allen Kindern aufzusuchenden Fehler gab eine ausgezeichnete Übung im Fixieren der Wortbilder.

d) Katholischer Religionsunterricht. Der Religionsunterricht war inhaltlich an den offiziellen Lehrplan der e r s t e n Klasse gebunden. Methodisch suchte er innerhalb dieses Rahmens möglichst durch die Beobachtung, Anknüpfung an die Erfahrung, Nachahmung, dramatische Darstellung das religiöse Erlebnis zu vertiefen. Dieses war im weitesten Sinne beim religiös-liturgischen Anschauungsunterricht möglich. Durch wiederholten Besuch in der Josefskirche sowie in der Sakristei derselben wurden die liturgischen Objekte und Handlungen zur unmittelbaren Anschauung gebracht. Die liturgischen Handlungen wurden zum Teil in Spiel und Ernst nachgeahmt. (Verehrung des Christkindes, Betrachtung der Kreuzwegbilder in der Josefskirche, Maiandacht, Messe.) Der religiös-sittliche Anschauungsunterricht wurde im Anschlusse an die Erlebnisse der Kinder (Haus, Straße, Schule, Spielplatz) behandelt. Beim Gebetsunterricht wurde möglichst auf wirkliches Beten aus erlebter Empfindung, nicht bloß auf gedächtnismäßiges Aufsagen gesehen. Die biblischen Erzählungen wurden vielfach dramatisch, mit Rollenverteilung, nacherzählt und so zu möglichster Wirkung gebracht.

In der z w e i t e n Klasse bildete eine Wanderung zur Ursulakirche die Grundlage für den religiös-liturgischen Anschauungsunterricht. Zur Grundlage des religiös-sittlichen Anschauungsunterrichtes wurden die mannigfachen Erlebnisse der Kinder genommen. Im übrigen wurde gemäß den im vorausgehenden geschilderten Grundsätzen des ersten Schuljahres verfahren.

e) Turnen. Für Turnen waren in der ersten Klasse jeden Tag 20 Minuten in Anrechnung gebracht. Diese 20 Minuten waren zweimal (Montag und Donnerstag) auf den Nachmittag, die übrigen Tage auf den Vormittag verlegt. Die Vormittagsübungen bildeten ein willkommenes Gegengewicht gegen eine möglicherweise eintretende geistige Ermüdung. Die Turnzeiten wurden an den Nachmittagen hauptsächlich für jene Übungen verwendet, welche die Willensbegabung der Schüler vor allem fördern, also für Freiübungen zur richtigen Körperhaltung, für Wettspiele und Wettkämpfe.

An den Vormittagen wurden hauptsächlich Lauf-, Nachahmungs- und Singspiele gespielt; unter den Nachahmungsspielen befanden sich von den Kindern s e l b s t e r d a c h t e und in irgendeinem Zusammenhang mit dem Unterricht stehende: z. B. „Meine Blümchen haben Durst", „Straßenverkehr", „Rechtsgehen", „Frau Holle".

In der z w e i t e n Klasse war der Turnunterricht auf vier halbe Stunden verteilt. Im übrigen wurde wie im Vorjahre verfahren unter steigender Anspannung der Willenskräfte behufs ordnungsgemäßer und genauer Ausführung der Turnbewegungen. Immer wurde auf sorgfältige Pflege der Arbeitsgemeinschaft und der freiwilligen Unterordnung Bedacht genommen.

Mit Beginn dieses Schuljahres wurden in allen Versuchsklassen in eine Unterrichtspause jeden Tages hygienische Körperübungen von fünf bis acht Minuten gelegt, welche als Vorbeugung gegen Tuberkulose und gegen Skoliose eingeführt wurden. (Anleitung durch Schularzt Dr. Ranke.)

f) Singen. Die Liedertexte standen zunächst in Verbindung mit den Aufgaben des Anschauungsunterrichtes, aus dem ihre Inhalte herauswuchsen. Zur klaren Erfassung des Rhythmus wurden die Kinder angeleitet, aus vorgesungenen Liedern den Takt selbst herauszufinden. Im zweiten Schuljahre boten auch Singspiele und religiöse Lieder, die mit gewissen kirchlichen Festtagen in Beziehung standen, Stoff für den Singunterricht. Die Texte der Lieder standen zur Zeit ihrer Einübung immer zum Schul- oder öffentlichen Leben in enger Beziehung und dienten so der Steigerung des Gefühlslebens.

g) Holzbearbeitungsunterricht. Unter den praktischen Beschäftigungen, die wir mit der Versuchsschule verbunden haben, bildet die Beschäftigung mit der Holzarbeit neben der Beschäftigung mit weiblichen Handarbeiten, die von der dritten Klasse ab nur mehr für die Mädchen bestimmt ist, die

wichtigste. Ich habe mich für die Holzarbeit unter Ausschaltung von Papp-
und Metallarbeiten aus einer Reihe von Erwägungen entschieden, die ich
in Kap. V und VI des näheren ausgeführt habe. Die wichtigsten dieser Erwägungen sind: a) die mannigfache Verwendbarkeit der so erworbenen
Fähigkeiten und Fertigkeiten nicht bloß im späteren Leben, sondern auch
im Dienst des Volksschulunterrichtes in Rechnen, Zeichnen und Physik;
b) die Möglichkeit, die Arbeitsprozesse von Anfang an mit größter Genauigkeit ausführbar zu machen, so daß der Schüler jederzeit Selbstkontrolle über das Gelingen seines Werkes hat; c) damit verbunden die weitere Möglichkeit, in einer Fülle ganz stetig aufeinanderfolgender, immer
schwieriger werdender Aufgaben die Gewohnheiten der Genauigkeit,
Sorgfalt, Gründlichkeit und Ausdauer zu steigern; d) die leichte und viel-
seitige Behandlungsmöglichkeit sowie die Billigkeit des Materials; e) das
natürliche, von allen Knaben und – wie wir nun auch durch unsere Versuche erfahren haben – von allen Mädchen in ganz hervorragendem Maße
geteilte Interesse an der Holzbearbeitung und den Arbeitsprodukten, die
sich aus dieser Beschäftigung ergeben. Schon die Schüler der ersten Klasse ziehen nach unserer Erfahrung den Unterricht in der Holzbearbei-
tungswerkstätte allem übrigen Unterricht vor, obwohl wir vom ersten Tage
an dem Kinde bestimmte Aufgaben nach vorgelegten Mustern stellen und
vom ersten Tage an den größten Nachdruck auf durchwegs sorgfältige
Arbeit legen.

Die Voraussetzungen für das Gelingen dieses Unterrichtes sind: ein
technisch vollkommen durchgebildeter Lehrer, weise Auswahl der Arbeitsprozesse, welche das Kind sorgfältig auszuführen imstande ist, ein besonderer Arbeitsraum mit entsprechenden, dem Alter der Kinder angepaßten Einrichtungen und eine zweckmäßige Vorbereitung des vom
Schüler zu behandelnden Materials, damit diesem keine Arbeitsprozesse
zugemutet werden müssen, die über die physischen und geistigen Kräfte
des Kindes hinausgehen. In den ersten und zweiten Klassen zeigt sich hierbei, daß für das Gelingen der Arbeit unbedingt für jedes Kind ein eigenes
Modell nötig ist. Vom dritten Schuljahre ab benötigt das Kind das Modell
meist nur als Anschauungsmittel; im übrigen arbeitet es mehr nach Maß-
angaben, womit für dieses Schuljahr zugleich ein höchst fruchtbares Arbeitsfeld für praktische Rechenübungen gegeben ist, das die Lust zum
Rechnen und damit die Fähigkeit zum Rechnen in einer unerwarteten
Weise steigert.

Knaben wie Mädchen zeigen für die einfachen Aufgaben der Holzbearbeitung die gleiche Begeisterung; doch stellt sich immer deutlicher die
bessere Begabung der Knaben hierzu heraus, sobald es sich um die Auffassung von Konstruktionselementen handelt. Nach den Mitteilungen des
Fachlehrers beginnen viele Kinder bereits im ersten Schuljahre die An-

regungen der Werkstätte auch in freiwillige häusliche Arbeiten umzusetzen. Die Zahl steigert sich mit jedem Schuljahre, und um die Weihnachtszeit kommen Eltern um Eltern, beim Fachlehrer geeignete Werkzeuge für die häuslichen Arbeiten zu bestellen. Vom dritten Schuljahre ab bringen die Kinder regelmäßig freiwillige Arbeiten mit in die Schule. Sie sind meist gut in der Auffassung, mangelhaft in der Konstruktion. Das letztere ist selbstverständlich. Gerade der Sinn für richtige Konstruktion muß erst in langjähriger Arbeit entwickelt werden. Auch haben die Kinder zu Hause das so gut vorbereitete, passende Material der Schule nicht zur Verfügung. Sie müssen sich ihre Holzstücke ohne Erfahrung erst zurechtrichten. Aber hierbei fehlt vor allem ein Werkzeug, der Hobel, an dessen Einführung wegen der physischen Kraft, die er beansprucht, nicht vor dem Beginn der sechsten Klasse gedacht werden kann. Vielleicht daß man später daran denken kann, Hobel mit sehr schmalen Hobeleisen etwa schon im fünften Schuljahre zu verwenden.

Zur Arbeitsgemeinschaft bieten die Übungen mannigfache Gelegenheit. Viele Objekte können nur in Arbeitsgemeinschaften hergestellt werden; ja die Einfachheit der einzelnen Übungen drängt gerade dazu, gemeinsame Arbeitsobjekte von Zeit zu Zeit einzuschalten, weil nur ein wirkliches Objekt imstande ist, immer und immer wieder das Interesse des Kindes zu fesseln und ihm so über die Schwierigkeiten und die Monotonie der einzelnen Übungen hinwegzuhelfen. Es zeigte sich, daß die Arbeitsfreude am stärksten sich einstellte, wenn ein gemeinsamer Zweck die Kinder in ihrer Arbeit zusammenführte.

Der Umstand, daß für jeden Schüler das Material der Aufgabe gemäß erst vorbereitet werden muß, hat es natürlich mit sich gebracht, daß für den Fachlehrer für jede Unterrichtsstunde unbedingt eine Vorbereitungsstunde notwendig wird, namentlich solange er auch noch die Modelle für alle einzelnen Kinder anzufertigen hat. Fällt dies weg, so wird sich die Vorbereitungszeit pro Unterrichtsstunde auf eine halbe Stunde reduzieren lassen. Aus den nachfolgenden Verzeichnissen der Werkzeuge lassen sich sofort die von den Kindern des ersten bis vierten Schuljahres auszuführenden Arbeitsprozesse erkennen. Dabei bemerke ich, daß das Sägen sich nur auf Trennung von Stäben und schmalen, höchstens 5 cm breiten Brettchen beschränkt. Lange Sägestriche exakt mit freier Hand auszuführen, kann von Kindern der ersten Schuljahre noch nicht gefordert werden. Alle Sägeübungen bedürfen der Führung durch die Gehrungsschneidlade, damit sie allen Ansprüchen auf Genauigkeit in diesem Alter genügen.

Die Werkzeuge für jeden Schüler, die gemäß der Stärke einer Abteilung 25 mal beschafft werden, waren im Jahre 1914 folgende:

1 Parallelschraubstock aus Eisen	Mk. 2,00
1 Gehrungsschneidlade mit Anschlag	Mk. –,75
1 Einstreichsäge mit Messingrücken	Mk. –,70
1 kleine halbrunde Raspel	Mk. –,50
1 kleine halbrunde Schlichtfeile	Mk. –,50
1 kleine rechteckige Schlichtfeile	Mk. –,45
1 Hammer (100 g)	Mk. –,60
1 kleine Beißzange Nr. 8	Mk. –,45
1 kleine Flachzange	Mk. –,70
1 kleiner Nagelbohrer	Mk. –,15
1 prismatischer Maßstab (30 cm)	Mk. –,50
1 Bleistift	Mk. –,05
Summa:	Mk. 7,35

Die Ausgaben für die Gesamtausrüstung für 25 Schüler betrugen im Jahre 1914 Mk. 183,75. Dazu kommen zum allgemeinen Gebrauche:

12 Stück Schraubenzwingen aus Eisen,
 6   "   kleine Bohrer,
 1   "   Trillbohrer
 2   "   amerikanische Schneckenbohrer.

An Materialkosten fielen 1913/14 an:

	für die erste Klasse	für die zweite Klasse
Für Holz	Mk. 41,54	Mk. 57,87
Für Stifte und Schrauben	" 2,60	" 2,72
Für sonstige Materialien (Leim Spiritus, Beize, Papier usw.)	" 5,55	" 7,10
	Mk. 49,69	Mk. 67,69

das heißt im ersten Jahre wurde pro Kind 1 Mk. und im zweiten Jahre pro Kind 1 Mk. 40 Pf. an Materialausgaben nötig.

Einen Überblick über die einzelnen Übungen der ersten Versuchsjahre und die von ihnen in Anspruch genommene Zeit gibt das folgende Verzeichnis. Dazu möchte ich nur bemerken, daß einzelne dieser Arbeiten zu umfangreich angelegt waren. Andere Arbeiten machten zu vielerlei von vornherein geformtes Arbeitsmaterial nötig. Wieder andere Arbeiten waren zu früh eingestellt. Vielfach auch wurde die Auswahl erschwert dadurch, daß schon von Anfang an eine enge Verbindung mit dem Anschauungsunterricht gefordert wurde. Alle diese Mängel waren uns klar bewußt, und wir sind bemüht, sie abzustellen. Vor allem müssen die Arbeiten so aufgestellt werden, daß sie mit einem Minimum von Normalien auskommen, das heißt mit möglichst wenig vorgearbeitetem Holzmaterial. Denn je mannigfaltiger die Normalien sind, desto mehr Vorbereitungsstunden fallen für den Fachlehrer an und desto mehr wachsen dann die Ausgaben.

Arbeiten der ersten Klasse. 1. Absägen von 10 bis 15 kleinen Würfeln von einem 10 mm starken Vierkantstab in Fichtenholz. (2 Std.) 2. Desgleichen von einem 15 mm starken Vierkantstab, wobei auch die Hirnholzkanten mit der Feile gebrochen werden mußten. (2 Std.) 3. Nagelstab 200 × 18 × 7 mm aus Erlenholz, in den abwechselnd 10 Stück Pariser- und 4 Stück Messingnägel eingeschlagen wurden. (4 Std.) 4. Zählmaschine für 20 Kugeln, 26 cm lang, 14 cm hoch aus Buchen- und Fichtenstäben von 10 qmm (mit drehbaren, quergestellten Füßen von 20 qmm). (18 Std.) Diese Arbeit wurde in späteren Jahren nicht mehr ausgeführt.

An ihre Stelle trat:

5. Das Rechenstäbchen. Länge 20 cm. Einteilung in 20 gleiche Teile. (2 Std.)
6. Turnstab von 80 cm durch Absägen eines Rundstabes von 20 mm Stärke. Abrunden an beiden Enden, schleifen und mit Politur einlassen. (4 Std.)
7. Leiter von 28 cm Länge, 7 cm Breite, mit 2 Schwingen und 6 Sprossen, die auf die Holme aufgenagelt werden. (8 Std.)
8. Brückenwagen von 171 cm Länge, 80 cm Breite, 6,5 cm Höhe, Bodenbrettchen und Radscheiben vom Lehrer hergestellt. (2 Std.) Wurde in späteren Jahren weggelassen.
9. Schlitten 100 × 70 × 30 mm. Die vier Schwingen wurden auf die Kufen genagelt. (4 Std.)
10. Rechenbaukasten mit 32 Bausteinen (siehe Figur Tafel I). Die Kästchen, deren Brettchen vom Lehrer hergestellt sind, wurden von den Kindern zusammengenagelt. (14 Std.)
11. Reißschiene, Zunge aus Fichtenholz, 24 cm lang, Anschlag aus Buchenholz, 8 cm lang. (3 Std.)
12. Gartenzaun um ein vom Lehrer hergestelltes Blumenkistchen. Je sechs Schüler arbeiten an einem Zaun. Zaungröße 50 cm im Geviert. (8 Std.)
13. Blumenstäbe dazu. (2 Std.)

Arbeiten der zweiten Klasse. 1. Holzhaus in Arbeitsgemeinschaft. Jede Abteilung von 24 Kindern baut zusammen ein Haus. (24 Std.) Diese Arbeit wurde in späteren Jahren weggelassen. An ihre Stelle traten Aufgabe 2, 3 und 4.

2. Lineal von 50 cm Länge mit Dezimeter- und Zentimetereinteilung. (6 Std.)

3. Mörteltruhe zum Tragen mit vier Handhaben, 30 × 17 × 33 cm. (8 Std.)

4. Sandwurfgitter. Rahmen 17 × 15 cm mit Überplattung. Siebgitter geliefert. (8 Std.)

5. Uhrzifferblatt 17 × 11 cm. Jeder Schüler fertigt ein Zifferblatt mit Stunden- und Halbstundenteilung. Triebräder für Stunden- und Minutenzeiger geliefert. Arbeitszeit für die vereinfachte Form 8 Stunden.

6. Nudelbrett 25 × 17 cm. Bretter vom Lehrer hergerichtet. Die Schüler fertigen die Anschlagleisten und besorgen die Verbindung durch Aufnageln. (4 Std.)

7. Walker dazu aus 35 mm starkem Buchenstab. Walker vom Lehrer gebohrt. Ebenso Griffe. (4 Std.)

8. Hocker mit geflochtenem Sitzrahmen; Höhe 21,5 cm. Sitzfläche 70 × 70 cm. (8 Std.)

9. Plättchen zum Damespiel. Vom Buchenstab gesägt. Geraspelt, poliert, gebeizt. (4 Std.)

10. Waschkreuz (siehe Figur Tafel II) aus 25 mm starkem Vierkantstab. Kreuzbalken 20 cm lang, Fußhöhe 10 cm. Balkenstumpf auf die Füße genagelt. (6 Std.)

11. Holzsteg 50 × 15 × 5 cm. (8 Std.)

Alle Modelle sind in sorgfältiger Arbeit von Gewerbelehrer Hans Rohrer durchgedacht und entworfen. Die Schwierigkeit bestand vor allem darin, jedes Modell

1. den ästhetischen Anforderungen genügen zu lassen;

2. in solche einfache Teile zu zerlegen bzw. so zu konstruieren, daß die Teile sich aus möglichst wenigen und möglichst einfachen Normalien herstellen lassen;

3. möglichst wenig von den im Handwerk gebilligten Holzverbindungen dabei abzuweichen.

Man wird gemerkt haben, daß aus diesen Arbeitsprogrammen die sogenannte freischaffende Phantasie der Kinder ausgeschlossen ist. Das hat auch schon manchen Tadel eingetragen. Ich bin aber der unwandelbaren Anschauung, daß die Schule in allen Fragen des sogenannten produktiven Schaffens zunächst die Pflicht hat, in den Kindern in erster Linie jene mechanischen Fertigkeiten zu entwickeln und sie mit jenen konstruktiven Elementen vertraut zu machen, die jedes produktive Schaffen aus eigener Erfindung heraus davor behüten, in grausamen Dilettantismus auszuarten. Daß dabei, indem das Kind zunächst auf Nachahmung und Vorschrift angewiesen ist, die Arbeitsfreude nicht nur nicht zu verkümmern braucht, sondern im Gegenteil von Jahr zu Jahr auf das lebhafteste wachsen kann, das hat uns heute schon unser vierjähriger Versuch auch auf dem Gebiete der Holzarbeit mit unwiderleglicher Deutlichkeit gezeigt.

b) *Weibliche Handarbeit.* Die Mädchen der zweiten Klasse nahmen nicht nur am Unterricht in der Holzbearbeitung teil (wie bereits erwähnt), sondern erhielten außerdem auch Unterricht in weiblichen Handarbeiten, und zwar im Stricken, Nähen und Sticken. Angefertigt wurden: 1. ein Topflappen (Stricken mit zwei Nadeln), 2. ein Waschhandschuh (Stricken mit fünf Nadeln), 3. ein Nadelkissen aus Stofftramin, 4. Fahnen in den Farben Münchens und Bayerns, die zu Reigenspielen im Turnunterricht verwendet wurden.

3. Durchführung des Lehrplanes in den zwei Mittelklassen

a) *Heimatkundlicher Unterricht mit Zeichnen und Handarbeit.* Der heimatkundliche Unterricht ist nur eine Fortsetzung des Anschauungs- und Beobachtungsunterrichts, wenigstens soweit die dritte Volksschulklasse in Frage kommt; in der vierten Volksschulklasse geht er bereits in eigentlichen Geographieunterricht über und rückt damit in die Reihe derjenigen Unterrichtsgebiete ein, die es mehr oder weniger mit überliefertem Wissen zu tun haben, wo also von einer eigentlichen Erarbeitung durch Beobachtung und Experiment wenigstens in der Volksschule nicht mehr die Rede sein kann. Wanderungen, Sandkästen zum Darstellen der horizontalen und vertikalen Gliederung, allmähliches Übertragen der so erzeugten Modelle in das zweidimensionale Kartenbild führen in die landläufigen geographischen Ausdrucksmittel ein, in die besonderen Symbole und Zeichen, mit denen die Wissenschaft der Geographie arbeitet. Soweit diese Tätigkeiten (Beobachten beim Wandern, Modellieren in Sand, Zeichnen in Symbolen) geübt werden, haben wir es auch im heimatkundlichen Unterricht mit einer richtigen Erarbeitung des Kulturgutes, das wir in der Karte besitzen, zu tun.

Hierher können auch noch einzelne Schülerversuche zur Aufklärung gewisser hydrographischer Verhältnisse der oberbayrischen Hochebene gerechnet werden, wie die experimentelle Darstellung des Auftretens von Quellen, von Deltabildungen, von Inselbildungen, Verschlammung von Flußmündungen, Auftauchen des Grundwassers beim Auskeilen der durchlässigen Sandschichten usw.

Dagegen ist es ein Irrtum, daß nun auch das Zeichnen von einzelnen Gegenständen aus dem heimatkundlichen Unterricht oder die Darstellung von Stegen, Schleusen, Brücken, historischen Toren, Schlagbäumen, Wegweisern, Feldkreuzen, Flößen, Starenhäuschen usw. in Holz, wie sie der Handfertigkeitsunterricht unternahm, den Geist der Arbeitsschule im

Geographieunterricht widerspiegeln. Wenn die Versuchsklassen gleichwohl diese Tätigkeiten als einen unerläßlichen Bestandteil ihres Betriebes gerade in Verbindung mit dem heimatkundlichen Unterricht pflegten, so hatte das nur den Zweck, Zeichnen und Handfertigkeit, die beide für sich ihre eigene Struktur des Erarbeitungsprinzips haben, nicht isoliert vom übrigen Unterricht laufen zu lassen, sondern eben diesen durch diese beiden Fertigkeiten zu beleben und umgekehrt das geographische Interesse auch diesen Fertigkeiten zugute kommen zu lassen.

Man hätte Zeichnen wie Handfertigkeit auch mit dem Rechnen oder mit den historischen Erzählungen und naturkundlichen Beobachtungen, die als erste Grundlegung des kommenden Geschichts- bzw. naturwissenschaftlichen Unterrichts in den heimatkundlichen Unterricht eingefügt werden, verbinden können, woraus unmittelbar erhellt, daß sie nicht Formen des Erarbeitungsprinzips für den heimatkundlichen bzw. geographischen Unterricht sein können. Nur soweit diese beiden Tätigkeiten die Erarbeitung klarer Vorstellungen eines Gegenstandes und seiner wertvollen Konstruktion zusammen mit Fertigkeiten des Konstruierens selbst ermöglichen können, müssen sie als Äußerungen des Arbeitsprinzips im Sinne der Arbeitsschule angesprochen werden. Aber das also Erarbeitete sind nicht Bildungsgüter der Geographie, sondern eben – genau wie ein Anschauungsunterricht – klare Vorstellungen gewisser Strukturen und Fertigkeiten zur Herstellung dieser Strukturen.

In gleicher Weise wie Zeichnen und Handfertigkeit wurden auch die Fertigkeiten des Schätzens und Messens, wo nur immer angängig, geübt und in den Dienst der Vorstellungsentwicklung gestellt. Aus den Vergleichen von tatsächlich auf den Wanderungen in der Stadt und Umgebung zurückgelegten Wegstrecken mit den auf den Stadtplänen und Karten selbst gemessenen Entfernungen wurde der Maßstab der Pläne und Karten erarbeitet und zugleich dem forschenden Tätigkeitstrieb des Kindes Rechnung getragen. Da hierbei der für den geographischen Unterricht charakteristische Begriff des Maßstabes einer Karte tatsächlich erarbeitet wurde, so kann man diese Tätigkeit als eine im Sinne der Arbeitsschule liegende bezeichnen, wenn schon auch auf allen rein technischen Gebieten der gleiche Begriff des Maßstabes genau in derselben Weise gültig ist und genau ebenso erarbeitet werden kann. In ähnlicher Weise führte auch das Durchqueren eines Tales (Isartal) und die darauffolgende Darstellung der Bewegung durch eine Zeichnung auf der Tafel in den Begriff des Profiles ein, der nicht bloß der Geographie angehört.

Auf den Wanderungen wurden die Gesteinsarten der nächsten Heimat von allen Kindern gesammelt: Kalk-, Quarz- und Kieselsteine aus dem Geschiebe der Isar, Nagelfluh aus ihren Hängen, Flinz, Lehm, Kalktuff. Ihre Untersuchung und Betrachtung ist gleichfalls kein Spezifikum der Geographie; sie gehört in die Anfänge der Mineralogie.

Die mit der Heimatkunde verbundene Beobachtung von lebenden Fischen, Fröschen und Muscheln im Freien und im Schulaquarium, von Entwicklungsvorgängen im Raupenkasten, in den Blumenkisten des Schulzimmers sowie des Schulgartens dienten der Einführung in die B i o - l o g i e von Tieren und Pflanzen durch selbständige Erarbeitung gewisser Vorstellungen und Begriffe.

Was endlich den Unterrichtsstoff im ganzen betrifft, so sei hier nur angeführt, daß er sich in der dritten Klasse mit München, mit der Umgebung Münchens und mit dem Flußgebiet der Isar, in der v i e r t e n Klasse mit dem alten Stammlande Bayerns befaßte.

b) Rechnen. Der Rechenunterricht kann das Arbeits- oder Erarbeitungsprinzip überhaupt nicht verfehlen. Die Zahlenbegriffe müssen e r a r - b e i t e t werden – auch in der schlechtesten Schule –, oder sie sind überhaupt nicht da. Der naturgemäße G a n g d e r E r a r b e i t u n g ist schon durch die natürliche Zahlenreihe selbst gegeben, wie er auch später von den ganzen zu den gebrochenen, von den positiven zu den negativen, von den rationalen zu den irrationalen, von den reellen zu den imaginären und komplexen Zahlen fortschreitet, ohne daß jemals der Versuch auch nur denkbar wäre, das Umgekehrte zu tun. Es liegt eben im Wesen des Zahlbegriffs, k o n s t r u k t i v e r Begriff zu sein.

Alle rein konstruktiven Begriffe aber, sobald sie ein Werkzeug des Denkens werden sollen, müssen unweigerlich erarbeitet werden, das heißt jeder, der diese Kulturgüter assimilieren will, muß genau den gleichen Weg geistiger Tätigkeit gehen, den der gegangen ist, der sie den Menschen geschenkt hat.

Wie sehr also auch der Rechenunterricht ebenso wie der Geometrieunterricht losgelöst sein mag von aller praktischen Betätigung (wie zum Beispiel bei Pestalozzi in Ifferten), er trägt in sich selbst auch in der abstraktesten Methode, sofern diese nur historisch-genetisch vorgeht, das Wesen des Arbeitsunterrichts, das eben darin besteht, in die Struktur des Bildungsgesetzes durch eigene Tätigkeit einzudringen. Es gibt auch tatsächlich Kinder, die derartig veranlagt sind, daß sie ohne alle Veranschaulichungs- und konkrete Einführungsmittel die Zahlbegriffe ganz autonom aus dem Wesen des Verstandes heraus, der sie durch Setzen der Einheit von selbst erzeugt, in bewunderungswerter Klarheit e r a r b e i t e n, und zwar im bloßen Verkehr mit der Umwelt.

Je intensiver man daher die landläufigen Rechenoperationen an die praktischen Tätigkeiten des Kindes anknüpft, um so weniger bedarf es besonderer Veranstaltungen, den Rechenunterricht im Sinne des Arbeitsunterrichts zu gestalten. Die Verbindung mit praktischer Tätigkeit selbst ist bloß ein ä u ß e r e s Mittel zur möglichst ausgiebigen Betätigung der geistigen Funktionen, die auch ohne diese Verbindung die Zahlenbegriffe, wenn auch sehr viel langsamer und spärlicher, von s e l b s t erarbeiten.

Die menschlichen Tätigkeiten aber, in denen sich die Zahlbegriffe ursprünglich entwickelt haben, sind in Handwerk und Handel vereinigt. Die Schule kann daher auch nichts Besseres für die Entwicklung der Zahlbegriffe und des Rechnens tun, als in der Werkstätte durch ständiges Schätzen, Messen und Berechnen der Werkstudie und ihrer Teile und im Schulzimmer durch beständiges Zählen, Messen, Wägen, Kaufen und Verkaufen den Schüler in die vom ureigensten Interesse an diesen Tätigkeiten geschaffene Zwangslage zu versetzen, täglich, stündlich Zahlbegriffe zu bilden und Rechenoperationen vorzunehmen.

Daß unsere Schulen bisher das Rechnen in völliger Isoliertheit, wenn auch in der fiktiven Annahme sogenannter praktischer Aufgaben, fern von aller praktischen, von stärksten Kinderinteressen erfüllten Tätigkeit pflegten, das hat die unzähligen Methoden erzeugt, die über die gähnende Kluft der Interesselosigkeit Brücken schlagen sollten, und die doch trotz aller Brücken den Rechenunterricht wenig erfreulich für Kinder und Lehrer machen.

Aber diese innige Verbindung von Rechnen und Werktätigkeit, von Rechnen und Handeln, macht den Rechenunterricht nicht mehr zum Arbeitsunterricht, als er es auch ohne alle solche Verbindung ohnehin schon ist, wenn er noch so abstrakt, aber methodisch richtig behandelt wird. Was diese Verbindung, die in unsern Versuchsklassen auf das innigste hergestellt wurde, bewirkt, das ist, daß d i e g a n z e F ü l l e d e s I n t e r e s s e s, welches das Kind allem Tun entgegenbringt, r e s t l o s i n d i e r e c h n e r i s c h e T ä t i g k e i t überströmt.

Was den Unterrichtsstoff selbst betrifft, so behandelte der Rechenunterricht der d r i t t e n Klasse den Zahlenraum von 1–10000, der der v i e r t e n Klasse den unbegrenzten Zahlenraum, wie in allen übrigen Klassen der Münchener Volksschulen.

c) Sprachunterricht. Mit Beginn der dritten Klasse spaltet sich der in den Unterklassen im Schreibleseunterricht zusammengefaßte und einheitlich gestaltete Sprachunterricht in seine verschiedenen Zweige: Lesen, Grammatik, Aufsatz, Schönschreiben, Rechtschreiben. Jedem der fünf Zweige sind besondere Stunden zugewiesen. Daß diese Spaltung viel zu früh einsetzt, ist eine Anschauung, der ich beipflichten muß. Aber die Versuchsklassen mußten den für alle Schulen gültigen Lehrplan adoptieren und konnten so keine andern Wege gehen.

Was das L e s e n betrifft, so handelt es sich hierbei a) um das Erwerben einer geistigen Technik, b) um das bloße E r f a s s e n eines logisch geordneten Inhaltes, c) um das E r l e b e n eines Inhaltes aus einer in Wortsymbolen gegebenen Form. Das Kulturgut, das hier erarbeitet werden soll, ist entweder ein theoretisches Gut oder ein ästhetisches Gut.

Da die Lesefertigkeit nur durch Ausübung des Lesens erzielt werden

kann, und zwar durch lautes Lesen, so kann die Erarbeitung dieser Fertigkeit kaum verfehlt werden. Aber diese Fertigkeit kann eine mechanisch-
virtuose und eine organisch-künstlerische sein. Die erste geht häufig am
Sinne des Gelesenen vorüber, die zweite ist ohne beständiges Erfassen
und Erleben des Inhaltes nicht zu erreichen. Für diese zweite und einzig
erstrebenswerte Art der Lesefähigkeit bietet sich a) das Mittel der mi-
mischdramatischen Darstellung von Lesestücken mit lebhafter Handlung
(produktiver Weg), b) das Mittel der durch den Lehrer vorbereiteten
Stimmung, aus der das Lesestück (Gedicht) geboren ist (rezeptiver Weg).
Beide Wege betrat der Unterricht so ausgiebig wie möglich. Insbesondere
ist auch für die e t h i s c h e Auswertung guter Erzählungen und Gedichte
das Erzeugen der vorbereitenden Stimmung und die mit der dramatischen
Darstellung notwendig verbundene Versenkung in den Inhalt weitaus
fruchtbarer als alle nachträgliche moralisierende Ausschlachtung des Gelesenen, vor der man nicht genug warnen kann. E r l e b e n die Kinder das
Gelesene, so haben sie es auch e r a r b e i t e t ; die Arbeitsschule hat ihr
Prinzip vollauf damit gewahrt. Die moralische Analyse ist Sache eines
anderen Unterrichts – des Moralunterrichts zur Bildung der moralischen
Urteilsfähigkeit.

Mit moralischem Verhalten im Handeln darf aber weder das Erleben
moralischer Werte im Leseunterricht, noch viel weniger die Ausbildung
der Urteilsfähigkeit verwechselt werden. Von diesem Erleben und dieser
Ausbildung des Urteils bis zum tatsächlichen moralischen Verhalten ist
noch ein ungemein weiter Weg, ein Weg, auf den wir den Schüler nur
durch die sozialen Güter der A r b e i t s g e m e i n s c h a f t führen.

Wie Lesen, so sind auch S c h ö n s c h r e i b e n und R e c h t s c h r e i b e n
Fertigkeiten, Schönschreiben eine manuelle, Rechtschreiben eine intellektuelle. Auch bei diesen Fertigkeiten kann der Weg der Arbeitsschule nicht
verfehlt werden; jede Fertigkeit muß eben, damit sie Fertigkeit wird, systematisch erarbeitet werden. Die Versuchsklassen III und IV setzten selbstverständlich im Schönschreiben den in den Unterklassen eingeschlagenen
Weg der schöpferischen Erarbeitung einer gleichmäßigen, der individuellen Schülerhand entsprechenden „Schön“-Schrift fort, wobei bereits in der
dritten Klasse auch mit der Erarbeitung der deutschen Frakturschrift begonnen wurde. Der Erarbeitung der Rechtschrift dienten auch Betrachtungen über Wortbedeutung und Wortbildung.

Mit der S p r a c h l e h r e oder G r a m m a t i k setzt in der Volksschule der
erste eigentlich theoretische Unterrichtsstoff ein. Daß schon die Mittelklassen damit unglückseligerweise belastet werden, hängt damit zusammen, daß an diese Klassen die Gelehrtenschulen anschließen, welche
bei ihren Aufnahmeprüfungen elementare Kenntnisse in der deutschen
Grammatik verlangen. Auch in dieser Disziplin ist der allein mögliche Weg

der Arbeitsschule längst allgemein betreten: der Weg der Induktion. Der einzige Nachteil ist, daß die Induktion auf dem Gebiete der Sprache nur zu Regeln mit soundso vielen Ausnahmen führt, die eben nicht erarbeitet werden können, sondern überliefert werden müssen. Aber auch selbst da, wo von den Ausnahmen geschwiegen wird, verbietet es die Reife bzw. die Unreife der acht- und neunjährigen Kinder häufig genug, selbst den induktiven Weg zu betreten. Die immanenten Bildungswerte der Sprachgüter kann eben im allgemeinen, abgesehen von gewissen ästhetischen Bildungswerten, die Volksschule durch keinen Arbeitsschulbetrieb auslösen. Das ist zur Not noch den höheren Schulen möglich, die das ausgezeichnete Werkzeug der Sprachvergleichung hierzu zur Verfügung haben.

Vermag das Lesen zum Erleben der mit dem Lesestücke auf das engste verbundenen ethischen Inhalte zu führen, so ist es Aufgabe des Aufsatzunterrichtes, erlebte Seeleninhalte darzustellen. Das allein soll seine Aufgabe sein; denn nur wenn der Aufsatz Erlebtes darstellt, wird man an die Darstellung auch ästhetische Ansprüche machen können. Für bewußt-ästhetische Erlebnisse an literarischen Werken ist übrigens das Volksschulkind nicht reif.

Der Grundzug aller Darstellung, also auch der sprachlichen, ist zunächst reine Sachlichkeit. Sachlich können wir nur das darstellen, was wir vollständig beherrschen. Das Kind beherrscht im allgemeinen nur das, was es erlebt hat, in der Werkstätte, im Schulgarten, auf den Wanderungen, im Schulzimmer, am Schulwege, in der Familie. Aus diesen Erlebnissen wählten die beiden Klassen die Stoffe ihrer sogenannten Aufsätze. Das Kind kann auch Märchen und Erzählungen erleben; das hängt von der Darstellungskraft des Lehrers ab. Das Wichtigste in den ersten Übungen im schriftlichen Ausdrucke – so sollte man den Aufsatzunterricht in der Volksschule bezeichnen – ist immer, daß das Darzustellende das volle Interesse des Darstellers hat, und daß womöglich auch ein praktischer Zweck den Schüler zur Darstellung nötigt. Das sind die beiden Hauptforderungen, welche die Arbeitsschule an den Aufsatzunterricht stellt.

Den Schülern aber mutet man zu, ohne Erlebnisse und ohne selbstgewollten Zweck Aufsätze zu machen. Man hat, um dies zu vermeiden, oft genug die Form des Briefes empfohlen. Aber ein Brief, der kein Bedürfnis hat, hat auch keinen selbstgefühlten Zweck, und daher sind die Briefaufsätze der Schüler um kein Haar besser als die übrigen Aufsätze.

Neben der schriftlichen Darstellung wurde auch, wie in den beiden ersten Klassen, die mündliche geübt, vor allem durch die allwöchentliche mündliche Berichterstattung über die Vorkommnisse in der Schülerwerkstätte und über den Fortgang und die Art der jeweils in Frage stehenden Aufgaben der Werkstätte. Da es sich hier um gemeinsame Erlebnisse handelt, so war bei diesen Berichten auch das Klasseninteresse wachgerufen.

d) Religionsunterricht. Der Religionsunterricht der Volksschule hat zwei Aufgaben zu lösen: 1. die positiven Lehren der betreffenden Konfession zu übermitteln; 2. das religiöse Verhalten zu erwecken, zu entwickeln, zu veredeln und mit dem praktischen Verhalten zu verschmelzen.

Die zweite Aufgabe ist die weitaus wichtigste; von ihrer richtigen Lösung hängt auch die wertvolle Lösung der ersten Aufgabe ab. Die richtige Lösung der zweiten Aufgabe führt unmittelbar in das Prinzip der Arbeitsschule. Alles hängt davon ab, wie weit es dem Lehrer gelingt, die Beziehung zum Transzendenten, zu Gott e r l e b e n zu lassen.

Diesen Erlebnisakten dient teils die enge Verbindung des Unterrichts mit den Erlebnissen des Kirchenjahres, teils eine Darstellung der biblischen Geschichte, die durch die Kunst des Lehrers selbst zum Erlebnis für die Schüler wird. Erst auf dem Boden solcher religiöser Erlebnisse gewinnen dann auch die nicht zu erarbeitenden, andern unmittelbar mitzuteilenden positiven Lehren der Konfession ihre Kraft und praktische Bedeutung. So wurde in der vierten Klasse, deren katholische Schüler zum ersten Male das Sakrament der Beichte empfangen, die biblische Parabel vom verlorenen Sohne durch entsprechende Darstellung zu einem großen Erlebnis gestaltet und aus diesem Erlebnis die sakramentalen Erfordernisse einer Beichte zum Bewußtsein gebracht. So wurde die Materie des Sündenbekenntnisses aus kindlichen Erlebnissen, vor allem aus Gewissenskonflikten gewonnen. So wurde die Gewissenserforschung durch entsprechende Anleitung zu einer Lebensgewohnheit des Tages gemacht.

e) Turnen und Singen sind zunächst, wie der schriftliche sprachliche Ausdruck, Fertigkeiten. Soweit sie bloß Fertigkeiten sind, sind ihre Übungen unmittelbar Tätigkeiten im Sinne der Arbeitsschule. Die Technik des Turnens wie des Singens wird eben durch technische Übungen e r a r b e i t e t.

Allein die Arbeitsschule als Schule der Charakterbildung pflegt keine Technik um der Technik willen. Für sie soll jede erarbeitete Technik nur eine weitere Ausdrucksmöglichkeit der g a n z e n Persönlichkeit sein. Daraus erwachsen dem Turn- und Singunterricht neue Aufgaben, die nicht gelehrt, sondern nur erlebt und nur aus dem persönlichen Erlebnis herausgelöst werden können. Aus den Ereignissen der Zeit und den Verhältnissen der Stunde entwickeln sich Gefühle, die den Menschen von selbst zur Darstellung in der Bewegung wie im Gesange drängen. Die Aufgabe der Arbeitsschule ist, allgemeine Seelenzustände zu schaffen, die zur Darstellung drängen, und nebenher Übungen zu veranstalten, welche es ermöglichen, den Gefühlen vollen und zugleich ästhetischen Ausdruck zu verleihen. Turnspiele, rhythmische Freiübungen, Reigen, Nachahmungs- und Singspiele, von den Schülern selbst veranstaltete Schulfeste lösen jene Stimmungen aus, denen die technischen Übungen zum adäquaten Ausdruck verhelfen können. Auch religiöse und vaterländische Feste können dem rechten Lehrer, der unter ihrem Eindruck steht, zur Erweckung jener tiefen Gefühle dienen, denen das Lied wie die Bewegung Ausdruck verleihen.

f) Holzbearbeitungsunterricht. Wie bereits erwähnt, stand der Holzbearbeitungsunterricht in der dritten und vierten Klasse mit dem heimatkundlichen Unterricht in möglichst enger Verbindung. Er entwickelte aber sein eigenes Arbeitsprinzip als Technik immer folgerichtiger. Denn nur so konnte er als wirkliches Bildungsmittel sein Recht im Lehrplane behaupten.

Die Arbeitstechniken waren gleich denen der Vorjahre: Stumpfe Verbindungen, einfache Ecküberplattungen, T-Verbindungen, Bohrzapfenverbindungen. Stets wurde auf eine genaue, selbständige Ausführung aller Verbände gesehen.

Als Material dienten: gleich- und ungleichseitige Vierkantstäbe und Rundstäbe aus Tannen-, Fichten-, Erlen- und Buchenholz; Draht und Drahtgitter, Klammern, Schrauben; Farben, Beizen, Polituren; Flintpapier, Leim, Brennspiritus.

Als Werkzeuge wurden benutzt: Maßstab, Bleistift, Winkel, Reißahle, Gehrungsschneidlade, Einstreichsäge, Raspel, Plattfeile, halbrunde Feile, Handbohrer, Hammer, Beißzange, Drahtzange, Schraubzwinge, Lehren für Bohrzapfen, Holzklötzchen zum Anreißen.

Als Arbeitsvorgänge sind zu verzeichnen: Messungen und Berechnungen in großer Fülle, Anzeichnen oder Anreißen, Sägen, Raspeln, Feilen, Bohren, Nageln, Schleifen, Beizen und Einlassen mit Politur.

Vor Beginn jeder neuen Übung fand jeweils eine Besprechung statt, in welcher das Material, die Form, der Zweck sowie die Zergliederung und Benennung von Haupt- und Nebenteilen an der Hand von Modellen sorgfältig erläutert wurde. Vor jedem Arbeitsprozeß wurden die Arbeitsvorgänge auf das genaueste erklärt und vorgemacht, sowohl vom Lehrer als auch von einzelnen Schülern.

Neben richtiger Handhabung der Werkzeuge sowie genauer Ausführung aller einzelnen Arbeiten wurde ganz besonderer Wert auf das Messen und Berechnen aller Teile gelegt. Einer richtigen Handhabung und Benutzung des Winkels wurde besondere Aufmerksamkeit zugewendet.

Die Kosten für den gesamten Materialverbrauch beliefen sich in der dritten Klasse auf 72,20 Mark, in der vierten Klasse auf 87,24 Mark, so daß auf den Schüler der dritten Klasse rund 1,50, auf den der vierten Klasse rund 2 Mark Materialverbrauch im Jahre 1914 kamen.

Arbeiten der dritten Klasse. 1. Sandkasten, 50 × 35 × 6 cm, für den heimatkundlichen Unterricht. Je zwei Schüler fertigen einen Kasten. Nur im Jahre 1912/13 in 24 Stück angefertigt für den Unterricht. (10 Std.)

2. Raupenkästen, 50 × 35 × 31 cm, für den heimatkundlichen Unterricht. Jede Abteilung fertigt einen Kasten. In späteren Jahren Raupenkästchen (siehe Figur Tafel III) von je zwei Schülern gefertigt im Maßstab 27 × 17,5 × 15 cm. (20 Std.)

3. Plakatständer. Einzelarbeit. (4 Std.)

4. Feldkreuz mit Betbank. Eine der liebsten Arbeiten der Schüler. Höhe 36 cm. Dachausladung 19 cm, Boden für Kreuz und Bank 20 × 20 cm. Einzelarbeit. (17 Std.)

5. Schlagbaum. 79 × 46 cm. Einzelarbeit. (15 Std.)

6. Schleuse (siehe Figur Tafel IV). 23 cm in der Höhe, Grundbrett 24 × 25 cm. Einzelarbeit. (12 Std.)

Die sämtlichen Arbeiten beanspruchen also im Jahre zusammen 78 Stunden.

Arbeiten der vierten Klasse. 1. Floß für Holztransport. Zusammenbinden der Baumstämme mit selbstgefertigten Drahtseilen. 2 Ruder. Auf dem Floß eine Holzbeuge. Einzelarbeit. 28 × 14 cm. (17 Std.)

2. Meterstab in Erlenholz. 100 × 10 × 2,8 cm. Dezimeter- und Zentimeterteilung von den Schülern hergestellt. Der Stab selbst wird in richtiger Größe den Schülern geliefert. Dezimeterstellen durch die Breite des Stabes gesägt, halbe Dezimeterstellen durch die halbe Breite mit Stahlblechmeißeln eingemeißelt. Die Zentimeterstellen: Vorreißen mit Reißahle auf ein Drittel Stabbreite, dann wieder Einmeißeln mit Stahlblechmeißeln. Einlassen mit Politur; Überwischen mit Nußbeize. Die vertieften Stellen werden dunkel. Einzelarbeit. (10 Std.)

3. Vogelfutterhäuschen. Bodenbrett 40 × 28 cm, Höhe bis zur Dachunterkante 15, Dachhöhe 15, Säulen und Balken aus Vierkantstäben 2 × 2 cm. Dachsparrenquerschnitt 2 × 1 cm. Dachsparren gedeckt mit Brettern. Einzelarbeit. (16 Std.)

4. Starenhaus (siehe Figur Tafel V). Höhe 35, Breite und Tiefe 16 cm. Einzelarbeit. (14 Std.)

5. Maibaum. 70 cm hoch. Bodenbrett 16 × 16 cm mit Umzäunung. Baum eingeteilt in drei Abteilungen. Erste Abteilung mit Fahnen in bayrischen Farben. Zweite Abteilung: Werkzeuge der Versuchsschule. Dritte Abteilung: Kirche und Schule. Alles nach Art der Spielwaren selbstgefertigt. Schluß wieder zwei Fahnen in Münchener Stadtfarben. Einzelarbeit. (22 Std.)

Die sämtlichen Arbeiten beanspruchen also im Jahre zusammen 79 Stunden. –

g) Weibliche Handarbeiten. Der Unterricht setzte die Techniken der ersten und zweiten Klasse fort: Stricken, Sticken und Nähen. In der vierten Klasse wurden die Strickübungen der dritten Klasse auf einen Schlips oder Kragenschoner angewendet. Als neue Technik im Sticken wurde der

Kreuzstich eingeführt, und wie das Musterstricken zu einem Schlips, so führte die Fertigstellung des Kreuzstickmusters zum Umschlag eines Nadelbüchleins, dessen Innenseiten die Schülerinnen mit Stoffresten und Bändern ausarbeiteten. Als Einlage wurden Flanellflecke genommen, die zugleich eine Gelegenheit für Schneideübungen boten. Endlich befaßte sich die vierte Klasse noch mit Sticken einer Borte auf geschlossenem Faden und weichem Gewebe, die, von den Kindern selbst entworfen, als Zwischensatz für eine von den Kindern selbst hergestellte Schürze diente.

4. Schlußbetrachtungen

Mit der Darstellung des Unterrichtsbetriebes der vier ersten Volksschulklassen im Sinne einer Arbeitsschule ist das Bild der genehmigten Versuchsklassen abgeschlossen. Was hier gegeben wurde, ist nur ein Beispiel eines Versuches und nicht einmal eines völlig freien Versuches, weil ja die Lehrziele jeder Klasse und jedes Unterrichtsfaches von vornherein durch die für sämtliche Volksschulklassen genehmigten Lehrpläne auch für die Versuchsklassen vorgeschrieben waren. Ich bin mir keinen Augenblick im unklaren darüber, daß eine Ausdehnung des Holzbearbeitungsunterrichts von 2 auf 6 Stunden in der Woche in den beiden ersten, auf 4 in den beiden nächsten Klassen und eine Verbindung mit Gartenarbeiten eine noch weit stärkere Konzentration des Gesamtunterrichts ermöglichen würde, vielleicht unter Verschiebung der Ziele der ersten zwei oder drei Schuljahre in andern Unterrichtsfächern, aber unter stärkster Wirkung für die Gesamtpersönlichkeit des Kindes. Denn nur wo wir die ausschließlich in diesem Alter vorwiegenden praktischen Interessen des Kindes packen, bekommen wir mit einem Schlage seine ganze Persönlichkeit in die Hand. Erst aus seinen Interessen heraus wird das Kind in Wahrheit „selbsttätig" und damit in seiner Totalität „selbstbildend". So wie die gewöhnliche Schule „Selbsttätigkeit" auffaßt, handelt es sich bloß um „Tätigkeit", die natürlich das Kind „selbst" ausübt. Aber damit ist ja gar nichts gewonnen. Es handelt sich nicht darum in der Arbeitsschule, daß das Kind „selbst" tätig ist, sondern darum, daß es „aus seinem Selbst" zur Tätigkeit genötigt wird. Damit erst tritt der ganze Mensch mit seinem Empfinden, Vorstellen, Denken, mit allen seinen Gefühlen, Trieben und Willensakten in die Tätigkeit ein, und nicht weil ihm ein anderer den Zweck des Tuns einige Augenblicke „interessant" macht, weil der Lehrer das Interesse (soll heißen die Aufmerksamkeit oder die Neugierde) erweckt, sondern weil der Mensch aus seiner inneren zeitweiligen oder dauernden Gesamtveranlagung gar nicht anders kann. Die landläufige Pädagogik vergißt immer, daß ein bloß interessant gemachter Gegenstand bei weitem nicht jene Kräfte im allgemeinen auslöst wie ein vom eigensten Interesse ergriffener Gegenstand. Sobald aber erst einmal die „Selbsttätigkeit" aus dem innersten Bedürfnis nach Erzeugung eines Objekts entsprungen ist, dann ergreift sie alles, was mit der rechten Erzeugung notwendig verbunden werden kann, Rechnen, Zeichnen, ja selbst Lesen und Schreiben mit der gleichen Wucht der nach Erfüllung des Bedürfnisses drängenden ganzen Seele.

Die Mühsal des Unterrichtes und die Gequältheit seiner Methoden in den Klassen der Volksschule ist nur deshalb bisweilen so groß, weil unsere ganze Volksschule auf die im Kindesalter häufig noch sehr spärlich entwickelten intellektuellen Interessen eingestellt ist, während sie soziale und technische Interessen, die im Kindesalter absolut vorherrschen, völlig ignoriert. Ich erhebe mit vollem Bewußtsein diesen Vorwurf. Denn damit, daß die Schule soziale „Lehre" gibt oder in der Stellung ihrer theoretischen Aufgaben das praktische Leben als Hintergrund wählt, berücksichtigt sie in keiner Weise die sozialen und technischen Interessen des Kindes. Die wirklichen Interessen des Kindes schreien nach Handeln, nach praktisch-sozialem oder praktisch-technischem Handeln. Und nur im Handeln werden die Kulturgüter erarbeitet.

Diese elementaren Lehren aller Erziehung werden aber erst Leben und Kraft gewinnen, wenn diejenigen Schulen, die unsere Lehrer erziehen, selbst Arbeitsschulen geworden sind. Wer nicht gewöhnt wurde, seinen seelischen Besitz sich selbst zu erarbeiten, mit Selbstüberwindung und Rücksichtslosigkeit gegen die eigene Natur, mit unermüdlicher Ausdauer und reinem Erkenntnisdrang, und wer keinen tieferen Einblick getan hat in die eigentliche Werkstätte des kindlichen Geistes, in das Triebwerk seiner Interessen, dem wird das Wesen der Arbeitsschule immer ein Rätsel bleiben.

I. Klasse

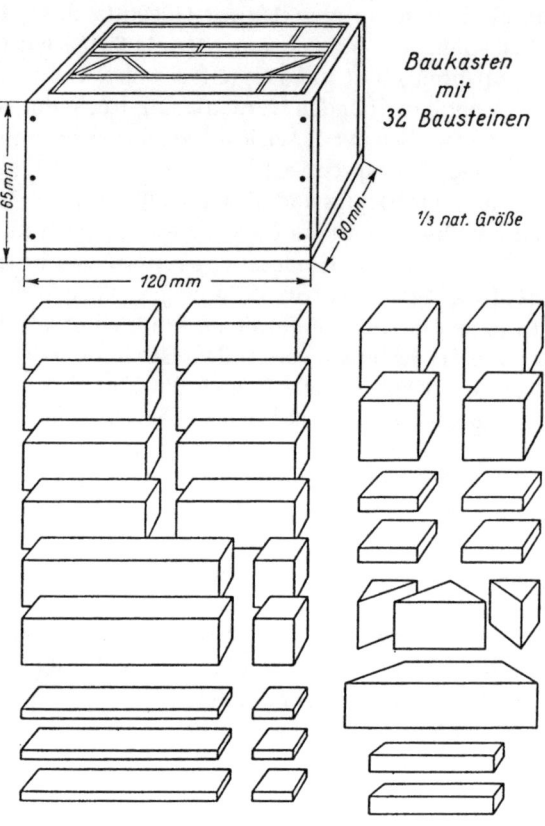

Tafel I

II. Klasse   *Waschkreuz*

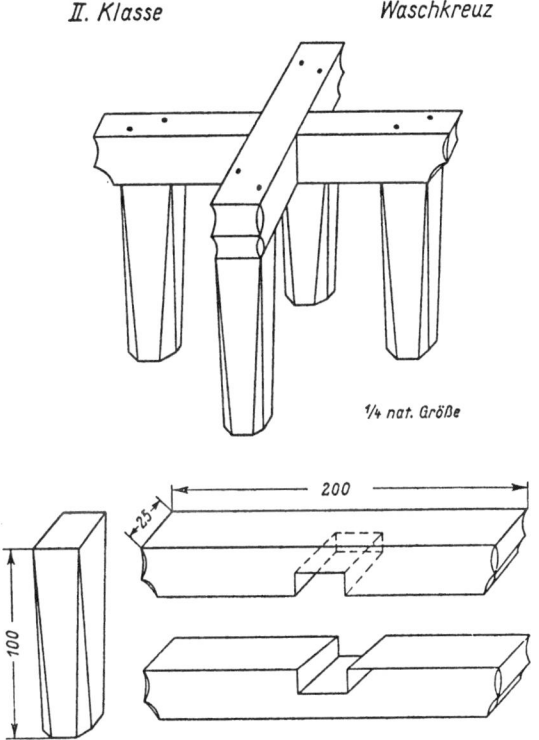

¼ nat. Größe

Tafel II

III. Klasse   *Raupenkästchen*

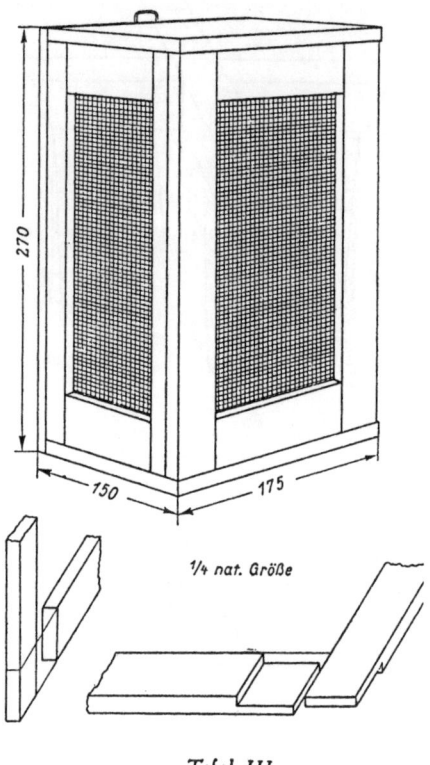

270

150

175

¼ nat. Größe

Tafel III

III. Klasse   *Schleuse*

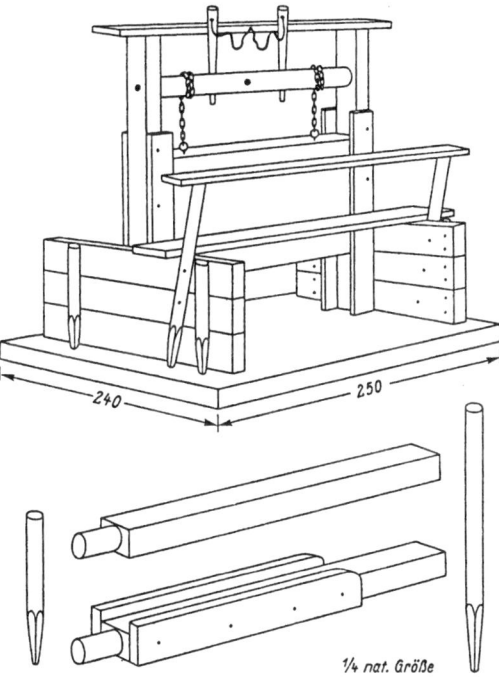

Tafel IV

IV. Klasse   *Starenhaus*

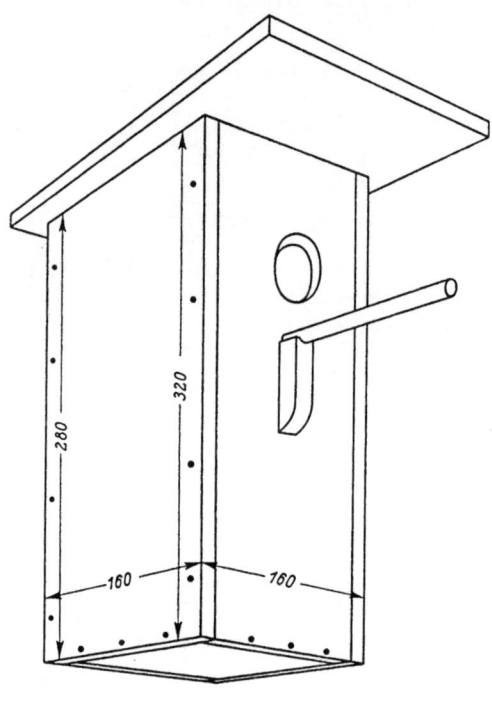

¼ *nat. Größe*

Tafel V

Interpretation

Georg Kerschensteiners
›Begriff der Arbeitsschule‹
– Ein Plädoyer für Arbeit
als Grundlegung der Bildung

Vorbemerkung

Im 1911 erstmals erschienenen Buch ›Begriff der Arbeitsschule‹ versuchte Kerschensteiner seine Überzeugungen zur Reform der Schule festzuhalten und gleichzeitig sie in der Theorie zu fundieren. Als Schlagwort entfaltete die Arbeitsschule weit über Deutschland hinaus eine internationale Wirksamkeit und machte Kerschensteiner zu *dem* Repräsentanten des Anliegens, Arbeit für die Bildung fruchtbar zu machen, schlechthin. Diese Schrift war eine seiner erfolgreichsten Veröffentlichungen, im Laufe der überarbeiteten Auflagen wird außerdem die geistige und thematische Entwicklungsgeschichte des Autors deutlich. Im Folgenden soll Kerschensteiners Arbeitsschule nach einem kurzen biographischen Abriss im Lichte seiner Überlegungen zu Staat, Charakter und Bildung und in Auseinandersetzung zu konkurrierenden Konzepten dargestellt werden.

Der Pädagoge Kerschensteiner: Biographie

Wir kommen mit Georg Kerschensteiner auf einen Pädagogen zu sprechen, der bereits in seiner Zeit sehr prominent war: ein viel gefragter Redner, eine stattliche Figur, ein temperamentvoller Bayer mit hohem rhetorischem Wirkungspotential und einem ausgeprägten Gespür für den Zeitgeist, dem er sich geschickt anzupassen wusste. Er profilierte sich als tatkräftiger und zupackender Schulreformer, dies begründete seinen Ruhm und seine Bekanntheit weit über Münchens Stadtgrenzen hinaus.

Über Georg Kerschensteiners Leben existieren drei recht aufschlussreiche Darstellungen: eine von ihm selbst, eine von seiner zweiten Frau Marie Kerschensteiner und eine von seiner Enkelin Gabriele Fernau-Kerschensteiner. Naturgemäß sind Schilderungen des Lebens aus eigener Perspektive oder derjenigen naher Verwandter und Bekannter parteilich oder tendenziös. Ein solcher Blickwinkel birgt immer ein Potential an zurechtgerückter Erfolgsgeschichte, dunkles oder unrühmliches wird anhin eher ausgespart. Dennoch: Die Darstellungen sind für uns oder für Pädagogen ein wichtiger Bezugspunkt, zumal bis anhin keine kritische Biographie existiert. Alle drei Darstellungen vermitteln uns das Ethos eines Pädagogen, der das Zeug zum Klassiker hat, wie bereits schon zeitgenössische Pädagogen erkannten. Kerschensteiner wurde hierbei mit Pestalozzi in eine Reihe gestellt – so auch vom Doyen der deutschen Pädagogik Spranger – und seine Enkelin scheut sich nicht, ihn bezüglich Verstandesschärfe als „Newton der Pädagogik" zu würdigen. Jede Disziplin erhält die Klassiker, die sie verdient, und hierbei sind Heroisierungen und Überzeichnungen im Sinne hagiographisch aufgebauter Vorbilder offenbar unvermeidlich.[1]

Georg Kerschensteiner wurde im Jahre 1854 in München geboren. Georg Michael war der zweitjüngste Spross einer mehrköpfigen Familie, die in den Hinterhöfen Münchens ein eher armseliges Leben führte. Er war ein guter Schüler, darum entschloss er sich nach der Volksschule, den Lehrerberuf zu wählen. Zu diesem Zweck wurde er in die Präparandenschule nach Freising geschickt, die er 1871 verließ, um danach als Landschullehrergehilfe zu einem Dienstbotenlohn tätig zu sein. Nach einem kurzen Zwischenspiel in Lechhausen wurde er in die Großstadt Augsburg versetzt. 1873 beantragte er auf eigenen Wunsch seine Entlassung aus dem Schuldienst, um selbst weiterführende Schulen besuchen zu können. Als Nachhilfelehrer und mit Klavierunterrichtsstunden seinen Lebensunterhalt bestreitend, gelang es ihm, sich für das Gymnasium vorzubereiten. Die Aufnahme in die Unterprima glückte, und 1877 bestand er das Abitur. Danach studierte er Mathematik und Physik an der Technischen Hochschule in München. Nach dem Staatsexamen 1881 arbeitete er kurze Zeit an der meteorologischen Zentralstation in München, ehe er Gymnasialassistent an einem Nürnberger Gymnasium wurde. Er sei damals eigentlich mathematischer Hochschulassistent gewesen und habe von Pädagogik keine Ahnung gehabt, so seine Nichte Fernau-Kerschensteiner.[2] Immerhin kritisierte er bereits schon damals den enzyklopädischen Charakter des Unterrichts. 1883 dissertierte er zum Thema ›Über die Kriterien für die Singularitäten rationaler Kurven vierter Ordnung‹, bei der Disputation war einer seiner Prüfer Max Planck. 1885 wurde er als Lehrkraft an der Handelsschule in Nürnberg eingestellt, fünf Jahre später war er in Schweinfurt Gymnasiallehrer, ehe er 1893 an das Ludwigs-Gymnasium in München wechselte. In jenen Jahren führte er außerdem Vermessungs-

---

[1] Ph. Gonon: Kerschensteiner als Pestalozzi unserer Zeit – eine heroologische Betrachtung. In: J. Oelkers/F. Osterwalder (Hrsg.): Pestalozzi – Umfeld und Rezeption. Weinheim 1995, S. 315–337.

[2] G. Fernau-Kerschensteiner: Georg Kerschensteiner oder „Die Revolution der Bildung". München 1954, S. 39.

arbeiten an Gletschern unter Leitung eines kundigen Münchner Professors in den bayerischen Alpen durch. Diese Erfahrungen während seiner eigenen Gymnasialzeit – als „spätberufener" Schüler wie als Lehrer – hätten, so mehrere Darstellungen übereinstimmend, seine späteren reformpädagogischen Ansichten geprägt. Er war schon damals einem auf Beobachtung und manuellem Tun geprägten und nach außen gerichteten Unterricht in den Naturwissenschaften zugeneigt und war der Überzeugung, dass die Schule nicht Bildung als solche vermitteln, sondern lediglich „Hunger nach Bildung" erzeugen könne[3]. Georg Kerschensteiner opponierte, inzwischen in Schweinfurt lehrend, gegen einen neu geschaffenen Lehrplan naturwissenschaftlicher Fächer, der lediglich sich auf Wissensvermittlung stützte. Es habe sich dann allerdings herausgestellt, dass dieser von seinem älteren Bruder Anton entworfen worden sei, damals Mitglied des obersten Schulrates, ein vortrefflicher Mediziner, aber kein Schulmeister.[4]

Der Gymnasiallehrer Kerschensteiner heiratete 1886 eine gewisse Sophie Müller. Über sie ist wenig Genaueres bekannt, ihre Nichte Gabriele Fernau-Kerschensteiner weiß wenig Schmeichelhaftes zu berichten: Sie sei seit der Augsburger Zeit Georgs „Zinnsoldat" gewesen, naiv, unbedeutend, fromm und habe wenig an seinem geistigen Leben Anteil genommen. Sie gebar ihm drei Söhne; er habe ihr alles Häusliche überlassen „vom Gänsebraten bis zur Erziehung"[5].

Bis anhin deutet nichts, aber auch gar nichts auf eine Besonderheit hin, die Georg Kerschensteiner als pädagogischen Klassiker ausweisen könnte. Im Gegenteil, eine nicht ganz übliche Gymnasiallehrerkarriere, nach einer wohl etwas schwierigen Kinder- und Jugendzeit. Ein strebsamer Autodidakt, der sich Zugang zur höheren Bildung verschaffte und offenbar eine Vielzahl von Talenten hatte.

1895, in seinem 41. Lebensjahr spielte sich aber ein bedeutsamer Zufall ab, der ihn aus dieser vorgezeichneten Beamtenlaufbahn als Gymnasiallehrer in München herauskatapultierte. Einer seiner Nachbarn sollte zum Stadtschulrat und königlichen Schulkommissar gewählt werden, war aber von seiner konfessionellen und politischen Zugehörigkeit nicht genehm, worauf er sich zurückziehen musste. Besagter Dr. Nicklas schlug nun Georg Kerschensteiner als „Kompromisskandidaten" vor, und tatsächlich, er erhielt den einflussreichen Posten. Hier nun beginnt Kerschensteiners

---

[3] Vgl. M. Kerschensteiner: Georg Kerschensteiner. Der Lebensweg eines Schulreformers. München 1939, S. 105 ff.

[4] G. Kerschensteiner: Selbstdarstellung. In: G. Wehle (Hrsg.), Kerschensteiner Band II. Texte zum Pädagogischen Begriff der Arbeit und zur Arbeitsschule. Paderborn 1982, S. 122.

[5] G. Fernau-Kerschensteiner, a.a.O., S. 77.

pädagogische Karriere und Bekanntheit, die ihm bis auf Weiteres über München hinaus einen großen bildungspolitischen Gestaltungsspielraum verlieh: Er reformierte zunächst die Volksschullehrpläne, genauer die Realien und den Zeichenunterricht, danach die damaligen Fortbildungsschulen und führte ein 8. Pflichtschuljahr ein. Besonders augenfällig war die Errichtung neuer Schulhäuser, im Jugendstil, mit angegliederten Werkstätten und Schulgärten und die Neugestaltung des beruflichen Bildungswesens in München. Darüber hinaus machte er sich durch Reisen ins nahe Ausland kundig und engagierte sich auch an Kongressen zur Kunsterziehung und zur Arbeitsschule. Schließlich hielt er in England und Amerika Vorträge und weckte dadurch ein breites internationales Interesse an den Münchner Reformen.

Vom Lehrer zum Bildungsverwalter und -reformer, dann aber auch zum pädagogischen Meinungsgestalter, dies ist eine Rolle, die ihren durchschlagenden Erfolg durch eine emsige publizistische Tätigkeit erhielt. Georg Kerschensteiner fand in seiner Tätigkeit als Schulkommissar die Zeit, eine Theorie des Lehrplanes zu verfassen (1899), sich an einem Preisausschreiben der Erfurter Akademie der Wissenschaften zu beteiligen, dessen Preis er 1901 prompt gewann, eine Million Kinderzeichnungen zu analysieren, um darauf 1905 ein Buch ›Die Entwicklung der zeichnerischen Begabung‹ zu veröffentlichen und ein Buch zu den Grundfragen der Schulorganisation zu verbreiten. In diese Zeit fällt auch die Veröffentlichung ›Begriff der Arbeitsschule‹. Weiter äußerte er sich auch zum ›Wesen und Wert des naturwissenschaftlichen Unterrichts‹. 1911, inzwischen befindet er sich im 58. Lebensjahr, wird er außerdem von Freunden überredet, ein Reichstagsmandat zu übernehmen für die Freisinnige Volkspartei. Er stand hierbei dem Kreise von Friedrich Naumann nahe, einem Liberalen, der ursprünglich sozialistisches und christliches Gedankengut vertrat und später auch Einfluss hatte auf den nachmaligen modernen deutschen Liberalismus vom Schlage eines Theodor Heuss und der Freien Demokraten. Doch zur damaligen Zeit war der Liberalismus eine sehr breit gefächerte und diffuse Angelegenheit, sie hinderte Georg Kerschensteiner nicht daran, politisch reaktionäre Postulate damit zu verbinden. So war er für strenge kulturelle Zensur und hielt den Individualismus, den er mit Egoismus engführte, für eine ebenso große Gefahr wie die Sozialdemokratie. Auch gegenüber einem „pädagogischen Individualismus" war er sehr skeptisch, so sah er sich eher auf der Linie Platos als Humboldts[6]. Im Ersten Weltkrieg stellte er sich schließlich in den Dienst eines militaristischen und äußerst fragwürdigen – freilich weit herum geteilten – Nationalismus.

[6] Ebd., S. 105.

Seine Reise- und Präsenzzeit als Reichtagsabgeordneter nutzte er für weitere Publikationen; auch aus seinen Vortragsreisen ins Ausland entstanden weitere Werke zur Charaktererziehung, zum deutschen Schulsystem und zum Grundaxiom des Bildungsprozesses. 1915 stirbt seine Frau Sophie, und Kerschensteiner heiratet im gleichen Jahr die Witwe Maria Borst, die uns postum eine weitere Biographie zu Georg Kerschensteiner bescherte.

1918, im 64. Lebensjahr beginnt nun seine Karriere als Hochschullehrer. Sie kompensiert den Ausschluss seines bildungspolitischen Einflusses in München, der sich aus einer ziemlich turbulenten Phase der Münchner Politik, die die Niederlage Deutschlands nach dem Ersten Weltkrieg begleitete, ergab.[7] Vom Intellektuellen und unabhängigen Sozialdemokraten Kurt Eisner und anarchistisch-sozialistischen Kreisen wurde in der Stadt München eine Räterepublik ausgerufen, die indessen wenige Tage später blutig niedergeschlagen wurde. Auch Kerschensteiner musste sich als Gegner der Revolution zeitweilig verstecken. Nach einer Beruhigung der Lage wurde er in München 1920 zum Professor berufen. Ein gleichwertiges Angebot aus Leipzig hatte er kurz davor abgelehnt. In diese Phase fällt sein einflussreiches Werk für die Lehrerbildung, ›Die Seele des Erziehers‹ (1921). 1924, im 70. Lebensjahr, wird er als großer Pädagoge gefeiert, wenn auch seine bildungstheoretischen Schriften lediglich geteilte Zustimmung erhalten. 1926 erscheint sein bezüglich des Umfangs größtes Werk, die ›Theorie der Bildung‹, dem schließlich postum 1933 die ›Theorie der Bildungsorganisation‹ folgt.

1932 stirbt Kerschensteiner.

Aufbau und Struktur des Werks ›Begriff der Arbeitsschule‹

Die „Begriffsschrift" zur Arbeitsschule erschien mit zwei anderen gleichzeitig: ein eher schmales Bändchen betitelt mit ›Der Begriff der staatsbürgerlichen Erziehung‹ und ein von der Seitenzahl her umfangreicheres Werk ›Charakterbegriff und Charaktererziehung‹. Das Jahr 1911 markiert für Kerschensteiner eine Rekapitulation und theoretische Präzisierung der bisher eher aus diversen Anlässen entstandenen Einlassungen und Stellungnahmen. Das eine habe sich aus dem anderen notwendig ergeben und bilde ein „Ganzes"[8]. Denn, wie er im Vorwort zu seiner „Cha-

---

[7] F. Walder: Georg Kerschensteiner als Hochschullehrer und Bildungstheoretiker. Bad Heilbrunn 1992, S. 15.

[8] G. Kerschensteiner: Charakterbegriff und Charaktererziehung. Leipzig 1929 (4. Aufl.), S. X.

rakterbegriffsschrift" schreibt, brauche es nichts Dringenderes „beim Kampf um die Neugestaltung des öffentlichen Schulwesens" als klare Begriffe; denn „volle Klarheit über die rechten Mittel, Wege und Ziele" würde „die meisten Schulschlachten" erübrigen[9].

Das Bestreben, seinen Bemühungen mehr theoretische Dignität und Stringenz zu geben, wird gerade auch aus seiner Veröffentlichung ›Begriff der Arbeitsschule‹ deutlich. Sie bezieht sich, wie im Titel angekündigt, auf die Klärung der Arbeitsschule und insbesondere der „Arbeit". Bereits in seiner ersten pädagogischen Veröffentlichung ›Betrachtungen zur Theorie des Lehrplans‹ (1899) taucht die „geistige Arbeit" auf, die später im Aufsatz ›Produktive Arbeit und ihr Erziehungswert‹ wieder aufgegriffen wird. Letzterer Beitrag erscheint zusammen mit seiner anlässlich der Pestalozzifeier in Zürich gehaltenen Rede ›Die Schule der Zukunft eine Arbeitsschule‹ 1908 in seiner als ›Grundfragen der Schulorganisation‹ betitelten Sammlung von Reden, Aufsätzen und Organisationsbeispielen. Gerade die „Zürcher Rede" veranlasste ihn zu einer weiteren Beschäftigung mit dem von ihm wirkungsmächtig ins Spiel gebrachten Begriff der „Arbeitsschule". Die entsprechend betitelte Begriffsschrift sollte hierzu dienlich sein.

Die Veröffentlichung ›Begriff der Arbeitsschule‹ blieb trotz Umarbeitungen in ihrer Struktur und in ihrem argumentativen Aufbau ziemlich stabil. Einführenden Vorbemerkungen folgte ein darstellendes Entfalten der Konzeption der Arbeitsschule auf gut über 100 Seiten, die durch einen beinahe ebenso gewichtigen Anhang ergänzt wurden. Ab der 6. Auflage, erschienen im Jahre 1925, wurde ein Zusatz, der als separater Aufsatz bereits zwei Jahre früher erschienen war, eingefügt, so dass die folgenden Veröffentlichungen sieben statt bis anhin sechs Kapitel umfassten.

„Vorbemerkungen"

Zunächst führte Kerschensteiner in die jeweiligen Auflagen durch knappe Vorbemerkungen ein. Sie geben Auskunft über den Wandel, dem das Konzept der Arbeitsschule ausgesetzt war.

So erinnert die 1. Auflage aus dem Jahre 1911 die Leser an den Anlass seiner sich zur Reformparole entwickelnden Bezeichnung „Arbeitsschule" als Schule der Zukunft, die 6. Auflage kündet eine Erweiterung um ein Kapitel an und in der 1928 erschienenen 7. Auflage wird eine Verbesserung der Darstellung und Straffung der Beweisführung angekündigt.

Es war die gehaltene Festrede zur Feier des 162. Geburtstages Heinrich Pestalozzis in Zürich im Jahre 1908, die den von ihm hierbei gebrauchten Begriff „Arbeitsschule" populär machte. Der Geist der Arbeitsschule

---

[9] Ebd., S. V.

müsse – mit Berufung auf Pestalozzi – sowohl in Volksschulen als auch in höheren Schulen einkehren. Die Vorbemerkung der ersten Auflage weist darüber hinaus auf den Rahmen der Kontroversen, in die sich Kerschensteiner verwickelte, hin: Einerseits ist es die Abkehr von der traditionellen Schule, ein Thema, das ihn in Auseinandersetzung mit den Herbartianern beschäftigte, andererseits geht es um das „richtige" Verständnis der Arbeitsschule – eine Debatte, die sich anlässlich einer im gleichen Jahr dieser Veröffentlichung in Dresden durchgeführten Tagung des „Bundes für Schulreform" ergab. Schließlich ist der Hinweis darauf, dass Kerschensteiner sich mit der Arbeitsschule in die Traditionslinie von Plato bis Pestalozzi stellt, nicht nur ein Aufweis der Dignität des Konzeptes, sondern beinhaltet auch eine Spitze gegenüber anderen, die ihm Unbedarftheit, „Ideenklau" oder gleich beides unterstellen. So kann er einem „Schriftsteller" – gemeint ist der Pädagoge und Politiker Robert Seidel –, der für sich eine Priorität des Arbeitsschulgedankens in Anspruch nahm, entgegnen, dass es darum ginge, eine Idee, die so alt wie die Erziehungslehre selbst sei, den neuen Zeitverhältnissen angepasst wieder zu verlebendigen.

Ohne die inhaltliche Grundausrichtung wesentlich zu verändern, wurde im Laufe späterer Veröffentlichungen der jeweils abgedruckten Vorbemerkung der 1. Auflage vom Autor selbst eine 4. und 5. beigefügt, die auf Umarbeitungen oder neue Zeitumstände aufmerksam machen sollten. In der 1925 erfolgten 6. Auflage hielt Kerschensteiner fest, dass „Unklarheiten und Irrtümer", die er „bei der versuchsweisen Durchführung der Arbeitsschule in verschiedenen deutschen Städten bemerkte", ihn zu einer weiteren „Klarlegung" des Arbeitsbegriffs veranlasst hätten, darum sei ein weiteres Kapitel eingefügt worden. Denn es bestehe die Gefahr, dass bei einer Verkennung des Begriffes auch die Arbeitsschule selbst in Misskredit gerate. Mit verschiedenen Arbeitsschulumsetzungen war Kerschensteiner offenbar alles andere als zufrieden, wenn er in der gleichen Vorbemerkung festhielt, dass er einer „wachsweichen modernen Arbeitsschule" eine „stahlharte alte Buchschule" bei weitem vorziehen würde. Denn Arbeitsschule heiße nicht „Wachsen lassen wie es eben wächst, sondern den Willen bedingungslos dem Gesetz der Sache" zu unterwerfen, wie er wohl in prägnantester Kürze seine Programmatik umreißt. „Expressionistischen" oder lediglich ästhetischen Varianten der Arbeit in der Schule stand Kerschensteiner äußerst skeptisch gegenüber, er bevorzugte ein eher an der (damaligen) modernen Naturlehre angelehntes Arbeitsverständnis, welches menschliche Kraft mit Wirkung korrelierte.[10]

In dieser Vorbemerkung ist außerdem eine deutliche Resignation spür-

---

[10] F. Auerbach: Die Grundbegriffe der modernen Naturlehre. Leipzig 1910; insbes. das Kapitel: Arbeit und Energie, S. 120 ff.

bar, wenn Kerschensteiner eine Diskrepanz von Bucherfolg und fehlenden gelungenen Beispielen festhält. Dank dieser Veröffentlichung, die inzwischen in elf europäische und drei asiatische Sprachen übersetzt sei, erhalte er laufend Anfragen, Schulen in seiner Wirkstätte in München vorzuführen, um dann als Antwort geben zu müssen, dass „keine mehr" vorhanden sei. Während außerhalb Deutschlands erfreuliche „Verwirklichungen" zu finden seien, spaziere in Bayern die Arbeitsschulidee „als eine Art Spukgestalt umher". Damit wird bereits in den Vorbemerkungen auf den für ihn schmerzlichen Unterschied hingewiesen, der sich daraus ergibt, dass die Idee der Arbeitsschule auf Zustimmung stößt, dass aber im Hinblick auf Realisierung Rückschläge zu verzeichnen seien. Weder das Ausbleiben der Umsetzung der Arbeitsschulidee noch die erfolgten Umsetzungen beglückten ihn, so richtet sich seine Schrift sowohl an Arbeitsschulgegner wie auch mindestens ebenso deutlich an (vermeintliche) Arbeitsschulbefürworter.

„Der Staatszweck und die Aufgaben der öffentlichen Schule"

Im ersten Kapitel seiner Schrift versucht Kerschensteiner die gesellschaftliche Zwecksetzung der Schulen in ihrer historischen Gestalt zu skizzieren und daraus drei Aufgaben der öffentlichen Erziehung abzuleiten. Die Grundlegung der Arbeitsschule ergebe sich aus einem Staatszweck, den er jedoch nicht unmittelbar politisch, sondern ethisch bestimmt. Er bezieht sich nicht auf einen gegebenen Staat, sondern auf einen idealen Staat, der in seinen Zielen und Einrichtungen den sittlichen Gedanken verkörpere. Der Autor geht davon aus, dass „im Laufe der Geschichte" tatsächlich viele Staatsorganisationen „auf dem Wege zum Kultur- und Rechtsstaat wandern"[11]. In diese allgemeine Entwicklung füge sich auch das Leben der einzelnen Menschen ein. Vernunftstaat und sittliche Persönlichkeit, als anzustrebendes Ideal, seien daher korrelative Begriffe.

„Die Berufsbildung als erste Aufgabe"

In den beiden folgenden Kapiteln, nämlich 2 und 3 der ersten Auflagen, werden dann die drei Aufgaben der öffentlichen Erziehung näher erläutert. Aus dem Staatszweck deduziert, ergibt sich für Kerschensteiner als erste Aufgabe der Schule, die Berufsbildung des Einzelnen zu gewährleisten bzw. diese vorzubereiten.

Mit Berufung auf Pestalozzi wird hierbei die Bedeutung der manuellen Arbeit für jeden Einzelnen im Erziehungsprozess sowie die bedeutsame Rolle der körperlichen Arbeit einer Mehrzahl von Menschen im Gemein-

---

[11] G. Kerschensteiner: Begriff der Arbeitsschule (5. Aufl.). Leipzig 1922, S. 3 (in diesem Band S. 10; so auch im Folgenden).

wesen hervorgehoben. Aus diesem Grunde machte er sich für die Arbeitsschule stark, als diejenige Schule, die Knaben und Mädchen als Unterrichtsfach eine Vorbereitung auf das spätere Berufsleben ermöglicht. Das
Ziel besteht nicht darin, wie es der bereits seit längerem geforderte Handarbeitsunterricht tat, berufspropädeutische Fertigkeiten und Kenntnisse
einzuüben, sondern zur „Arbeitsfreude" zu erziehen bzw. diese zu erwecken.

„Der pädagogische Begriff der Arbeit"
Kerschensteiner fügte dieses Kapitel ab der 6. Auflage, veröffentlicht
1925, bei. In der 7. Auflage wiederum, erschienen 1928, integrierte er außerdem zusätzliche Überlegungen im Zusammenhang mit seiner Auseinandersetzung mit Aloys Fischers ›Psychologie der Arbeit‹[12]. An diesem Kapitel
muss dem nicht nur mit seinen Gegnern aus alten Tagen, sondern auch inzwischen mit seinen Fachkollegen aus den Hochschulen sich auseinander
setzenden Kerschensteiner viel gelegen sein, setzte er doch diesen vorgängig erschienenen Aufsatz mitten in seine ursprüngliche Argumenta-
tionskette hinein. Hierbei wird der Disput mit Hugo Gaudig, der bereits in
der 1. Auflage an anderer Stelle auftaucht, erneut aufgegriffen. Kerschensteiner verwahrt sich gegen expressionistische, aber auch gegen einseitig
persönlichkeits- und unterrichtszentrierte Ansätze, wobei er – unter Rück-
griff auf die neukantianische Wertlehre Heinrich Rickerts – auf Sachlichkeit und Vollendung als die zentralen Elemente eines pädagogischen Begriffes der Arbeit setzt. Insofern fließen in dieses Kapitel die bildungstheoretischen Bezugsetzungen des Spätwerks von Kerschensteiner ein.

„Die zweite und dritte Aufgabe der öffentlichen Schule"
Die Berufsbildung als erste Aufgabe der öffentlichen Schule in Eng-
führung mit der staatsbürgerlichen Erziehung ist jedoch nur eine Aufgabe
der Schule. Darüber hinaus soll die Berufsbildung selbst versittlicht werden, denn erst dadurch findet dann auch eine Versittlichung der Gemeinschaft, im Kleinen wie im Großen, statt. Hierbei verweist Kerschensteiner
auf die „Arbeitsgemeinschaft". Diese bezieht sich hinsichtlich Unterricht
nicht nur auf die Schüler, sondern auch die Lehrer der Schule müssten
vom Geiste der opferwilligen Arbeitsgemeinschaft „tief durchdrungen" sein[13]. Aus dem Geiste der Arbeitsgemeinschaft, wie er neben dem
klassischen Hinweis auf Pestalozzi auch in Übereinstimmung mit John
Dewey und Paul Natorp, einflussreicher Verfasser einer Sozialpädagogik,

---

[12] R. Adrian: Die Schultheorie Georg Kerschensteiners. Eine hermeneutische
Rekonstruktion ihrer Genese. Frankfurt a. M. 1998, S. 147.
[13] G. Kerschensteiner, Begriff der Arbeitsschule, S. 50.

und in kritischer Bezugnahme zu Hermann Lietz und Friedrich Wilhelm Foerster, also alles zeitgenössische Reformpädagogen, festhält, erwachse die bereits zu Beginn angestrebte „Versittlichung des großen Gemeinwesens". Daran arbeiten die Schüler einst mit, indem sie „leben und ihre berufliche Tätigkeit ausüben"[14]. Im Kleinen, das heißt in der Schule und insbesondere in den Werkstätten, Laboratorien, Schulküchen und Schulgärten soll beginnen, was später der Gesellschaft als Ganzes zu Gute kommen soll. Diese Ausrichtung entspreche gerade auch der Natur des Kindes, darum sei John Dewey gemäß eine kopernikanische Wende, in welcher das Kind die Sonne sei, um welche sich die Schuleinrichtungen drehe, angesagt.[15]

Aus den drei Aufgaben der öffentlichen Erziehung, die in die Forderung der manuellen und geistigen Arbeit in der Schule und der Schaffung von Arbeitsgemeinschaften als Beitrag an die Berufsbildung münden, ergibt sich die Forderung der staatsbürgerlichen Erziehung für zukünftige Staatsbürger.

„Die Methoden der Arbeitsschule"

Im Unterschied zu heute verstand Kerschensteiner unter „Methoden" viel weniger ein Set an Rezepten für den Schulunterricht, als vielmehr eine konzeptionelle Rahmung, die sich mit dem Begriff „erarbeiten" zusammenfassen lässt.

Auch dieses Kapitel erfuhr ab der 3. Auflage Veränderungen, die mit einer anderen von ihm bewerkstelligten Veröffentlichung zusammenhingen: ›Das Grundaxiom des Bildungsprozesses‹, erstmals unter diesem Titel 1917 erschienen. Das dort geschilderte Bildungsverfahren wird in das „Methodenkapitel" integriert, und die Neuformulierungen des „Grundaxioms" werden in die folgenden Auflagen dann laufend eingepasst[16].

Aus den oben skizzierten Aufgaben ergebe sich laut Kerschensteiner ein Grundriss einer inneren Organisation der Volksschule. Die Schule müsse ihren Einfluss auf die ethische Richtung der Charakterbildung gemäß den drei vorgängig formulierten Zielsetzungen ausrichten. Um die Willensstärke, Urteilsklarheit, Feinfühligkeit und Aufwühlbarkeit als wertvolle Charaktereigenschaften gedeihen zu lassen – er verweist in diesem Zusammenhang auf seine „Charakterbegriffsschrift", in welcher diese Elemente weit ausführlicher erörtert würden –, sei eine Freiheit der Betätigung und Mannigfaltigkeit der Verhältnisse vonnöten. Vorstellungen und Begriffe

[14] Ebd., S. 51.
[15] G. Kerschensteiner: Die Schule der Zukunft eine Arbeitsschule, In: G. Wehle (Hrsg.): Kerschensteiner, Band II, a. a. O., S. 37 f.
[16] Adrian, ebd., S. 147.

sollten hierbei „so weit als möglich durch Erfahrung selbst" erarbeitet werden[17].

Durch „ihre Methoden und durch die Art ihres ganzen Betriebes" werde die Arbeitsschule diejenige Schule, die die in den jeweiligen Kultur- oder Bildungsgütern vorhandenen („immanenten") Bildungswerte auslösen könne. War in früheren Auflagen – mit explizitem Bezug zu Wilhelm Dilthey – von objektivem Geist und subjektiven Strukturen des Geistes die Rede, so betont Kerschensteiner später beim „Sinn des Erarbeitens eines Bildungsgutes" eher das „Erlebnis des Wertes", das beim Eindringen in den Geist eines Kulturgutes vonstatten gehe[18]. Erarbeiten sei also mehr als Veranschaulichen und mehr als ein lediglich manuelles Tun, wie wohl Letzteres ein zentrales Element der Arbeitsschule sei. Die manuelle Tätigkeit müsse bei der Erarbeitung gewisser Kulturgüter in den Dienst der Willensbildung und Urteilsschärfung gestellt werden, erst dann würde der manuellen Beschäftigung ein „neues Bildungselement" zugefügt im Sinne einer Arbeitsschule.

„Der fachliche Arbeitsunterricht und der technische Lehrer"
An die Lehrerschaft einer Arbeitsschule werden gemäß den vorangehenden Überlegungen spezifische Anforderungen gestellt, die weit über das übliche Maß der damaligen Lehrerbildung hinausgingen. Kerschensteiner glaubt daher, dass es neben dem theoretisch-wissenschaftlich durchgebildeten Lehrer, falls der manuelle Arbeitsunterricht, nicht nur als Methode, sondern auch als Unterrichtsfach sich etablieren sollte, noch eine zweiten brauche: den technischen Lehrer. Das Erarbeiten von Bildungsgütern anhand rein geistiger Arbeit sei nur einer Minderheit möglich, darum brauche es für die sittliche Erziehung der Massen den gut durchgebildeten technischen Lehrer.

„Zusammenfassung und Schlußbetrachtung"
In den zusammenfassenden Schlussbetrachtungen hebt Kerschensteiner insbesondere nochmals die Charakterbildung hervor. Die Arbeitsschule setze im Unterschied zur herkömmlichen Schule auf ein Minimum an Wissensstoff, gleichzeitig würde aber durch sie ein Maximum an Fertigkeiten, Fähigkeiten und Arbeitsfreude resultieren. Ausdrücklich wird hervorgehoben, dass die Arbeitsschule keinen Bruch mit der Vergangenheit bedeute und Undurchführbares verlange, sondern das Gute weiterentwickle.

---

[17] Kerschensteiner: Begriff der Arbeitsschule, S. 55f.
[18] Ebd., S. 60f.

„Anhang"

Im Anhang, der umfangmäßig recht ausführlich geraten ist, wird ein Organisationsbeispiel für eine städtische Volksschulklasse vorgestellt. Kerschensteiner präsentiert hierbei Münchner Versuchsklassen hinsichtlich der Anordnung ihrer Unterrichtszeit, ihrer inhaltlichen Ausgestaltung und ihres material- und finanzbezogenen Aufwandes. Naheliegenderweise fällt der so genannte „Anschauungsunterricht", die weiblichen Handarbeiten oder aber die Holzbearbeitung ins Auge. Der Versuch währte lediglich vier Jahre (1914–1918) und war durch zahlreiche wenig erquickliche Bedingungen geprägt: So durfte der Unterricht nicht vom offiziellen Lehrplan abweichen und war durch kriegsbedingte Umstände eingeschränkt. Knaben wie Mädchen wurde zu Beginn der gleiche Arbeitsunterricht zuteil, auch Gartenarbeiten und häusliche Beschäftigungen waren darin eingeschlossen.[19] Beim Schreiben stützten sich die Versuchsschulen auch auf Vorgaben von Maria Montessori. Insgesamt hätte sich Kerschensteiner für seine Münchner Versuchsschulen eine Ausdehnung des Holzbearbeitungsunterrichts und der Gartenarbeiten in den höheren Versuchsklassen gewünscht, um Selbsttätigkeit und Selbstbildung ausgehend von den vorwiegend praktischen Interessen der Kinder zu befördern.[20] Trotz der beschränkten Erfahrungen geht er abschließend davon aus, dass die Arbeitsschule Zukunft habe und dass eine verbesserte Lehrerbildung dieser zuträglich sei.

Staat, Beruf und Arbeit

Die enge Verknüpfung von staatsbürgerlicher Bildung, Arbeitsschule und Beruf ist bereits in früher veröffentlichten Überlegungen angelegt. Woher nahm Kerschensteiner die Gewissheit, dass sich ein konkretes Staatsgebilde in Richtung idealer Staat entwickle, wenn der Arbeit in der Volksschule eine besondere Bedeutung zugesprochen würde? Die Arbeitsschule als Beitrag zur Versittlichung der Berufsbildung und Versittlichung der Gesellschaft sind Gedanken, die bereits aus seiner ersten bekannten Veröffentlichung, gemeinhin kursierend unter dem Titel ›Die staatsbürgerliche Erziehung der deutschen Jugend‹, ansatzweise entwickelt wurden. In dieser 1901 verfassten Schrift wird im Hinblick auf die Umwandlung von so genannten Fortbildungsschulen auf die hervorragende Rolle der Arbeit und des Berufes hingewiesen. Kerschensteiner wurde gerade in dem Augenblick, als seine Umgestaltungspläne in München einer heftigen Opposition von Seiten der Lehrerschaft ausgesetzt waren,

---

[19] Ebd., S. 83 ff.
[20] Ebd., S. 112 f.

mit diesem Plädoyer für Schulreform schlagartig bekannt: denn er erhielt den Preis der Königlichen Akademie gemeinnütziger Wissenschaften zu Erfurt. Am 25. 4. 1900 war nämlich folgende Preisaufgabe formuliert worden:

„Wie ist unsere männliche Jugend von der Entlassung aus der Volksschule bis zum Eintritt in den Heeresdienst am zweckmäßigsten für die bürgerliche Gesellschaft zu erziehen?"

Dem Sieger winkte ein Preisgeld von 600 Mark. Das Thema wurde außerdem wie folgt erläutert: „Es sollen die Ziele einer allgemein sittlich-intellektuellen Erziehung unserer männlichen Jugend im Gegensatz zu einer bestimmten Berufserziehung dargelegt werden, unter Angabe der Mittel, welche geeignet erscheinen, dieselben zu schützen vor der Gefahr, entweder hilflos sich selber überlassen zu bleiben oder den Umsturzparteien zum Opfer zu fallen."[21] Bis zum 30. April 1901 wurden 75 Einsendungen eingereicht, im Juni erkannte dann die Kommission Kerschensteiner den Preis zu. Seine Antwort wurde im Jahrbuch der Akademie 1901 abgedruckt; zugleich publizierte Kerschensteiner sie aber unter dem Titel ›Staatsbürgerliche Erziehung der deutschen Jugend‹. Die Schrift wurde bis 1931 zehnmal aufgelegt, anlässlich der 4. Auflage 1909 bekam sie ein neues Vorwort und wurde umgearbeitet. Diese, wie sie in der Folge auch genannt wird, „Preisschrift" machte Kerschensteiner berühmt, da sie auch als Grundlegung der später so benannten Berufsschule gilt. In der Literatur wird die Preisschrift, die im Wesentlichen eine inhaltliche Neubestimmung der Fortbildungsschulen durch eine Verberuflichung forderte, daher auch als „Begründungsurkunde" der Berufsschule bezeichnet[22].

Aus der ursprünglichen Frage, die als Titelgebung weit aussagekräftiger ist, ergibt sich, dass es sich um eine sozialpolitische Problemstellung handelt. Wie lassen sich Jugendliche – genauer: männliche Jugendliche – von der Straße abhalten, damit sie, statt staatsgefährlich oder kriminell zu werden, in die bürgerliche Gesellschaft integriert werden können? Dieses Thema beschäftigte die Öffentlichkeit jener Zeit oder besser die wilhelminischen Eliten angesichts des stetigen Anwachsens der Arbeiterbewegung und politischen Einflussnahme der Sozialdemokratie recht intensiv. Nationalökonomie, Politik, Philosophie und sich, ausgehend von dieser Fragestellung, als eine eigene Disziplin formierend die Soziologie entzün-

---

[21] G. Wehle: Bemerkungen zur Textauswahl, Textgeschichte und Textwiedergabe. In: G. Wehle (Hrsg.): Kerschensteiner Band I: Berufsbildung und Berufsschule, Paderborn 1966, S. 203 f.

[22] Vgl. U. Müllges: Das literarische Erbe Georg Kerschensteiners und seine wissenschaftliche Aufnahme. In: J. Justin (Hrsg.): Udo Müllges: Berufspädagogik. Mannheim 1991, S. 149–175.

deten sich an den Folgen der Industrialisierung, Urbanisierung und kulturellen Umwälzung im Sinne einer sich stark verändernden Gesellschaft. Wie konnte eine solche Dynamik in geordnete Bahnen gelenkt werden, wie konnten Revolutionen und soziale Unrast verhindert und die Arbeiterschaft gebändigt werden? Kerschensteiners Antwort ist einfach: Sie sollen in die Schule gehen! Es galt, die Fortbildungsschulen, wie sie damals hießen, also diejenigen Einrichtungen, entstanden oft aus lokalen Initiativen, die nach der obligatorischen Schulpflicht einigen wenigen offen standen, der großen Masse zugänglich zu machen. Kerschensteiner versprach sich und anderen neben diesem Befriedungsgedanken davon außerdem, dass das in der Volksschule Gelernte wiederholt und vertieft würde und somit auch mehr „Know-how" für den späteren Heeresdienst zur Verfügung stehe. Durch Beschulung gewinnen also alle: die kaiserlich-wilhelminischen Eliten, das Heer, aber auch die Jugendlichen selbst; wenn es dazu kommt, dass die Schule nicht nur bei den Jugendlichen, Eltern und der Gesellschaft Anklang findet, sondern diese auch die Jugendlichen weiterqualifiziert. Dazu galt es also die Fortbildungsschulen – salopp gesagt – „aufzumöbeln" und deren Lehrpläne zu modernisieren. Die (städtischen) Fortbildungsschulen seien also in folgender Weise zu organisieren:

Eine Elementarabteilung mit dreijährigem Pflichtbesuch bei wöchentlich 8- bis 9-stündigem Tagesunterricht: daran anschließend eine höhere Abteilung in Abendkursen mit freiwilligem Besuch für alle aus der Pflichtabteilung Entlassenen. Kerschensteiner forderte also drei Jahre zusätzlichen Pflichtunterricht für alle Jugendlichen, denn er erweiterte nämlich im Nachhinein seine Forderungen auch auf den Schulbesuch der Mädchen aus. Diese Fortbildungsschule – die später in Berufsschule umbenannt werden wird – ist also seine Antwort auf die Preisfrage der Akademie. Wie er in der Preisschrift festhält:

„Den Kern- und Angelpunkt der ersten staatsbürgerlichen Erziehung bildet nun eine zweckmäßige Gestaltung der gewerblichen (bzw. landwirtschaftlichen), nach den verschiedenen größeren oder kleineren Berufsgruppen ausgebauten Fortbildungsschule. So unscheinbar diese Kraft dünken mag (...) so gilt von ihr doch das Gesetz der Summierung unendlich vieler kleiner gleichwirkender Kräfte, die Menschenalter um Menschenalter in gleichem Sinne tätig sind. Sie ist das Mittel, das alle trifft, alle ohne Ausnahme."[23]

Was für einen Lehrplan schlug er nun vor? Man kann in diesem unschwer das Muster erkennen, das auch heute noch die Berufsschulen in Deutschland prägt:

---

[23] G. Kerschensteiner: Staatsbürgerliche Erziehung der deutschen Jugend. In: G. Wehle (Hrsg.): Kerschensteiner Band I, a.a.O., S.43.

– Praktisch-gewerblicher Unterricht der jeweiligen Berufsgruppe: Zeichnen, Modellieren, Waren- und Werkzeugkunde und womöglich Werkstattunterricht gehalten von verständigen Berufsleuten.
– Theoretisch-gewerblicher Unterricht: Dieser fällt den Berufsschullehrern zu; hier wird Geschäftsaufsatz, Rechnen, Buchführung und Geschmack an guten deutschen Schriften in Verbindung mit einer guten Schülerbibliothek vermittelt.
– Staatsbürgerlicher Unterricht: Hierunter zählt Kerschensteiner die Bürgerkunde, aber auch die Lebenskunde (Gesundheitslehre). Darüber hinaus schließt er aber auch wöchentlichen Turnunterricht und Sonntagswanderungen ein, am besten in Verbindung mit lokalen Turnvereinen und auf freiwilliger Basis – wie es heißt – „von sittlichem Ernst und vaterländischem Geist getragene Unterhaltungsabende"[24].

Der Rest der „Preisschrift" umfasst eine Rechtfertigung, warum staatsbürgerliche Erziehung vonnöten sei, und warum sie gerade auch für die Arbeiter bzw. Jugendliche, die nicht eine höhere Laufbahn anstreben, vonnöten sei. Bildung müsse möglichst vielen zugänglich gemacht werden, wie er gegenüber konservativen Vertretern – z. B. gegenüber dem einflussreichen nationalkonservativen Historiker Treitschke, der in gebildeten Arbeitern eine Gefahr sah – deutlich macht.[25] Kerschensteiners Antwort ist aber eine deutlich differente Bildung als diejenige für Gymnasiasten. An der Spitze steht die Erziehung zur beruflichen Tüchtigkeit als der Beitrag zur staatsbürgerlichen Erziehung.[26] Es gehe darum, die Grundlagen für elementare bürgerliche Tugenden zu legen. Und wie er weiter schreibt:
„Der Wert unserer Schulerziehung, soweit sie die großen Volksmassen genießen, beruht im wesentlichen weniger auf der Ausbildung des Gedankenkreises" (...) – hierin ist ein deutlicher Hieb gegen die ihm feindlich gesinnten Herbartianer zu erkennen – (...) „als vielmehr in der konsequenten Erziehung zu fleißiger, gewissenhafter, gründlicher, sauberer Arbeit in der stetigen Gewöhnung zu unbedingtem Gehorsam und treuer Pflichterfüllung und in der autoritativen unablässigen Anleitung zum Ausüben der Dienstgefälligkeit".[27]

Die hervorgehobene Äußerung zeigt, dass die „ideale Begründung" Kerschensteiners auf dem Boden der sozialen und politischen Verhältnisse angekommen ist. Familie, Beruf und Heereszucht sind neben der

[24] Ebd., S. 44.
[25] Ph. Gonon: Die Arbeit als Thema der öffentlichen Auseinandersetzung: Befindlichkeiten um die Jahrhundertwende und deren pädagogische Bedeutung. In: J. Oelkers/F. Osterwalder (Hrsg.): Die neue Erziehung – Beiträge zur Internationalität der Reformpädagogik. Bern 1999, S. 157–180.
[26] Kerschensteiner: Staatsbürgerliche Erziehung, a. a. O., S. 17.
[27] Ebd., S. 34.

Schule Instanzen, worin nicht der eigene Wille, sondern Vorschriften, Gesetze und Weisungen von anderen von Bedeutung für die Erziehung sind. Nur auf einer solchen Grundlage entwickle sich Autonomie, denn Arbeit und Gewöhnung würden erst die Voraussetzungen schaffen, dass in der Seele das Bedürfnis entstehe, gut und sittlich zu sein. Gewöhnung im Handeln durch „gewissenhafte, aber freudige Arbeit" sei vonnöten: Mit Thomas Carlyle, den er zustimmend zitiert, weiß sich Kerschensteiner einig:

„Das letzte Evangelium für diese Welt ist seine Arbeit zu kennen und sie zu tun; alle wahre Arbeit ist geheiligt und in aller wahrhaftigen Arbeit ist etwas Göttliches."[28]

Die Bedeutung des Wertes wahrhafter Arbeit sei für die meisten aus der Volksschule tretenden nicht nur das Hauptmittel für die Willenserziehung, sondern der einzige sichere Anknüpfungspunkt für die weitere Entwicklung der Erkenntnis und Charaktereigenschaften, die wiederum für ihre Entfaltung auf Einsicht beruhten. Berufsarbeit sei hierbei das „zweckmäßigste Mittel zur staatsbürgerlichen Erziehung": direkt als Grundlage für die Ausbildung zahlreicher Willensbegabungen, und indirekt, weil sie das Interesse der Zöglinge am ehesten fessle und sich zu einem allgemeinen Interesse ausbauen lasse. Bildung dürfe nicht am Allgemeinen ansetzen, sondern müsse über das Berufliche sich erschließen.[29] Es brauche eine Einsicht in den Wert guter Arbeit. Darum ist ihm die Arbeitstüchtigkeit, aus der die Arbeitsfreudigkeit erwachse, von großer Bedeutung.

Die bisherigen Ausführungen in der „Preisschrift" beziehen sich nicht nur auf die (städtischen) Fortbildungsschulen; Schulen, die er in den kommenden Jahren konsequent ausbaute, wie aus den jährlich veröffentlichten Berichten der Stadt München zu ersehen ist. Auch ländliche Fortbildungsschulen, Lehrwerkstätten und berufliche Fachschulen sollten auf das Ziel der staatsbürgerlichen Erziehung hin umgestaltet werden.

Kerschensteiner hatte einen großen Anteil bei der Reform des lokalen Berufsschulunterrichts. Er ließ sich hierbei von vielen Reisen ins nahe Ausland inspirieren, wie sein im gleichen Jahr wie die Preisschrift erschienenes Werk ›Beobachtungen und Vergleiche über Einrichtungen für gewerbliche Erziehung außerhalb Bayern‹[30] bezeugt.

Auch an Volksschulen wurde mit der gleichen Begründung die Einführung von Werkstätten forciert. Landerziehungsheime und Landschul-

---

[28] Thomas Carlyle, zitiert in: Kerschensteiner: Staatsbürgerliche Erziehung, a.a.O., S. 35.

[29] Ebd., S. 37.

[30] G. Kerschensteiner: Beobachtungen und Vergleiche über Einrichtungen für gewerbliche Erziehung außerhalb Bayern. München 1901.

heime, aber auch Verbände wie Jugendvereine, Turnvereine, Gewerbevereine und insbesondere Volksbildungsvereine und Bibliotheken etc. wurden außerdem im Hinblick auf ihre staatsbürgerlich-erziehende Funktion von ihm positiv gewürdigt. In diesen Jahren hebt Kerschensteiner an vielen Tagungen und in schriftlichen Beiträgen insgesamt die Erziehung zur Arbeitsfreude hervor, eine solch ethische Grundhaltung drücke sich auch ästhetisch im Ergebnis der Arbeit, im Werk, aus. Die hierbei sich entfaltende Arbeits- und Schaffensfreude komme auch dem Staat und der Gesellschaft insgesamt zu Gute[31].

Wir haben durch die „Preisschrift" einen Kerschensteiner kennen gelernt, der das Bildungswesen klar auf gesellschaftspolitische Desiderate ausrichtete. Es ist die damalige „soziale Frage", die ihn und andere dazu veranlasste, diese pädagogisch lösen zu wollen. Soziale Ungerechtigkeit, sozial große Unterschiede in den Lebensverhältnissen sollten durch eine entsprechende Sozialpolitik, die Bismarck bereits vorgängig in anderen Bereichen einsetzte (wie beispielsweise Krankenversicherungen), durch schulische Maßnahmen ausgebügelt werden. Dabei geht Kerschensteiner von einer idealen Vorstellung aus: Es ist der Staat als Kulturstaat, in dem – ähnlich wie bei Plato, auf den er sich diesbezüglich immer wieder beruft[32] – jeder seinen Platz durch einen Arbeits- bzw. Berufsbezug findet und dafür hinreichend gebildet wird. Es ist jedoch keine transzendente Begründung, etwa eine religiöse, die die Erziehungsbedürftigkeit des Einzelnen bestimmt, sondern eine Frage des Zusammenlebens, die als staatsbürgerliche und nicht politische gefasst wird. Hierbei geht Kerschensteiner wohlweislich nicht auf eine exakte empirische Analyse der Gesellschaft ein, sondern versucht entlang eines Idealbildes zu argumentieren. Diese Ausgangslage machte es ihm einfach, die Idee der staatsbürgerlichen Erziehung in verschiedenen pädagogischen Kontexten und durch alle politischen Wirrnisse seiner Zeit aufrechtzuerhalten und sogar bei Sozialdemokraten Anklang zu finden. Was also besonders an der „Preisschrift" hervorzuheben ist, ist der Gedanke der sozialen Befriedung durch Schule. Hierbei stützt sich Kerschensteiner vor allem auf das englische Beispiel, wie viele Belegstellen in der „Preisschrift" bezeugen. Es ist die von Heinrich von Nostitz, von einem preußischen Beamten verfasste ausführliche Studie ›Das Aufsteigen des Arbeiterstandes in England‹, erschienen 1900, die als Vorgabe diente. Nostitz fragte sich in diesem Werk, warum eigentlich die Prognose von Marx und Engels in England nicht eingetroffen sei, dass auf die Verelendung und den „Manchesterliberalismus" eine Revolu-

---

31 Gonon 1999, a.a.O., S.205.
32 G. Kerschensteiner: Der Begriff der staatsbürgerlichen Erziehung. Leipzig 1912, S.27.

tion des Arbeiterstandes folgte. Er kam zum Schluss, dass es die Einbindung der sozialistischen Kräfte und der Arbeiter in das Bildungssystem gewesen sei, die der Lösung der „sozialen Frage" dienlich gewesen sei. Die dortigen Eliten hätten das Aufstreben des Arbeiterstandes nicht behindert, sondern gefördert. Kerschensteiners (zweit)letzter Satz für Deutschland ist, Nostitz zitierend, daher in eine Frage gekleidet:

„Werden die besitzenden Stände die Führer bleiben, nachdem sie aufgehört haben die Herren zu sein?"[33]

Im Konzept der staatsbürgerlichen Erziehung können wir die Ausrichtung der Erziehung nach großen Zielen identifizieren; Ziele, die nicht lediglich in einem religiösen, sondern klar gesellschaftlichen Bezug anzusiedeln sind. Insofern ist ein Bildungssystem immer in politische Kontexte eingebunden; oder anders, indem erzogen wird, wird gerade auch Sozial- und Gesellschaftspolitik betrieben. Durch staatsbürgerliche Erziehung wird die nachkommende Generation für das gesellschaftliche Zusammenleben durch ihren Arbeits- und Berufsbezug zugerüstet; durch eine solche Erziehung reproduziert sich die Gesellschaft. Im Ideal des Kulturstaates müssten sich – wie er später in seiner „Begriffsschrift" zur staatsbürgerlichen Erziehung schrieb – alle Bürger ohne Ausnahme nach Maßgabe ihrer Begabung betätigen[34].

Auch heute begegnen uns im Zusammenhang mit Schulen Forderungen, die von der Bildung und Erziehung eine Behebung von gesellschafts- und sozialpolitischen Defiziten verlangen: Frieden durch Friedenserziehung, Gesundheit durch Gesundheitserziehung.

Auch Kerschensteiners Konzept zielte auf die Behebung von Defiziten. Die Schule sollte einen umfassenden oder gar den zentralen Beitrag zur gesellschaftlichen Integration der Arbeiterschaft leisten. Dazu brauchte es den richtigen Schultyp, nämlich die gewerbliche Fortbildungsschule bzw. spätere Berufsschule, das richtige Curriculum (eine Mischung aus Allgemein- und Berufsbildung), das richtige Ziel, nämlich berufliche Tüchtigkeit als zentralen Beitrag zur staatsbürgerlichen Erziehung und – wie noch zu zeigen sein wird – die richtige Psychologie, die nämlich die Kinder- und Jugendlichen in ihrem Alltag ernst nahm. Aus der „von Schaffensfreude getragene(n) Arbeit" entstünden die sozialen Tugenden, wie freiwillige Unterordnung unter selbstgewählte Führer und Dienstfertigkeit, die dann in der Gesellschaft ihre Früchte tragen würden.[35]

Auf eine solch veränderte Fortbildungsschule richtete Kerschensteiner auch die Arbeitsschule aus, bzw. gerade die Arbeitsschule sollte den Kin-

---

[33] Kerschensteiner: Staatsbürgerliche Erziehung, a.a.O., S.88.
[34] Kerschensteiner: Begriff der staatsbürgerlichen Erziehung, a.a.O., S.32.
[35] Ebd., S.42.

dern und Jugendlichen behilflich sein, ihren Platz in der Gesellschaft zu finden. Arbeit wird, wie diese Ausführungen zeigen, in einen ethisch-politischen Kontext eingebunden. Der „Vernunftstaat" als höchstes Gut ergibt sich aus den sittlichen Gemeinwesen, wie Familie, Berufsgemeinschaft und Religionsgemeinschaft. Es ist die Arbeitsgemeinschaft des Unterrichtsbetriebes, die selbst – wie er schlussfolgernd in der Begriffsschrift zur staatsbürgerlichen Erziehung festhält – den politischen Leidenschaften und Parteiungen entgegenwirkt, wie es im Kapitel „Individualismus und Sozialismus" heißt. Demokratische Verfassungen könnten Pöbelherrschaften begünstigen, wenn nicht die Mehrzahl der Seelenverfassung der Bürger eine aristokratische sei[36]: für die Beförderung und Verbreitung dieser aristokratisch-ethischen Einstellung sah er die staatsbürgerliche Erziehung vor.

Arbeitsschule als Schulreform:
von Herbart zu Pestalozzi und Dewey

War für Kerschensteiners öffentliche Wirksamkeit zu Beginn der Jahrhundertwende vor allem zunächst die Umwandlung der Fortbildungsschulen von Bedeutung, so traten immer häufiger auch „Fragen der Schulorganisation", die vorwiegend das Volksschulwesen betrafen, in den Vordergrund.

Der weitaus prominenteste Beitrag in seiner gleichnamigen Veröffentlichung war die in der Zürcher St. Peterskirche zum Thema „Die Schule der Zukunft im Geiste Pestalozzis" gehaltene Rede, die unter dem Titel ›Die Schule der Zukunft eine Arbeitsschule‹ erschien[37].

Kerschensteiner stellte sich in die Tradition Pestalozzis, wenn er sich auf Anschauung und Selbsttätigkeit als die Prinzipien für den Unterricht in der Schule bezog. Er kritisierte hierbei die in der Lehrerschaft stark verwurzelten Zillerianer, die sich neben Herbart auch auf Pestalozzi beriefen, aber in der Schule nur die Passivität fördern würden. Sie seien Vertreter einer „Buch"schule. Was aber vonnöten sei, sei eine Schule der Aktivität, eben eine Arbeitsschule. Es gelte die produktiven Kräfte der Kinder nicht verkümmern zu lassen, sondern sie zu entwickeln. Ähnlich wie John Dewey und die Reformschulen in Amerika müssten die hiesigen Schulen so verändert werden, dass sie nicht nur auf Zuhören eingerichtet seien. Nicht bloßes Hören und passive Aufnahme von fremdem Wissen seien notwendig, denn die Jahre der Kindheit und Pubertät seien von lebendiger

---

[36] Ebd., S. 62.
[37] G. Kerschensteiner: Die Schule der Zukunft eine Arbeitsschule. In: G. Wehle (Hrsg.): Kerschensteiner, Band II, a. a. O., S. 26–45.

Aktivität gekennzeichnet. „Das Wesen des Menschen um diese Zeit ist Arbeiten, Schaffen, Wirken, Probieren, Erfahren, Erleben, um ohne Unterlaß im Medium der Wirklichkeit zu lernen."[38] Die Schule dürfe diese aktiven Keime und Charakterzüge nicht verkümmern lassen, sondern den Mut zur Selbstständigkeit, die Lust zu beobachten, prüfen und arbeiten fördern. Darum müsse aus der Lernschule eine Arbeitsschule werden, die sich an die Spielschule der ersten Kindheit anschließe. Er sah die Arbeitsschule, dessen Wortschöpfung er ausdrücklich nicht für sich beanspruchte, als Beitrag der Reform der Volksschulen, aber auch höherer Schulen. Er verwies hierbei auf die Idee der Sittlichkeit (bzw. Tugend), die sich aus dem Staatszweck ergebe. Der Staat habe eine zweifache Aufgabe, nämlich eine egoistische, die sich auf Fürsorge, Wohlfahrt und Schutz beziehe, und eine zweite, die altruistische, die eine allmähliche Herbeiführung des Reiches der Humanität durch eine Entwicklung zu einem sittlichen Gemeinwesen anstrebe; darum sei das Ziel, einen brauchbaren Staatsbürger zu erziehen, das Zentrum der Reform. Folgende Forderungen an die Arbeitsschule entstünden daraus: Jeder soll befähigt werden und gewillt sein, eine Funktion im Staat auszuüben, das heißt in einem Berufe tätig sein; die zweite Aufgabe bestünde darin, diesen Beruf als ein Amt zu betrachten, nicht nur zur Lebenshaltung, sondern zur sittlichen Selbstbehauptung und darüber hinaus zum Dienst an der Gesamtheit. Im Zögling soll die Neigung geweckt werden, seinen Teil zur Entwicklung des Ideals eines sittlichen Gemeinwesens beizutragen, wie er im bereits erwähnten ersten Kapitel der Arbeitsschulbegriffsschrift festhält.[39]

Kerschensteiner schreibt Pestalozzi Selbsttätigkeit und Anschauung zu und führt sie mit der Staatsidee, mit dem idealen Staat zusammen. Pestalozzi und Plato sind die beiden klassischen Bezugspunkte, auf die er sich hierbei beruft. Wenn also dem Kind seine produktive Kraft erhalten bleibt, wenn die Schule diese fördert, anstatt sie mit Buchwissen zu bremsen und es in seiner Aktivität zu lähmen, so hat das auch Konsequenzen für die Gesellschaft.

Reformpädagogik tut Not, gerade um auch die Gesellschaft zu erneuern und sie zu versittlichen. Gegenüber den Vertretern des Herbartianismus Ziller'scher Prägung, die zu jener Zeit für sich in Anspruch nahmen, die wissenschaftliche Pädagogik zu repräsentieren, bekundete Kerschensteiner beruhend auf seinen eigenen Schulerfahrungen von Anfang an Distanz. Er berief sich hierbei auf Pestalozzis Bestseller ›Wie Gertrud ihre Kinder lehrt‹ und auf John Deweys ›School and Society‹, ›The Child and the Curriculum‹ und ›How we think‹. Lehrpläne sollten demgemäß im

---

[38] Kerschensteiner: Die Schule der Zukunft eine Arbeitsschule, a.a.O., S.27f.
[39] G. Kerschensteiner: Begriff der Arbeitsschule, S.16f.

Gegensatz zu den Herbartianern nicht nach so genannten konzentrischen Kreisen organisiert, noch nach Gesinnungsunterricht bezogen auf Kulturstufen aufgebaut werden. Stattdessen müsse der Schüler – so Kerschensteiner – fühlen und erkennen, durch welch geistiges Band ein Unterrichtsgebiet zusammengehalten werde. Hierfür waren ihm Pestalozzi und Dewey und eben nicht Herbart dienlich. Außerdem berief er sich auf Ernst Mach und Richard Avenarius, zwei dem (kantianischen) Positivismus zuneigenden Philosophen und Wissenschaftstheoretikern, die das Prinzip der Ökonomie des Denkens vertraten. Sowohl sein Lehrplan zu den Realien wie auch später sein gesamtes pädagogisches Werk stießen daher kaum überraschend bei den Herbartianern bzw. Zillerianern auf heftigsten Widerspruch: Gedankenlos und dumm sei Kerschensteiners Lehrplan- und Schulreform und sie sei ein Zeugnis des tief beklagenswerten Niederganges geistigen Lebens in Bayern[40]. Besonders heftig wurde Kerschensteiner von Peter Zillig attackiert, der im ›Jahrbuch des Vereins für wissenschaftliche Pädagogik‹ gerade die starke Ausrichtung auf Arbeit, Beruf und Staatsbürgerlichkeit, basierend auf den Prinzipien des Altruismus und der Naturwissenschaften, als dilettantische Konstruktion und als drohendes Unglück für die kindliche Bildung brandmarkte.[41]

Was hatte denn Kerschensteiner für die Schule so viel anderes und Widerspruch Erheischendes zu bieten? Es ist, kurz gesagt, eine Zurückdrängung der systematischen Fachlichkeit des Unterrichtsgegenstandes und ein stärkerer Einbezug kindlicher Alltagsinteressen. Kerschensteiner sah die Gefahr einer Überbürdung in der Volksschule mit Wissen, es gelte stattdessen mehr das Wollen und Können zu fördern.[42] Andererseits verlangte er aber auch einen Ausbau naturwissenschaftlicher Fächer im Volksschulunterricht, gerade weil die Herbartianer sich so stark für die Weckung und Steigerung von Interessen stark machten. Kerschensteiner argumentierte mit Blick auf die Psychologie, einfach einer anderen als diejenige der Herbartianer, so wenn er etwa auf Hans Cornelius' neukantianische ›Psychologie als Erfahrungswissenschaft‹ (erschienen 1897) Bezug nahm.

Kritisch äußerte sich Kerschensteiner gegenüber bestehenden Vermittlungskonzepten und Vorlagen, so gegenüber Kehrs konzentrischen Kreisen. In diesen sah er nichts mehr als eine relativ einfallslose Sammlung

---

[40] G. Kerschensteiner: Selbstdarstellung. In: a.a.O., S. 128.

[41] P. Zillig: Darf der Altruismus zur Grundlegung des Bildungsideals und damit des Lehrplans für die Volksschule genommen werden? In: Jahrbuch des Vereins für wissenschaftliche Pädagogik, 39, 1907, S. 2 ff.

[42] G. Kerschensteiner: Betrachtungen zur Theorie des Lehrplans. München 1899, S. 16.

und Erweiterung einer Unmenge von Einzelkenntnissen ohne einen erkennbaren inneren Zusammenhang. Statt Interesse zu wecken würde es erstickt. Konzentration und Gesinnung hätten mit naturwissenschaftlichem Denken und dem organischen Fortschrittsgedanken nichts zu tun.[43] Konzentration beruhe nicht lediglich auf rein äußerer Anordnung, sondern basiere auf einer klaren inhaltlichen Zielsetzung. Kerschensteiner berief sich bei seiner Kritik am traditionellen Lehrplan und bei seinen Reformbemühungen auf Paul Natorp, der in seinen ›Gesammelten Abhandlungen zur Sozialpädaogik‹ dem Herbartianismus eine klare Absage erteilte und stattdessen Kant und „für die heutigen Aufgaben der Erziehungslehre" Pestalozzi als Alternative stark machte[44].

In seiner Selbstdarstellung beschreibt Kerschensteiner, wie er sich von den dominierend herbartianischen Vorstellungen abwandte. Er habe sich für den Mathematikunterricht nicht logisch-methodisch, sondern psychologisch-methodisch vorbereitet:

„Der Kernpunkt aller Methode, ihr logischer Aspekt, war mir durch den Stoff vorgezeichnet, und für den psychologischen Aspekt der Methode sorgte meine nie erlöschende Liebe zu den Schülern (...). Es ist für mich heute kein Zweifel mehr, daß meine später sich entwickelnde Idee der Arbeitsschule und die noch viel spätere Erfassung des Begriffs der Arbeit aus dem Boden dieses mathematischen Unterrichts herausgewachsen sind."[45]

Die Konzeption der Arbeitsschule bei Kerschensteiner speist sich demgemäß aus mehreren Quellen: Neben einer gesellschaftspolitischen Perspektive war es durchaus auch ein naturwissenschaftlich-mathematischer Hintergrund als Lehrer, der sich mit einer „neuen" Sichtweise auf das Kind und den Jugendlichen verband.

Persönlichkeit, Charakter und Arbeit

Bereits in der „Preisschrift" unterschied Kerschensteiner politische und staatsbürgerliche Erziehung. Auch später versuchte er einen überparteilichen Staatsbegriff und eine an der Idee der Menschheit ausgerichtete Erziehung – mit Bezug auf Kant, Plato und Dewey – zu plausibilisieren.[46]

---

[43] Ebd., S. 99.

[44] P. Natorp: Herbart, Pestalozzi und die heutigen Aufgaben der Erziehungslehre. In: P. Natorp: Gesammelte Abhandlungen zur Sozialpädagogik. Zweites Heft, 1922, S. 7–148.

[45] Kerschensteiner: Selbstdarstellung. In: a. a. O., S. 119.

[46] Kerschensteiner: Der Begriff der staatsbürgerlichen Erziehung, a. a. O., S. III und 7.

Staatsbürgerliche Erziehung sei mehr als politische Bildung und mehr als soziale Erziehung, sie sei das höchste Ziel. Auf dieses Ideal hin müssten sich die Schulen ausrichten, und zwar sowohl in ihrer inhaltlichen Gestaltung, in ihrem Aufbau wie auch in der Idee der Arbeitsgemeinschaft. In seiner Schrift ›Charakterbegriff und Charaktererziehung‹ werden die Grundlagen dieser Zielsetzungen diskutiert. Der Charakterbegriff ist eher anschlussfähig an die bisherige Tradition, und außerdem erlaubt er eine Umsetzung auf psychologischer Ebene der vorgängig beschriebenen Ziele: Bei Herbart, aber auch bei zeitgenössischen Psychologen war er ein zentraler Begriff, ebenso im Alltagsgebrauch. Charakter wird von Kerschensteiner und hier in Übereinstimmung mit Herbart als „stetige, bestimmte Art, wie der Mensch sich mit der äußeren Welt ins Verhältnis setze", bezeichnet, das sei im Übrigen auch Pestalozzis Ansicht[47]. Herbart habe aber den Charakter auf die Erzeugung von vielseitigen Interesse(n) durch Unterricht reduziert und damit die inneren Triebe der Einzelnen übersehen bzw. nicht beachtet; erst später habe er Interesse und Selbsttätigkeit enger gesehen. In Auseinandersetzung mit der zeitgenössischen Psychologie und Psychoanalyse (erwähnt werden A. Adler und C. G. Jung) diskutiert er verschiedene Individualitätstypen, um dann zu fragen, wie sich in dieser Individualität das entwickeln kann, was man im ethischen, also im wertbetonten Sinne Charakter nennen dürfe. Er kommt hierbei auf vier Elemente zu sprechen: Willensstärke, Urteilsklarheit, Feinfühligkeit und Aufwühlbarkeit. Schließlich beschreibt er die Charaktererziehung in der Familie, in der Schule, in der „Selbsterziehung" und in Arbeitsverbänden. Familienerziehung soll der Erziehung der Ehrfurcht dienen, Schule, wie er mit Bezug auf Dewey meint, soll eine Gesellschaft im Kleinen, eine Lebensgemeinschaft erzeugen, dazu wird wiederum auf die Arbeitsgemeinschaft verwiesen. Hierbei scheute sich Kerschensteiner nicht, auch das traditionelle Bildungsverständnis in Frage zu stellen, wenn er – so bereits schon vor seinen Begriffsschriften – festhielt, dass „der Weg zum idealen Menschen" nur über den brauchbaren führe. „Der brauchbare Mensch ist aber derjenige, der seine und seines Volkes Arbeit erkennt und den Willen und die Kraft" besitze, sie zu tun.[48] Arbeit, Beruf und Staat sind die Elemente, die für die Erziehung des Charakters zentral sind. Ja, die Menschenbildung basiert in Umkehrung eines bis anhin kaum angezweifelten Konzepts von Bildung auf einer arbeits- und berufsbezogenen Bildung:

---

[47] G. Kerschensteiner: Charakterbegriff und Charaktererziehung. Leipzig 1929, S. 168.
[48] G. Kerschensteiner: Berufs- oder Allgemeinbildung? In: G. Wehle: Georg Kerschensteiner I, S. 94.

„Dass der einzelne seine Arbeit erkenne, an ihr Einsicht, Wille und
Kraft übe und erstarken lasse, das ist die erste Aufgabe auf dem Wege zur
Bildung. Die Berufsbildung steht an der Pforte zur Menschenbildung."[49]

In der Auseinandersetzung mit seinen Gegnern wie auch vielen Bewun-
derern der Münchner Schulreformen, die sich vornehmlich für die Werkstätten interessierten, fasste Kerschensteiner den Begriff der Arbeitsschule als ein umfassendes Prinzip der Schule. Im Unterschied zum gängigen
Bildungsverständnis setzte er hierbei nicht auf Vielseitigkeit, sondern auf
Beschränkung. Es ist der Dienst für eine Sache, der auf Ehrlichkeit und
Gründlichkeit beruhe, der auch Selbsterziehungskräfte auslöse und damit
die Bildung von Charakteren befördere.[50]

Aber nicht nur der Herbartianismus mit seiner Lehrplantradition,
eigenständigen Psychologie und erziehlich anderen Zielsetzungen, die sich
auch in einer differenten Bestimmung der Charakterbildung niederschlu-
gen, war kontrovers zu Kerschensteiners Vorstellungen angelegt. Auch
andere Arbeitsschulbefürworter wandten sich gegen eine Hinführung
der Arbeitsschule zur staatsbürgerlichen Erziehung. An der Tagung des
Bundes für Schulreform im Jahre 1911 wurde Georg Kerschensteiner mit
Hugo Gaudig konfrontiert, ebenfalls einem prominenten Reformpädagogen. Dieser hatte den Reformwert von Kerschensteiners Arbeitsschulkon-
zept als gering veranschlagt und forderte statt staatsbürgerlicher Erziehung Persönlichkeitsbildung! Denn Staatsbürgertum könne nur ein Ziel
unter anderen sein, dieses auszuweiten oder zu verallgemeinern sei un-
statthaft.[51] Kerschensteiner erwiderte darauf, dass Gaudigs Anschauungen
über das Wesen der Arbeitsschule durchaus mit seinen vereinbar seien,
was dieser aber „mit all seinen Mitteln seiner Beredsamkeit bestritt"[52].
Kerschensteiner, so Gaudig, würde sich zu ausschließlich auf das Berufsleben als Ausgangspunkt kaprizieren, statt allen Lebensbereichen ihr ge-
bührendes Recht zu geben. Manuellen Unterricht mit der Mehrzahl manueller Berufe in der Gesellschaft zu begründen sei auch wenig sinnvoll,
da ja leider feststehe, dass es für manuelle Tätigkeiten bei fortlaufender
Mechanisierung immer weniger gründlicher Ausbildung bedürfe.

„Man frage auch einmal unsere Industriearbeiter, was sie von der Schule fordern; gewiß nicht manuelle, sondern geistige Bildung, mit der sie die
Macht und den Genuß der Bildung erwerben können."[53]

[49] Ebd., S. 94.

[50] G. Kerschensteiner: Charakterbegriff, a. a. O., S. 278 ff.

[51] H. Gaudig: Der Begriff der Arbeitsschule. In: G. Wehle (Hrsg.): Kerschensteiner Band II, a. a. O., S. 157–160.

[52] Kerschensteiner, Selbstdarstellung. In: G. Wehle (Hrsg.): Kerschensteiner
Band II, a. a. O., S. 135.

[53] Gaudig, a. a. O., S. 158.

Selbst im Hinblick darauf, das Prinzip der Anschaulichkeit zu pflegen, lässt Gaudig nur beschränkt manuelle Arbeit gelten, da die hierbei gewonnene Erkenntnis nicht groß sei und vieles das vom Schüler Darstellbare übersteige. Nach all diesen Einwänden könnte man meinen, Gaudig sei gegen die Arbeitsschule eingestellt. Dem ist aber nicht so; er begründet nun seine Vorstellung von Arbeitsschule. Bildung umfasse den ganzen Menschen, seine Körperlichkeit; er könne schaffend und handelnd die Absichten des Geistes verwirklichen und darstellen. Auch motorische Fähigkeiten sprächen für Handtätigkeiten in der Schule. Technische Arbeit als anschauendes Erkennen erlaube auch das Denken in Bildern zu erlernen. Eine Arbeitsschule werde die Schule aber nicht durch eine stärkere Betonung des Manuellen, dies sei ein notwendiger Schritt, aber nicht hinreichend. Damit die Arbeitsschule tatsächlich verwirklicht werde, müsse die selbsttätige Arbeit des Schülers die den Charakter der Schule bestimmende Tätigkeit werden.

Gaudig stellte also einerseits Kerschensteiners politische und berufsbezogene Prämissen in Frage, andererseits methodisierte er konsequenter den Arbeitsbegriff. Es ist vor allem der selbsttätige Schüler, der laut Gaudig die Arbeitsschule ausmacht, eine Arbeitsgemeinschaft ergebe sich aus ersterem. Arbeit sei ein Formalprinzip, als solches bestimme es aber auch den Stoff[54] bzw. die Lehrplangestaltung, d. h. die Arbeitspläne. Die Arbeitsschule beruhe auf handelnden Subjekten. Im selbstständigen Handeln entstünden die Wirkungen auf den Schüler als werdendes Personenleben. Und zusammenfassend: In der selbsttätigen Arbeit läutere sich das Individuum zur „Persönlichkeit". Kerschensteiner hingegen ethisiere den Staat und ordne diesem die Erziehung unter, während er, Gaudig, genau umgekehrt die Persönlichkeitserziehung zuoberst sehe und in diesen Lebenszweck den Staatzweck aufnehme. Außerdem vermische Kerschensteiner das materiale Prinzip mit dem formalen der Arbeit.[55]

An diesen und später folgenden Kritiken trug Kerschensteiner schwer. Mit dem Arbeitsschulprinzip als formalem Prinzip im Unterricht und dessen Loslösung von einer umfassenden gesellschaftlichen Zielsetzung, sei es sozialpolitischer oder idealistischer Prägung, wurde die Arbeit als didaktisch-methodisches Prinzip attraktiv. Charakterbildung wurde von Gaudig, später von Otto Scheibner an die Selbsttätigkeit der Schüler in der Schule rückgebunden und als vorrangiges Aktivitätsprinzip in fachlichen Bezügen von einer starken manuell-beruflichen Ausrichtung auseinander gehalten. Bei ihnen war weit deutlicher die Arbeit lediglich ein

---

54 Ebd., S. 159 f.
55 Ebd., S. 162.

formales Prinzip, das vor allem der didaktischen Umsetzung im Schulunterricht bedurfte.[56]

Es war diese Ausrichtung der Arbeitsschule, der eine Mehrzahl von
Schulreformern folgte. Auch Kerschensteiners Freund, der in München
lehrende Pädagogikprofessor Aloys Fischer wandte sich gegen eine ma-
nuell-ökonomisch-gesellschaftliche Vision der Arbeitsschule.[57] Nicht der
Handwerker, noch der Industriearbeiter, noch der geistige Arbeiter sollte
das Ziel der Arbeitsschule sein, sondern alle Stoffe, Hilfsmittel, Methoden
und Beschäftigungen sollten dazu dienen, „nach dem Maß ihrer Angemes-
senheit und Fruchtbarkeit die Kräfte zu wecken und zu schulen, die Interessen zu klären und zu festigen" für die Persönlichkeit. Eine solch verstandene Arbeitsschule lege auch die Grundlagen für das Wirtschafts- und
Gesellschaftsleben.[58] Kerschensteiner selbst rückte – wohl unter dem Eindruck solcher Einwände – von einem zunächst stark auf Schulwerkstätten
und manuelle Tätigkeit ausgerichteten Werkunterricht und Begriff des Ar-
beitens mit der primären Zielsetzung der Erzeugung von Arbeitsfreude[59]
im Laufe der Jahre immer stärker ab. Arbeit wird hierbei zusehends ihrer
qualifikatorischen und gesellschaftsbezogenen Bezugsetzung entkleidet
und stattdessen als zentrales Moment des Bildungsprozesses gedeutet.

Arbeit und Bildung

Auch wenn Kerschensteiner im Vergleich mit seinen Kontrahenten
heute der weit bekanntere Pädagoge ist, so ist die Kritik von Gaudig und
Fischer deswegen nicht weniger triftig, vor allem was die inhaltliche Stringenz betrifft: inwiefern Arbeit in der Schule eine Methode oder ein mate-
riales Prinzip sei.

Kerschensteiner hatte nicht zuletzt aufgrund der Auseinandersetzung
mit Gaudig und gerade um weitere „Missverständnisse" zu vermeiden sich
zur Verfassung seiner „Begriffsschrift" zur Arbeitsschule anregen lassen.
In allen Neuerscheinungen wurden daher laufend Aussagen modifiziert
und dem neuesten Diskussions- und eigenen Erkenntnisstand angepasst.
Tatsächlich beanspruchte die manuelle Arbeit eine starke Prominenz in

[56] O. Scheibner: Zwanzig Jahre Arbeitsschule in Idee und Gestaltung. Leipzig
1928.
[57] A. Fischer: Die Krisis der Arbeitsschulbewegung (1924). In: K. Kreitmair
(Hrsg.): Aloys Fischer – Leben und Werk. Bd. 5/6. München 1957, S. 425–477.
[58] Ebd., S. 456 f.
[59] Zur Rolle der Arbeitsfreude in der deutschen Diskussion: J. Campbell: Joy in
Work, German Work. Princeton: University Press 1989.

seinem Werk. Auch wenn er darauf setzte, dass der manuelle Arbeitsunterricht als wohlgepflegtes Unterrichtsfach zu führen sei, verbunden mit der Forderung, dass technisch gebildete Lehrer eingestellt werden, so war dennoch bereits in den ersten Auflagen das zentrale Merkmal nicht die manuelle Tätigkeit als solche, sondern die damit verbundene geistige Arbeit als Beitrag zur Charakterbildung. Erst im 1923 eingefügten Kapitel „Begriff der Arbeit" wird jedoch der nicht-manuelle Anteil der Arbeit deutlicher hervorgehoben, indem er eine Horaz-Ode und den Bau eines Starenkastens auf die gleiche Stufe stellt. Fertigkeiten technisch-manueller oder geistiger Art allein seien kein Kennzeichen eines Gebildeten. Wenn jemand gegenüber Kulturgütern stumpf sei, nütze ihm das wenig. Erst eine Arbeitsschule, die zur Bildung beitrage, die einen Gegensatz zum Banausen, Ideologen, Kirchturmpolitiker, Philister, Spießer, Pendant, Bürokrat, Zelot und gegenüber dem Überall Dilettierenden und Geschäftigen schaffe, findet seine Zustimmung.[60]

Arbeit soll dazu führen, sei sie manuell oder geistig, dass man sachlich sich verhalte; der Wert der Sache soll so gut als möglich verwirklicht werden.

„Arbeit im pädagogischen Sinne hat dafür zu sorgen, dass die Zielvorstellungen des Handelns eine sachliche Reaktion auslösen, eine Reaktion auf objektiv geltende oder zeitlose Werte, einen Wahrheitswert, Sittlichkeitswert, Schönheitswert, Erlösungswert, kurz einen Wert der seelischen Ordnung (...)."[61] Lediglich darum habe er sich so stark für manuelle Arbeit eingesetzt, weil sie pädagogisch besonders wertvoll sei, da sie das Ergebnis zeige und damit zur Selbstprüfung nötige. Mit diesen Ausführungen sind wir in Kerschensteiners Gedankenwelt angelangt, die seine Spätphase, fern der unmittelbaren Bildungspolitik, prägte.

Kerschensteiner sah sich genötigt, seine pädagogischen Forderungen weiter zu präzisieren, sie gleichsam aus einem ethisch-politischen bzw. bildungspolitischen Slogan in eine pädagogische Konzeption zurückzubuchstabieren. Bei dieser Konzeptionsarbeit verlor der ursprünglich dominante Begriff der staatsbürgerlichen Erziehung seine Dominanz, stattdessen wurde stärker der formale Arbeitsbegriff hervorgehoben und weiter entmaterialisiert. Die Arbeit wurde nun stark als Beitrag der Charakterbildung in eine Bildungsperspektive einbezogen. In der durch „Arbeit" – sei sie manuell oder geistig – angelegten Sachlichkeit bilde sich das Individuum. Damit wurde auch die Frage, inwiefern Schulen berufs- oder allgemein bildend zu sein hatte, aufgehoben; Berufsbildung war nicht eine Zielsetzung der Schule, sondern ein Mittel des Bildungsprozesses.

---

[60] G. Kerschensteiner: Der pädagogische Begriff der Arbeit. In: G. Wehle: Kerschensteiner II, a. a. O., S. 54.
[61] Ebd., S. 56.

Es war im Jahre 1917, als Kerschensteiner erstmals – zunächst unter einem anderem Titel – sein Werk ›Das Grundaxiom des Bildungsprozesses und seine Folgerungen für die Schulorganisation‹ erscheinen ließ. „In der Anerkennung des Grundsatzes, daß alle Bildung nichts anderes ist als die Wiederverlebendigung des objektiven Geistes eines Kulturgutes (...) liegt der Kern des Begriffes, den ich mit dem Worte Arbeitsschule bezeichnet habe."[62] Mit der stärkeren Profilierung des Bildungsbegriffes spielt in Anlehnung an den deutschen Neukantianismus und die geisteswissenschaftliche Perspektive Wilhelm Diltheys die Arbeit als „Erarbeiten" eines Kulturgutes eine wichtige und zunehmend zentrale Rolle, wie auch aus seine späteren Werken ›Theorie der Bildung‹ und ›Theorie der Bildungsorganisation‹ ersichtlich ist.

Haben wir bis anhin Kerschensteiner in die Nähe von Pestalozzi und Dewey und auch in unmittelbare Beziehung zu den Naturwissenschaften und ihren Repräsentanten gerückt, so ist nun darüber hinaus auf den Einfluss des Philosophen, Soziologen und Pädagogen Georg Simmel hinzuweisen. Herausragend im Hinblick auf die psychologisch-ethische Fundierung des bildungsbezogenen Arbeitsverständnisses ist jedoch Eduard Spranger, der in seinem Hauptwerk ›Lebensformen‹ Diltheyanismus, Neukantianismus und eine ethisch begründete Psychologie zu vereinigen wusste und dessen Herangehensweise hinsichtlich Bildung von Idealtypen auch Kerschensteiners Bildungsaxiom zugrunde lag.

Kerschensteiner ließ sich insbesondere durch Simmels ›Begriff und Tragödie der Kultur‹ beeindrucken, wie er in einem Brief an Spranger schreibt.[63] Simmel, Verfasser einer Vielzahl von unterschiedlichsten Schriften, von der ›Philosophie des Geldes‹ bis zu einer Reihe von Essays zur Großstadt, war außerdem ein versierter Goethe- und Kant-Kenner und hielt entsprechende Vorträge, die weit herum Beachtung fanden. Simmel entwickelte seinen Kulturbegriff unter anderem in Auseinandersetzung mit der deutschen Klassik und orientierte sich vornehmlich an Goethe. Es ist das Genie und insbesondere der Künstler, der als Vorbild für den Bildungsprozess hervorgehoben wird. Simmel stilisiert in seinem Goethebuch die Weltanschauung Goethes als Kunstwerk. Es ist die Einheit von Leben und Form, welche durch bloßes Denken nicht herstellbar erscheint.

Die „Voll-Persönlichkeit", in dieser Steigerung wendet sich Kerschensteiner explizit gegen Gaudig, zeichne sich dadurch aus, dass sie in ihrer geistigen Individualität überindividuelle Zwecke sich zu eigen mache; oder anders, durch Kulturgüter würden individuelle Anlagen zur aktiven

---

[62] G. Kerschensteiner: Das Grundaxiom des Bildungsprozesses und seine Folgerungen für die Schulorganisation. Heinsberg 1999, S. 12.
[63] Ph. Gonon: Arbeitsschule und Qualifikation. Bern 1992, S. 226.

Entfaltung gebracht. Persönlichkeit entstehe dann, wenn subjektive Seele und das objektiv geistige Erzeugnis – hierunter versteht er Kunst, Wissenschaft, Religion, Recht, Technik, Sitte – zusammenkommen würden.[64] Wer die Persönlichkeit als Erziehungsziel anstrebe, bedürfe zweier Bezugsebenen: neben der Individualität die Kultur. Hierbei sei nun nicht ein Gleichmaß an Bildung nötig, sondern Eigenartigkeit. Dies ist wiederum ein Unterschied zu einem anderen Klassiker der Pädagogik, Humboldt, der gerade das Ebenmaß und die Vielseitigkeit gegenüber der Beschränkung und Beruflichkeit hervorhob.

An den Zögling müssten diejenigen Kulturgüter herangebracht werden, die „ihm gemäß" seien. Was heißt nun ihm gemäß? Hier greift er auf ein psychologisch-ethisches Modell zurück, das er durch seinen Freund Eduard Spranger mitbekam. Es gibt nach ihm unterschiedliche psychologische Typen:
- der theoretische Mensch, der sich durch den Trieb zur objektiven Erkenntnis leiten lasse,
- der Phantasiemensch, der die subjektive Bedeutung von Wirklichkeit zum Ausdruck bringen will,
- der religiöse Mensch, der in allem durch seinen Bezug auf einen höheren geistigen Zusammenhang bestimmt wird,
- der wirtschaftliche Mensch, der auf Ökonomie und Nutzen ausgerichtet ist,
- der Machtmensch, der vom Gesetz der Herrschaft erfüllt ist[65].

Ein weiteres wichtiges Element in dieser Bildungsangelegenheit ist nun, dass auch wiederum gemäß dem Künstler die Produktivität als Schöpfung bzw. Aktivität oder – wie Kerschensteiner es nennt – „Arbeit" von Bedeutung ist. In dieser Figur des Künstlers lässt sich die Arbeit sowohl manuell wie auch geistig fassen und mit einer übergreifenden Kultur in Verbindung setzen. Menschen würden dadurch zu Persönlichkeiten, dass sie ihrem höchsten Eigenwerte zustreben, so würden sie zu harmonischen Naturen.

Kerschensteiner verknüpft nun dieses Modell der idealtypischen Lebensformen mit seinem bisherigen staatsbürgerlichen Erziehungskonzept. Vernunftstaat und Persönlichkeit seien keine Gegensätze, sondern durch die Kultur würde die nachwachsende Generation zur gemeinsamen Arbeit an der Verwirklichung des Kultur- und Rechtsstaates erzogen. Für seine Bildungstheorie bezieht er sich darüber hinaus auf einen damals gängigen und unter dem Begriff Lebensphilosophie weit verbreiteten Topos: den Gegensatz von Leben und Form. In dieser Gegenüberstellung lag für Ker-

[64] Vgl. Gonon, a.a.O., S.224.
[65] So etwa in: G. Kerschensteiner: Die Seele des Erziehers und das Problem der Lehrerbildung. Leipzig 1921, S.22f.

schensteiner eine produktiv-erzieherische Chance. Anders hingegen der Lebensphilosoph Simmel, der darin eine Tragik erblickt: Das Leben wird in Formen gegossen und diese Formen wiederum behindern Leben. Kerschensteiner teilt diese pessimistische Sicht nicht, nimmt aber dennoch die Simmel'sche Definition zu seinem Ausgangspunkt:

„Kultur ist der Weg der Seele zu sich selbst, von der geschlossenen Einheit durch entfaltete Vielheit zu entfalteter Einheit."[66]

Bei Kerschensteiner heißt das dann: Bildung sei die Formung der Seele durch die Mittel der umgebenden objektiven Kultur, oder die individualisierende Verlebendigung dieser objektiven Kultur, oder die Formung der Individualität zu dem ihr zugänglichen Menschentypus. Dadurch werde die Seelenstruktur, das Seelenrelief zur geschlossenen Persönlichkeit vereinheitlicht.[67] Das ist in einem Satz Kerschensteiners Bildungstheorie!

Als ehemaliger Mathematiker versuchte nun Kerschensteiner diese Aussagen in ein Axiom (Grundgesetz) zu fassen. Er unterteilt das Bildungsverfahren in Objekt, Mittel und Zweck. Die geistig geformte Energie des Kulturgutes müsse der Seelenverfassung des Objekts (Schülers) entsprechen bzw. der geistigen Struktur des Individuums adäquat sein. Bildung als Wiederverlebendigung des objektiven Geistes eines Kulturgutes (= Form) werde durch die Arbeitsschule ermöglicht. Ein Gegensatz zwischen Leben und Form wird also als individuelles Bildungsproblem interpretiert. So etwa: „Wessen Seelenverfassung nicht zu theoretischen Betrachtungen neigt, den locken die theoretischen Güter mit ihren Wahrheitswerten vergeblich."[68]

Die im ›Grundaxiom‹ entwickelten Überlegungen wurden in seinen „Bildungsschriften" weiter systematisiert, zum Teil reformuliert und vertieft. Dennoch, nicht die Veröffentlichungen zur Bildung waren sein erfolgreichstes Spätwerk, sondern die 1921 erstmals erschienene ›Seele des Erziehers‹. Anders als die „Bildungsschriften" fand jenes Buch breite Zustimmung bei Lehrern und Vertretern einer akademischen Pädagogik bzw. Philosophie. Der Anlass der Veröffentlichung war eine von der Münchner Studentenschaft organisierte Vortragsreihe, in welcher auch Max Weber 1918 seinen berühmten Vortrag ›Wissenschaft als Beruf‹ hielt. Es wäre äußerst reizvoll, diese beiden Vorträge einmal systematisch gegenüberzustellen und zu vergleichen. Man würde dann nämlich deutliche Unterschiede festhalten können, die zwischen Webers Wissenschaftsverständnis im Bemühen um Objektivität bestehen und Kerschensteiners Perspektive,

---

[66] G. Simmel: Der Begriff und die Tragödie der Kultur. In: G. Simmel: Philosophische Kultur. Berlin 1983.
[67] Vgl. Gonon 1992, a.a.O., S.235.
[68] Kerschensteiner: Das Grundaxiom, a.a.O., S.41.

die gerade auf Engagement und subjektives Einfühlungsvermögen des
Lehrers zielt. In dem ausgearbeiteten Vortrag ›Seele des Erziehers‹ wird
nun wiederum Pestalozzi als Vorbild der Pädagogik hingestellt. Pestalozzi
wird entsprechend der Lebensformtypologie als religiös-pädagogischer
Typus präsentiert. Die pädagogische Veranlagung bestehe darin, mitzu-
fühlen und seine Arbeit in den unmittelbaren Dienst der seelischen Entwicklung der Mitmenschen zu stellen. Feinfühligkeit und Zuneigung bedeute hierbei, sich in die Seele eines anderen einzufühlen, ja er spricht
hierbei von pädagogischem Takt; dafür sei eine soziale Natur und religiöse
Weltanschauung hilfreich[69].

Systematischer und umfassender sind diese Gedanken in der ›Theorie
der Bildung‹ entfaltet.

In ihr wird, auf die Arbeitsschule bezugnehmend, die „Erarbeitung von
Kulturgütern" hervorgehoben; dadurch würde der Charakter gebildet und
nicht durch mechanische Wissensvermittlung. Über die geschlossene Einheit, die er – so Simmel interpretierend – als animalisches Sein fasst, gehe
es zur entfalteten Vielheit; hierin sieht er die sinnlichen und geistigen Werterlebnisse, die dann in der entfalteten Einheit widerspruchsfrei organisiert
würden.[70] Es sind gerade diese durch Arbeit bzw. Erarbeiten evozierten
Werterlebnisse, die Bildung ermöglichen. Die Brücke zwischen Leben und
Form oder zu kultivierendem Subjekt und Kulturobjekt ist die Arbeit und
nicht die Erkenntnis. Sie schaffe den Zugang zu den Werten, die der verge-
genständlichte Geist in ethischer, intellektueller, sozialer, ästhetischer, religiöser oder technischer Form dem subjektiven Geist gegenüberstellt. Voraussetzung für das Erleben ist die durch Arbeit erzeugte Sachlichkeit. Das
durch die Arbeit hervorgerufene Erlebnis richtet sich auf Werte, die nicht
erkannt, sondern erlebt werden müssten. Nochmals dazu eine von mehreren Definitionen von Bildung aus der Bildungstheorie:

„Bildung ist ein durch die Kulturgüter geweckter, individuell organisierter Wertsinn von individuell möglicher Weite und Tiefe."[71]

Dieser Wertbezug als Werterlebnis ist Kerschensteiners axiologische
Definition. Daneben bestimmt er auch eine psychologische und teleologi-
sche Seite, letztere bezieht er auf die Berufsbildung. Die Berufsbildung hat
eine individuelle Komponente, die Berufenheit, und eine soziologische, die
in der Arbeitsteilung festzumachen ist. Es ist die von ihm so verstandene
Berufsbildung, die als entscheidendes Element die Brücke zur axiolo-
gischen Definition – Weckung des Wertsinns durch Werterlebnis, bauend
auf der psychologischen Voraussetzung (der Wertsinn muss ja individuell

---

[69] G. Kerschensteiner: Die Seele, a.a.O., S.73f.
[70] G. Kerschensteiner: Theorie der Bildung. Leipzig 1926, S.13.
[71] Ebd., S.17.

je nach unterschiedlichem Typus organisiert werden) – bildet. Berufsbildung ist also weit gefasst, sie erschließt sich über einen wiederum ausgeweiteten Arbeitsbegriff. Berufsbildung ist also mehr als berufsfachliche Bildung, sie meint Bildung im Hinblick auf die gesellschaftliche Existenz des Menschen.

Unter Berufsbildung versteht er diejenige Bildung, „die den Zögling für das Arbeitsgebiet befähigt, zu dem er innerlich berufen ist"[72].

Indem der Mensch, der Zögling, sein Arbeitsfeld findet, entsteht die Möglichkeit der Übereinstimmung zwischen Veranlagung bzw. Neigung und seiner Tätigkeit. Es ist die Arbeit, die hierbei „teleologisch" ausgerichtet ist, das heißt auf ein Ziel hinstrebt. Indem man sich, wie man so schön sagt, einer Sache verschreibt, wie beispielsweise ein Wissenschafter oder Künstler eine Tätigkeit „zu seiner Sache" macht, mit Haut und Haaren, treten die egoistisch-subjektivistisch-individualistischen Kurzsichtigkeiten und Bedürfnisse hinter das Erfordernis des Werkes, hinter die zu erbringende Leistung zurück. Diesem Vorgang schreibt Kerschensteiner Bildung im Sinne eines Werterlebnisses zu. Der Bildungseffekt hängt nun wesentlich vom Werterlebnis ab und dieses Werterlebnis wiederum ist an mühevolles Erarbeiten gebunden. Was aber ist ein Werterlebnis? Kerschensteiner selbst wirkt bei der näheren Bestimmung desselben unsicher. Er schreibt davon, dass das fühlende Bewusstsein eine Hauptrolle spiele und dass vor allem sittliche Werte im Handeln erlebt würden.[73]

Auch diese bildungsphilosophische Reformulierung des Arbeitsbegriffes und dessen Einbettung – neu nun nicht in eine Schulorganisation, nicht in die „Arbeitsschule", sondern in die „Bildungsorganisation" – blieb nicht von Kritik verschont.

Der Sinn eines Kulturgutes erschließe sich nur durch denkende Leistung und nicht durch ein Erlebnis, argumentierte bereits der zeitgenössische Pädagoge und Kritiker Georg Reichwein. Es sei auch fraglich, ob sich aus einem Kulturgut nur einer oder eben mehrere Werte ergeben könnten. Wenn er mit vielen praktischen Forderungen Kerschensteiners sich einig wisse, so müsse er dennoch diesen theoretischen Überbau stark bezweifeln; denn es würden hier Allgemeinheiten formuliert, die ihren Wahrheitsbeweis nicht in der Erkenntnis, sondern in ihrer praktischen Fruchtbarkeit antreten müssten. Die ansprechend ästhetischen Kategorien von Kerschensteiner zur Bildung würden eher verdecken, dass den Bildungsgütern selbst durchaus unterschiedliche „Sinndichten" anhaften, was z. B. die Arbeit eines Bauern mit der Gedankenschöpfung eines Philosophen betrifft.[74]

---

[72] Ebd., S. 39.

[73] Ebd., S. 65.

[74] G. Reichwein: Georg Kerschensteiners „Theorie der Bildung". In: G. Wehle (Hrsg.): Kerschensteiner. Darmstadt 1979.

Auch Georg Simmel meldete brieflich Bedenken an: Er suche nicht Harmonie, sondern Differenz durch den Lehrstoff als bildendes Moment; die Schule müsse ein bestimmtes Wissen übermitteln, das ein Schüler als ein objektives sich aneignen müsse und welches gegenüber seiner Individualität gleichgültig sei.[75]

Aktualität und Wirkung

Im Unterschied zur Emphase, welche heute dem Bildungsbegriff in vielen Sonntagsreden von Schulleitern und Politikern entgegengebracht wird, tut sich die Pädagogik in ihrer theoretischen Bestimmung des Bildungskonzepts eher schwer. Dies musste auch Georg Kerschensteiner erfahren, der mit seinem voluminösen Werk zur ›Theorie der Bildung‹ nicht den erhofften Anklang fand, weder bei pädagogischen Praktikern noch bei den akademischen Kollegen. Die Bildungsdiskussion ist insgesamt eine eher jüngere Debatte. In den Schriften des 19. Jahrhunderts taucht sie im pädagogischen Wortschatz nicht an zentraler Stelle auf. Herbart spricht zwar von Bildsamkeit, auch bei Pestalozzi findet sich das Wort Bildung als Annex, so als Elementarbildung, Volksbildung etc.; aber es hatte nicht die Bedeutung, dass man von einem zentralen Begriff der Pädagogik sprechen könnte. Selbst der renommierte Vertreter der Bildung Wilhelm von Humboldt war eigentlich nur Pädagoge im Nebenamt; er war als Bildungstheoretiker im 19. Jahrhundert unbekannt. Dennoch hat er den Pädagogen das Stichwort geliefert und darüber hinaus ein Schema angeboten, das von Kerschensteiner und auch von Spranger dankbar aufgegriffen wurde: das Gegenüber von Mensch und Welt, und wie in dieser Stellung der Mensch sich selbst formen kann und soll. Ähnlich, wie dies Kerschensteiner mit Simmel tat, wird jedoch die Gegenüberstellung ihres tragischen oder philosophischen Hintergrundes entkleidet und in einen pädagogischen Zusammenhang gerückt.

Das Thema Bildung beschäftigt bis heute auch Pädagogen, Germanisten und Philosophen. Es ist hierbei auffällig, dass es keine englische oder französische Entsprechung gibt und dass bis heute Theorien der Bildung nur schwierig zu präzisieren oder gar zu operationalisieren sind. Darum gibt es einige Pädagogen, die für eine Verabschiedung dieses Begriffes plädieren. Andere wiederum beschwören emphatisch ein solches Konzept. Es gibt innerhalb der Pädagogik eine Abteilung Bildungsphilosophie, die sich freilich nicht auf Kerschensteiners Bildungstheorie beruft, die die einen als überflüssig betrachten, andere wiederum als die Perle oder Krönung pädagogischer Reflexion ansehen.

[75] Vgl. Gonon, a. a. O., S. 243.

Nicht viel anders hinsichtlich Wirksamkeit und Aktualität ging es den anderen zentralen Begriffen der Kerschensteiner'schen Pädagogik. Spuren der staatsbürgerlichen Erziehung als Konzept lassen sich allenfalls in gewissen Vorstellungen zur politischen Bildung wieder finden.

Einleitend wurde festgehalten, dass die „Arbeit" die zentrale Kategorie der Kerschensteiner'schen Überlegungen bildet, die sich durch sein gesamtes Werk hindurch verfolgen lässt, von den ›Betrachtungen zur Theorie des Lehrplans‹ (1899) bis hin zur ›Theorie der Bildungsorganisation‹ (1933). Sie ist jedoch in dem von Kerschensteiner gebrauchten Sinne ebenso verschwunden wie seine Idee der Charakterbildung. Allenfalls in modifizierten Varianten des Werkens oder der Handarbeit einerseits oder in methodisch-didaktischen Settings, die sich auf „Handlungsorientierung" berufen, lassen sich Anklänge an die Diskussionen zwischen Fischer, Gaudig und Kerschensteiner ausmachen, wobei das Konzept eher deren Vorstellungen folgte.

Präsenter hingegen ist das pädagogische Konzept des Berufes in seiner Verknüpfung von Allgemein- und Berufsbildung, und nicht umsonst wird vor allem in der Berufs- und Wirtschaftspädagogik auf Kerschensteiner verwiesen. War in der Nachkriegszeit seit dem 2. Weltkrieg die Referenz auf Kerschensteiner eine selbstverständliche, so hat sich dies seit den 1960er-Jahren geändert.[76] Kritisiert wird insbesondere das berufsständische und konservativ-integrative Konzept, das sich im Berufsbegriff tradiere.[77]

Immerhin ist auch im heutigen Lehrplan der Berufsschule eine Handschrift erkennbar, die an organisatorische Vorschläge anschließt, wie sie bereits Kerschensteiner umsetzte.

Schluss

Arbeit ist Angelpunkt und Achillesferse der Kerschensteiner'schen Pädagogik. In kaum einer Veröffentlichung seines Schrifttums wird auf diesen Begriff verzichtet. Als solcher war und blieb er jedoch eigentümlich vielschichtig. Denn ein häufiger Gebrauch muss nicht unbedingt als Signum der Klarheit gelten, ganz im Gegenteil. Gleiches gilt für die „Arbeits-

[76] Ph. Gonon: Kohlberg statt Kerschensteiner, Schumann und Kern statt Spranger, Habermas, Heydorn und Luhmann statt Fischer: Zum prekären Status der berufspädagogischen 'Klassik'. In: R. Arnold (Hrsg.): Ausgewählte Theorien zur beruflichen Bildung. Hohengehren 1997, S. 3–24.

[77] K. Stratmann: „Zeit der Gärung und Zersetzung". Arbeiterjugend im Kaiserreich zwischen Schule und Beruf. Weinheim 1992, S. 331 ff.

schule", die nach der Jahrhundertwende vom 19. ins 20. Jahrhundert zum
großen Thema in der Schuldiskussion avancierte. Kerschensteiner als
Pädagoge der Arbeit und der Arbeitsschule wurde einerseits dank dieser
Forderung als prominenter Erneuerer des Bildungswesens gehandelt, andererseits erweckte die eher diffuse Bestimmung seiner Reformanliegen
auch Widerspruch. Dies war wohl auch Kerschensteiner bewusst, als er
sich erstmals 1911 entschloss, eine Schrift zu veröffentlichen, die den Titel
›Begriff der Arbeitsschule‹ trug. Zunächst stand die „Arbeitsschule" im
Zentrum, die durch Arbeit in der Schule zu charakterisieren sei. Durch
dieses Konzept markierte Kerschensteiner eine zentrale Differenz zur herbartianischen Schultradition und weckte damit Reformhoffnungen.

Kerschensteiner versuchte in dieser und anderen „Begriffsschriften"
weiterführende Anliegen wie die Charakterbildung und Erziehung zum
Staatsbürgertum auszuführen, mit dem Konzept der Arbeit zu verknüpfen
und gegenüber konkurrierenden Angeboten zu profilieren. Aufgrund zahlreicher Einwände, „Mißverständnisse" und Fehldeutungen zentraler Anliegen sah sich Kerschensteiner veranlasst, seine Schriften laufend zu ak-
tualisieren. Darum erfuhren die mehrmals wieder aufgelegten Schriften
Umarbeitungen und Ergänzungen.

Gerade der ›Begriff der Arbeitsschule‹ manifestiert Kerschensteiners
Ringen um Klärung dessen, was er schon seit längerem bildungspolitisch
erfolgreich propagierte, nämlich die Arbeit pädagogisch und staatspoli-
tisch fruchtbar zu machen bzw. die Pädagogik und die Schule im Besonderen vom Wert der Arbeit zu überzeugen. Durch diese Schrift erhoffte er
sich gar, der Arbeit und Arbeitsschule ein wissenschaftliches Fundament
zu geben. Statt Klärung ergaben sich jedoch immer weitergehende Fragen;
so einleuchtend die bildungspolitische Forderung der Arbeitsschule als
solche war, so wenig nachvollziehbar für viele war der Versuch einer systematischen Verknüpfung und Einbindung in ein umfassendes Erziehungs-
und Bildungskonzept. Den gegenteiligen Bemühungen zum Trotz hielten
sich die Arbeitsschule und die Arbeit in der Schule lediglich als Meta-
phern.

Ausgewählte Literatur

Wichtige Werke Kerschensteiners

Kerschensteiner, G.: Betrachtungen zur Theorie des Lehrplans. München 1899.

Kerschensteiner, G.: Beobachtungen und Vergleiche über Einrichtungen für gewerbliche Erziehung außerhalb Bayern. München 1901.

Kerschensteiner, G.: Die Entwicklung der zeichnerischen Begabung. München 1905.

Kerschensteiner, G.: Grundfragen der Schulorganisation. Eine Sammlung von Reden, Aufsätzen und Organisationsbeispielen. Leipzig 1908.

Kerschensteiner, G. : Der Begriff der staatsbürgerlichen Erziehung. Leipzig 1912.

Kerschensteiner, G.: Deutsche Schulerziehung in Krieg und Frieden. Leipzig 1916.

Kerschensteiner, G.: Die Seele des Erziehers und das Problem der Lehrerbildung. Leipzig 1921.

Kerschensteiner, G.: Begriff der Arbeitsschule. Leipzig (5. Aufl.) 1922.

Kerschensteiner, G.: Theorie der Bildung. Leipzig 1926.

Kerschensteiner, G.: Charakterbegriff und Charaktererziehung. Leipzig (4. Aufl.) 1929.

Kerschensteiner, G.: Die Prinzipien der Pädagogik Pestalozzis. In: A. Buchenau et al. (Hrsg.): Pestalozzi-Studien, Band 2. Berlin 1932.

Kerschensteiner, G.: Theorie der Bildungsorganisation. Leipzig 1933.

Kerschensteiner, G.: Wesen und Wert des naturwissenschaftlichen Unterrichts. München (6. Aufl.) 1963.

Kerschensteiner, G.: Staatsbürgerliche Erziehung der deutschen Jugend (1901). In: G. Wehle (Hrsg.): Kerschensteiner Band I, Berufsbildung und Berufsschule. Paderborn 1966, S. 4–88.

Kerschensteiner, G.: Berufs- oder Allgemeinbildung? (1904). In: G. Wehle (Hrsg.): Kerschensteiner Band I, Berufsbildung und Berufsschule. Paderborn 1966, S. 89–104.

Kerschensteiner, G.: Produktive Arbeit und ihr Erziehungswert (1906). In: G. Wehle (Hrsg.): Kerschensteiner Band II. Texte zum Pädagogischen Begriff der Arbeit und zur Arbeitsschule. Paderborn 1982, S. 5–25.

Kerschensteiner, G.: Die Schule der Zukunft eine Arbeitsschule (1908). In: G. Wehle (Hrsg.): Kerschensteiner Band II. Texte zum Pädagogischen Begriff der Arbeit und zur Arbeitsschule. Paderborn 1982, S. 26–38.

Kerschensteiner, G.: Der pädagogische Begriff der Arbeit (1923). In: G. Wehle (Hrsg.) Kerschensteiner Band II. Texte zum Pädagogischen Begriff der Arbeit und zur Arbeitsschule. Paderborn 1982, S. 46–62.

Kerschensteiner, G.: Selbstdarstellung (1926). In: G. Wehle (Hrsg.): Kerschensteiner Band II. Texte zum Pädagogischen Begriff der Arbeit und zur Arbeitsschule. Paderborn 1982, S. 110–149.

Kerschensteiner, G.: Das Grundaxiom des Bildungsprozesses und seine Folgerungen für die Schulorganisation (Neuauflage der EA von 1917). Heinsberg 1999.

Wichtige Literatur zu Kerschensteiner

Adrian, R.: Die Schultheorie Georg Kerschensteiners. Eine hermeneutische Rekonstruktion ihrer Genese. Frankfurt a. M. 1998.

Auerbach, F.: Die Grundbegriffe der modernen Naturlehre. Leipzig 1910.

Blankertz, H.: Berufsbildung und Utilitarismus – Problemgeschichtliche Untersuchungen. Weinheim 1985.

Burger, E.: Arbeitspädagogik. Leipzig 1923.

Fernau-Kerschensteiner, G.: Georg Kerschensteiner oder „Die Revolution der Bildung". München 1954.

Campbell, J.: Joy in Work, German Work. Princeton: University Press 1989.

Englert, L. (Hrsg.): Georg Kerschensteiner [und] Eduard Spranger. Briefwechsel 1912–1931. München 1966.

Fischer, A.: Die Krisis der Arbeitsschulbewegung (1924). In: K. Kreitmair (Hrsg.): Aloys Fischer – Leben und Werk. Bd. 5/6. München 1957, S. 425–477.

Fischer, A./Spranger, E. (Hrsg.): Jugendführer und Jugendprobleme. Festschrift zu Georg Kerschensteiners 70. Geburtstag. Leipzig 1924.

Gaudig, H.: Der Begriff der Arbeitsschule. In: G. Wehle (Hrsg.): Kerschensteiner Band II, S. 157–160.

Gonon, Ph.: Arbeitsschule und Qualifikation. Arbeit und Schule im 19. Jahrhundert, Kerschensteiner und die heutigen Debatten zur beruflichen Qualifikation. Bern 1992.

Gonon, Ph.: Kerschensteiner als Pestalozzi unserer Zeit – eine heroologische Betrachtung. In: J. Oelkers/F. Osterwalder (Hrsg.): Pestalozzi – Umfeld und Rezeption. Weinheim 1995, S. 315–337.

Gonon, Ph.: Kohlberg statt Kerschensteiner, Schumann und Kern statt Spranger, Habermas, Heydorn und Luhmann statt Fischer: Zum prekären Status der berufspädagogischen 'Klassik'. In: R. Arnold (Hrsg.): Ausgewählte Theorien zur beruflichen Bildung. Hohengehren 1997, S. 3–24.

Gonon, Ph.: Die Arbeit als Thema der öffentlichen Auseinandersetzung: Befindlichkeiten um die Jahrhundertwende und deren pädagogische Bedeutung. In: J. Oelkers/F. Osterwalder (Hrsg.): Die neue Erziehung – Beiträge zur Internationalität der Reformpädagogik. Bern 1999, S. 157–180.

Kerschensteiner, M.: Georg Kerschensteiner. Der Lebensweg eines Schulreformers. München 1939.

Litt, Th.: Das Bildungsideal der deutschen Klassik und die moderne Arbeitswelt. Bonn 1955.

Müllges, U.: Das literarische Erbe Georg Kerschensteiners und seine wissenschaftliche Aufnahme. In: J. Justin (Hrsg.): Udo Müllges: Berufspädagogik. Mannheim 1991, S. 149–175.

Natorp, P.: Herbart, Pestalozzi und die heutigen Aufgaben der Erziehungslehre. In: P. Natorp: Gesammelte Abhandlungen zur Sozialpädagogik. Zweites Heft, 1922, S. 7–148.

Oelkers, J.: Reformpädagogik. Eine kritische Dogmengeschichte. Weinheim 1989.

Reichwein, G.: Georg Kerschensteiners „Theorie der Bildung". In: G. Wehle (Hrsg.): Kerschensteiner. Darmstadt 1979, S. 111–127.

Rissmann, R.: Geschichte des Arbeitsunterrichtes in Deutschland. Gotha 1882.

Scheibner, O.: Zwanzig Jahre Arbeitsschule in Idee und Gestaltung. Leipzig 1928.

Simmel, G.: Der Begriff und die Tragödie der Kultur. In: G. Simmel: Philosophische Kultur – Über das Abenteuer, die Geschlechter und die Krise der Moderne. Gesammelte Essays. Berlin 1983, S. 183–206.

Stratmann, K.: „Zeit der Gärung und Zersetzung". Arbeiterjugend im Kaiserreich zwischen Schule und Beruf. Weinheim 1992.

Walder, F.: Georg Kerschensteiner als Hochschullehrer und Bildungstheoretiker. Bad Heilbrunn 1992.

Wehle, G.: Bemerkungen zur Textauswahl, Textgeschichte und Textwiedergabe. In: G. Wehle (Hrsg.): Kerschensteiner Band I: Berufsbildung und Berufsschule, Paderborn 1966, S. 202–206.

Wilhelm, Th.: Die Pädagogik Kerschensteiners – Vermächtnis und Verhängnis. Stuttgart 1957.

Zillig, P.: Darf der Altruismus zur Grundlegung des Bildungsideals und damit des Lehrplans für die Volksschule genommen werden? In: Jahrbuch des Vereins für wissenschaftliche Pädagogik, 39, 1907, S. 1–59.